Manager par les défis

Éditions d'Organisation
Groupe Eyrolles
61, bld Saint-Germain
75240 Paris Cedex 05
www.editions-organisation.com
www.editions-eyrolles.com

© Groupe Eyrolles, 2007
ISBN : 978-2-212-53831-1

François-Marie Pons   Marjolaine de Ramecourt

Manager par les défis

EYROLLES

Éditions d'Organisation

Des mêmes auteurs :

La communication pratique au service des entreprises (avec Hubert Jaoui), ESF, 1992.

Ces mots qui en disent long dans l'entreprise (avec Gabs), Eyrolles, 1999.

L'innovation à tous les étages, Éditions d'Organisation, 2001.

Chez le même éditeur :

Aznar Guy, *Idées : 100 techniques pour les produire et les gérer*, 2005.

Bono Edward de, *La boîte à outils de la créativité*, 2004.

Dufour Bruno, Plompen Martine, *Les meilleures pratiques du développement des dirigeants*, 2006.

Getz Isaac, Robinson A.G., *Vos idées changent tout !*, 2003.

Mayeur Christian, *Le manager à l'écoute de l'artiste*, 2006.

Remerciements

Le contenu de cet ouvrage est le fruit de nombreuses expérimentations et d'une solide expérience que nous avons partagées avec divers acteurs. Chacun à son niveau a contribué à créer et renforcer les bases d'une démarche reconnue pour son dynamisme et ses performances. À tous un grand merci !

Aux responsables d'entreprises qui ont accepté d'accorder du temps pour témoigner lors d'entretiens : **Olfa Amami**, responsable déploiement du projet de service Voyageurs France Europe à la SNCF, **François Bertout**, directeur juridique à AGIPI, **Véronique Chance-Fournier**, de la mission Innovation du groupe Société Générale, **Philippe Cœuret**, chargé de la promotion de l'initiative et de la créativité chez Renault, **Alain Le Divenach**, directeur technique en charge de la démarche, Véolia Eau, région Sud-Est, **Emmanuel Frizon de Lamotte**, coordinateur du projet Gagner la préférence chez AXA France, **Muriel Garcia**, responsable de l'innovation participative au sein de la direction qualité et sécurité du groupe La Poste, **Hélène Guerreiro**, directrice de la communication interne Carrefour Hypermarchés France, **Marie-Christine Jung**, déléguée générale de Territoria, **Emeline Maubrou**, chargée de la qualité et de l'innovation chez Urgo, **Yves Menet**, chargé de la mission innovation participative au centre financier de Nantes de la Banque Postale, **Olivier Monfort**, directeur général de Solvay France, **Philippe Msika**, directeur du centre de recherche et de développement des laboratoires Expanscience, **Sylvie Perrin**, directrice du centre financier de Nantes de La Banque Postale, **Laurent Joulin**, président de Motivation Factory, **Nathalie Joulin**, présidente de Bleu Intense, **Philippe Rident**, DRH de la Compagnie des Fromages.

Aux membres adhérents et partenaires de l'association Innov'Acteurs pour leur soutien et leurs nombreux échanges d'expérience, et plus particulièrement pour **Antoine Héron**, président d'honneur, qui a contribué à l'établissement de la bibliographie mentionnée en fin d'ouvrage.

Aux équipes d'Inergie, à son actuel président, fondateur, Philippe Détrie, aux consultants et consultantes en management, mesure d'opinion, communication, relation client et aux assistants et assistantes pour avoir contribué à expérimenter, concrétiser et améliorer ces démarches.

« *Dans le taylorisme, déclare Louis Schweitzer, président du conseil d'administration de Renault[1], il y a une bonne idée et une mauvaise. Une bonne idée : la rationalisation des tâches. Une mauvaise : la séparation de ceux qui pensent et de ceux qui exécutent. C'est pour faire disparaître cette mauvaise idée que nous avons mis en place l'innovation participative.* »

---

1. Propos recueillis lors du Carrefour de l'Innovation Participative, le 29 novembre 2006.

Lettre à un président

Vous savez combien l'innovation joue aujourd'hui un rôle primordial dans la stratégie de votre groupe, que cela soit officiellement annoncé ou non. Le changement, la mondialisation, les nouvelles donnes socio-économiques ne sont pas que des contraintes qu'il faut subir mais bien des opportunités à saisir et à maîtriser pour décider du devenir de nos organisations.

Même si l'on peut dire de la qualité qu'elle reste toujours à améliorer, elle a largement permis de parfaire la mise en conformité des processus et de construire une base fiable au fonctionnement. Mais elle a aussi ouvert la porte à une nouvelle ambition : se différencier sur le marché, anticiper et innover.

L'expérience montre que l'innovation ne se réduit pas à un coup ponctuel et marquant, nouveau produit, nouveau service, nouveau brevet, mais qu'elle s'inscrit dans une démarche durable. L'innovation est un état d'esprit qui concerne tous les acteurs du groupe en créant la culture de « l'autrement » plutôt que celle du « mieux » ou du « plus ». Faisons le pari qu'une forte majorité d'entre eux est prête à relever les défis : défi de réduire un délai de 20 % en 6 mois plutôt que 3 % par an, défi de doubler les résultats en matière de satisfaction client, et tant d'autres exemples encore, tous ces défis n'ayant de pertinence qu'à condition d'être voulus ou « rêvés » par les équipes concernées.

L'innovation, quand elle est participative, répond à un double enjeu : l'enjeu concurrentiel, bien sûr, en synergie avec les experts des équipes recherche et développement, marketing, ingénierie et enjeu managérial ; dès que chaque responsable d'équipe se sent motivé et outillé pour mobiliser la créativité des hommes et des femmes et en tirer le meilleur profit, la partie est bien engagée… La question est de savoir comment atteindre cette ambition de façon simple et applicable dans les filiales du groupe.

L'innovation participative est mise en place dans une centaine d'entreprises, tous secteurs confondus : industries aéronautique, automobile, agroalimentaire, chimique ; services bancaires, hôteliers, informatiques, transports. L'association professionnelle pour la promotion de l'innovation participative, Innov'Acteurs[2], en regroupe la majorité.

La démarche a déjà vu le jour sous des formes simplifiées (systèmes de suggestions, boîtes à idées, etc.) depuis de nombreuses décennies. Mais la dimension managériale généralisée, les modes de reconnaissance et de récompense, les nouvelles formes de motivation et d'échanges de connaissances ou d'expériences ont été complètement renouvelés.

Nous vous proposons d'organiser une communication de sensibilisation sur l'innovation destinée aux managers. Il s'agit de convaincre chaque responsable de l'intérêt stratégique et managérial, ainsi que de l'utilité de mettre en place un dispositif accessible à tous dans leur entité. Ce qui serait présenté par des experts, des responsables d'entreprise et des consultants spécialisés, répondrait à des questions tout à fait essentielles comme :
– En quoi un défi innovant peut-il faire vivre une stratégie d'entreprise ?
– Comment stimuler toute une entreprise pour apporter des idées ciblées, nouvelles et profitables ?
– Comment assurer un véritable management des idées du départ à la mise en œuvre, récompenser les idées sélectionnées, gérer les idées refusées, organiser des trophées, assurer la pérennité de la dynamique, etc. ?
– Sur quelles bases évaluer les résultats financiers, humains, ergonomiques et comment évaluer le bon fonctionnement du dispositif ?
Par rapport au déploiement possible à effectuer dans les unités et les filiales, il serait par exemple intéressant de solliciter les managers qui ont suivi un programme de formation au management pour initier et animer la démarche dans leur entité. Ce serait pour eux l'occasion de relever un défi au niveau de leur propre leadership et d'appliquer en direct une forme de management de proximité, nécessaire à la mobilisation globale de l'entreprise.

De manière à implanter un dispositif adapté à chaque unité et à chaque filiale (en fonction des activités, des cultures spécifiques, des tailles, des modalités de fonctionnement), cette communication de sensibilisation sur l'innovation serait relayée dans chaque filiale par un travail d'élaboration et de mise en place.

Il existe un Référentiel de l'Innovation Participative[3], sorte de charte des fondamentaux en matière de bonnes pratiques et de dispositifs, qui peut

---

2. Voir page 210.
3. Voir ce référentiel au chapitre 6.

servir d'outil de lancement et de pilotage. Un trophée pourrait ensuite venir couronner les unités et les filiales dont le dispositif et les bonnes pratiques sont les plus performants. Il existe des indicateurs, créés à partir du référentiel, dans les domaines suivants :

– la place de l'innovation dans les valeurs affichées, la communication et sa déclinaison à tous les niveaux de l'organisation ;

– l'animation du management des idées : sollicitation du personnel, utilisation des idées qui changent tout, réplication des idées d'une entité à une autre ;

– la promotion des idées « spontanées » et la stimulation par les défis lancés par la direction ;

– la synergie entre les secteurs recherche et développement, le marketing, l'ingénierie ;

– la veille et l'écoute de l'environnement : clients, fournisseurs, partenaires et le marché en général ;

– l'implication des ressources humaines, notamment dans les systèmes d'évaluation et les modes de reconnaissance ;

– la communication interne et externe de l'innovation ;

– le nombre d'idées produites et mises en œuvre, globalement et individuellement ;

– le délai moyen de mise en œuvre ;

– les bénéfices générés (chiffre d'affaires, satisfaction client, satisfaction interne, délais, etc.).

Cette démarche de progrès et de management, axée sur l'innovation, serait catalysée par une instance comme une université de votre entreprise dont la mission principale contribuerait à fédérer les unités et les filiales autour d'une ambition stratégique forte, à tisser une culture de l'innovation dans le groupe, à faciliter la mise en œuvre d'un management par les défis.

Avant-propos

Manager par les défis fait suite au précédent ouvrage que nous avons publié, « *L'innovation à tous les étages,* ou comment associer le personnel à une démarche d'innovation[4]. »

L'innovation à tous les étages peut se résumer en cinq questions :
- Pourquoi innover est vital ?
- Parle-t-on toujours de la même innovation ?
- Qu'est-ce que l'innovation a de nouveau ?
- Pourquoi se réjouir de l'innovation participative ?
- Pourquoi ce livre ?

En substance, il est dit que :
- créer la préférence en permanence est une nécessité : innover est un impératif ;
- quatre patrons européens sur cinq élèvent l'innovation au rang de priorité ;
- l'innovation participative se trouve devant quatre défis à relever : innover au plus haut niveau, pour mobiliser l'ensemble du personnel ; créer de nouvelles compétences pour l'entreprise ; introduire un élément perturbateur : le client ; maîtriser son avenir ;
- les deux tiers de la croissance viennent de l'innovation, alors que dans le passé, ils provenaient de l'acquisition ;
- l'ensemble des acteurs de l'organisation est partie prenante de l'innovation : les salariés, les clients, les partenaires, les concepteurs, les utilisateurs, les ingénieurs, les opérateurs, etc. La proximité avec les besoins du client, du consommateur ou de l'utilisateur est indissociable de l'innovation des produits et des services ;
- la passion et le plaisir de créer sont à la source de l'innovation ;

---

4. Éditions d'Organisation, 2001.

– l'ouvrage *L'innovation à tous les étages* ajoute sa pierre à un édifice qui s'érige dans un contexte paradoxal : il n'y a presque plus personne pour contester que les idées innovantes surgissent autant du terrain que d'en haut, et de nombreuses personnes estiment encore qu'il s'agit là d'un simple exercice récréatif visant à « donner le sentiment aux gens qu'ils sont écoutés » ;

– la démarche d'innovation participative est globale ou elle n'est pas : toute tentative *ponctuelle* de faire de la créativité et du participatif est vouée à les discréditer d'emblée ;

– *L'innovation à tous les étages* est un guide destiné à tous ceux qui, d'une façon ou d'une autre, doivent animer des équipes ou aider d'autres à le faire, et qui veulent que leur entreprise fasse le saut dans le troisième millénaire.

L'ambiguïté du terme « innovation »

Ainsi posées les bases de la démarche, deux nouveaux éléments se sont clairement précisés sur la scène des organisations que nous côtoyons régulièrement :

– l'ambiguïté du terme innovation ;

– la nécessité de définir un levier puissant pour mobiliser les énergies.

Deux éléments sont souvent invoqués au nom d'une intention plutôt volontariste : « On veut bien y aller, ça nous intéresse », argument doublé d'une réticence un peu agacée « Cela semble trop loin, trop peu familier de notre culture… à quoi bon promettre la lune ? ».

Les explications à ce genre d'hésitations se trouvent probablement dans un imaginaire collectif qui associe d'emblée, consciemment ou non, le terme « innovation » à quelques figures emblématiques du génie innovateur telles qu'Archimède, Léonard de Vinci ou Albert Einstein. Si la question est de savoir en quoi notre contribution a quelque chose à voir avec l'ampleur des découvertes et inventions de ces grands hommes, le temps d'établir des éléments de comparaison serait bien supérieur à celui de s'y mettre et de créer des choses à notre portée !

L'innovation, domaine à la fois modeste et ambitieux

D'ailleurs, le problème n'est pas là. L'innovation est un domaine à la fois très modeste et très ambitieux. C'est un domaine qui commence dès qu'une pratique, un dispositif ou un mode de fonctionnement est mis en place quelque part (et qui n'existait pas auparavant dans ce même contexte). Voilà pour la modestie.

Quant à l'ambition, elle se mesure à l'aune du bénéfice procuré : une innovation qui rapporte plusieurs millions d'euros, c'est ambitieux. Si c'est un employé qui la préconise en proposant d'éteindre les postes de télévision plutôt que de les laisser en veille, et que cette nouvelle pratique est appliquée au niveau des 3 000 ou 4 000 établissements de la chaîne, cela aura nécessairement un impact positif. Si c'est un opérateur qui propose de mettre un bout de pièce de métal pour provoquer un tri automatique des pièces mal façonnées, cela aura nécessairement un effet positif. Et ces deux idées semblent bien modestes !

En d'autres termes, l'innovation procède d'une idée, d'une source de créativité et d'esprits inventifs, mais les niveaux sont divers, les opportunités aussi et le champ des possibles – et qui peut dire s'il s'agit d'un « petit » ou d'un « grand » possible ? – est immensément ouvert à tous.

Un levier puissant pour focaliser les énergies : le défi

Il reste la question concernant la nécessité de définir un levier puissant pour mobiliser les énergies. Or, ce levier relève du mécanisme du défi. Beaucoup d'entreprises parlent de « challenge ». Pour certaines, le terme est un peu galvaudé et se rapporte surtout à l'action commerciale ou aux visions stratégiques à grande échelle. Pour d'autres, à l'inverse, le terme « défi » fait un peu peur et elles lui préfèrent l'anglicisme *challenge*.

Ce que nous retenons d'essentiel dans le défi se résume en quatre caractéristiques :
– ambitieux et provocateur, un défi vise une rupture avec l'existant ;
– intéressant pour le client, il s'adresse à un destinataire, un client final, bien sûr, à un actionnaire, à un gestionnaire... Il est créateur de valeur ajoutée et répond aux enjeux de l'organisation qui le lance : entreprise, collectivité locale, service public ;
– attractif et attrayant à relever, c'est une sorte de pari, l'aspect ludique n'est pas absent, il y a quelque chose à gagner ;
– mesurable : un défi est un acte à court terme ; vif, rapide, il vise des résultats qui peuvent s'évaluer selon des critères quantitatifs et qualitatifs.

Le défi est également un principe managérial. Il est lancé par la direction générale qui en attend de vrais résultats. Ajoutons aussi que la notion de défi implique une rupture.

Nous distinguons deux types de rupture :
- changer de modèle[5], par exemple : une entreprise de traitement des déchets par incinération ne cherche plus à minimiser les effets des émanations de gaz, elle cherche un autre moyen de traiter les déchets ;
- gagner un écart significatif sur l'existant. Par exemple, une agence consomme 15 jours pour délivrer un document, elle décide de ne plus en consommer que 6 (soit plus de 50 % de gain).

Les moyens sont variés. Les modalités de participation aussi. Cela peut impliquer, au départ, un simple « groupe défi » d'une douzaine de participants recrutés parmi l'ensemble des collaborateurs. Ajoutons qu'un défi se lance idéalement à un niveau opérationnel et décisionnel :
- un site (usine, magasin, etc.) ;
- une *business unit* ;
- un département ;
- une filiale.

Dans notre ouvrage *L'innovation à tous les étages*, une place assez importante est accordée à la notion de défi. Nous y faisons référence par souci de cohérence et pour éviter de redonner des notions déjà développées. En même temps, la thématique est présentée ici sous l'angle d'un principe universel, représentatif d'une stratégie et d'un état d'esprit.

Cet ouvrage apporte un complément, à la manière d'un zoom méthodologique braqué sur ce qu'il est convenu d'appeler, en matière de démarche participative, l'« innovation provoquée ». Comme l'affirme Olivier Monfort, directeur de Solvay France : « *La croissance vient de la rupture et trouver un défi est créatif en soi*[6] ! ».

La démarche « défis », selon Muriel Garcia, du groupe La Poste[7] a été pour nous l'opportunité de repositionner l'innovation participative au cœur du management et de l'appréhender différemment, d'une manière plus accrocheuse, plus attractive et aussi plus ambitieuse. À la fois ludique et rigoureuse, cette approche permet la production d'idées provoquées. Une multitude d'idées surgissent sur des thèmes réputés difficiles, assez coriaces à traiter et parfois complexes. Cette forme de « turbulence créative » dynamise la performance collective, favorise et développe réellement la transversalité et l'interdépendance. Appliquée au domaine stratégique, elle permet de passer de l'idée du besoin à la réalisation concrète de l'objectif en associant les collaborateurs.

---

5. Modèle ou paradigme.
6. Entretien de juillet 2006.
7. Muriel Garcia : responsable de l'innovation participative au sein de la direction qualité et sécurité du groupe La Poste. Elle exerçait précédemment cette fonction dans le cadre de La Banque Postale. Entretien du 20 août 2006.

À cela s'ajoute une caractéristique majeure du défi : sa valeur symbolique tout autant qu'opérationnelle.

Une réconciliation entre court terme et long terme

Enfin, et c'est sans doute le plus original et le plus prometteur de cette démarche, le défi, dès qu'il implique le terrain, est un formidable outil stratégique.

Définir un défi consiste à mettre en perspective une action très instantanée, très rapide et très court terme, avec une des finalités de l'entité. Avec le long terme, autrement dit. C'est exactement la même dynamique que celle d'un classement sportif où l'effort d'un jour, d'un match, d'une course n'a de sens que dans la construction de sa place dans le classement général. À l'instar de ce genre de compétition, toutes les actions n'exigent pas le même rythme, la même performance. On sait seulement que sans défi, le podium échappe aux compétiteurs.

Note d'intention

« Les vrais défis touchent bien plus
aux représentations que les acteurs se font des organisations
qu'aux organisations elles-mêmes,
dans leur fonctionnement.
Les systèmes ne sont pas dans la nature mais dans l'esprit des hommes. »[8]

« Nos grands défis » : toute organisation, commerciale ou non, marchande ou non, entreprises, collectivités locales, ONG, etc. nomment ainsi le plus souvent leurs territoires d'excellence et de dépassement, leurs enjeux et leurs visions : maintenir une position de leader mondial, devenir le référent en matière de qualité de service municipal, être exemplaire en matière de développement durable…

En réalité, ces « grands défis » expriment, de manière très globale et nécessairement abstraite, une somme de défis beaucoup plus concrets, beaucoup plus locaux, beaucoup plus accessibles et surtout, pour que ce soit un vrai défi, des défis que l'on peut relever en peu de temps : 6 mois maximum pour gagner 30 % en satisfaction client sur l'accueil, réduire les délais de livraison de 20 %, limiter à moins de 1 % les impayés, passer d'un coefficient bactériologique de 2 à 1, informer tout le monde au même moment en moins de 24 heures…

Autant de défis qu'une entité peut se donner et relever avec la contribution de tous, à partir d'actions identifiées et mesurables, en créant des situations de rupture… Autant de défis qui ont du sens tant qu'ils s'inscrivent dans la stratégie générale de l'entreprise, du groupe ou de l'organisation,

---

8. Claude Bernard : médecin et physiologiste français (1813 -1878).

et que cette cohérence soit très explicitement communiquée en amont et tout au long de sa mise en œuvre, sans manquer les rendez-vous d'étapes : feed-back, annonces des résultats intermédiaires, célébration des succès atteints, en totalité ou en partie.

Déjà, dans son ouvrage *Le management par la percée*, Shoji Shiba annonce une notion d'actions significatives :

> L'entreprise peut avoir besoin de faire des progrès majeurs, qui vont au-delà des progrès obtenus par les pratiques des managements habituelles. Cette première phase du « management par percée » a pour but d'identifier un nombre réduit d'axes de progrès sur lesquels l'entreprise veut faire une percée significative.[9]

Quand Carlos Ghosn, l'actuel président de Renault Nissan, lance à l'ensemble des collaborateurs du groupe : « *Un de nos défis monde, c'est simplicité et vitesse* »[10], cela signifie que chaque entité trouvera sa déclinaison en termes de défi local :

> Dans chaque unité, il s'agit de savoir comment faire pour acquérir plus de vitesse et de simplicité, précise Philippe Cœuret[11]. Cela s'est traduit par nombre d'actions concrètes dont la création d'un format standard de mails ! Pour tout défi lancé chez Renault, un comité de pilotage spécifique est nommé exceptionnellement. Il y a également une valorisation exceptionnelle. Il peut y avoir aussi une population cible. La durée limite d'un défi est de 2 à 3 mois.

Manager par les défis consiste à donner du relief à l'existant, à aller plus rapidement à l'essentiel, à rallier les énergies autour des enjeux, à créer du sens en lien direct avec l'activité et les missions.

Pourquoi cette Démarche Défis ?

Le changement est naturel. Vécu avec enthousiasme, crainte, colère ou nostalgie, reçu en allié ou en adversaire, accepté avec recul ou en bloc, refusé avec scepticisme ou résistance inconditionnelle, il est toujours déclencheur d'énergie.

A la question : *Pourquoi le challenge ?*, Véronique Chance-Fournier, de la mission Innovation du groupe Société Générale[12], fournit des éléments de réponse :

---

9. Shoji Shiba, *Le Management par la percée* ; Insep, 1995.
10. Entretien avec Philippe Cœuret, mission Initiative et créativité de Renault, 25 juillet 2006.
11. *Ibid.*
12. Entretien du 24 juillet 2006.

Aujourd'hui, ils permettent d'obtenir 50 % des idées, les autres 50 % étant les idées spontanées. Les challenges représentent un vrai moteur pour générer des idées. D'après moi la tendance ira en s'augmentant. À l'analyse, les idées issues des challenges sont de meilleure tenue, elles sont plus précises, le contenu apporté est plus fort. Les challenges peuvent motiver les managers et les collaborateurs. Cette démarche permet de faire bouger les gens, de les stimuler !

Manager par les défis vise à canaliser cette énergie vers des objectifs attractifs, définis aux espaces à taille humaine et aux périmètres managériaux les plus « subsidiaires » : *business unit,* entités de production ou de service, sites, etc. L'ouvrage *Manager par les défis* cherche à rebondir sur la crise ambiante en apportant des réponses aux attentes majeures des clients, des managers, des salariés et des actionnaires.

Sommaire

Remerciements 1

Lettre à un président 3

Avant-propos 7
L'ambiguïté du terme « innovation » 8
L'innovation, domaine à la fois modeste et ambitieux 8
Un levier puissant pour focaliser les énergies : le défi 9
Une réconciliation entre court terme et long terme 11

Note d'intention 13
Pourquoi cette Démarche Défis ? 14

Partie 1
Principes et finalités

Chapitre 1 : Qu'est-ce qu'une Démarche Défis ? 25
Une démarche provoquée 25
Une démarche volontariste 30
    Dire que c'est possible 30
    Transformer rêves et intolérables en innovations 32
    Défier systématiquement les évidences impossibles 35
    Mettre la complexité en scène 37
Jouer sur l'exceptionnel, la rapidité, la mobilisation 38
    L'exceptionnel 38
    La rapidité 38
    La mobilisation… incentive 38
    Un défi est un pari a priori gagnant 38

Un défi est provocateur et attractif 39
Un défi représente une rupture innovante à divers degrés 40
Un défi génère une forte valeur ajoutée aux clients 41
Un défi génère des résultats mesurables 42
Un défi est un levier pour sortir de la déception 42
Le défi d'Archimède à l'ordre du jour ! 45
Les étapes de la créativité 47
Les exigences de la démarche 49
Les enseignements d'Archimède 49
Les défis citoyens des collectivités territoriales.................... 50

Chapitre 2 : Ce que chacun attend................................ 53
Les clients et les utilisateurs
en quête de nouveauté et de considération.......................... 53
Les actionnaires attendent un retour
sur investissement, les élus d'être réélus............................. 56
Les managers, directeurs de service, chefs d'équipe :
soutien et responsabilisation 58
Maîtriser la totalité des problèmes
est une compétence collective 61
Les opérateurs et agents de terrains :
compréhension de la stratégie et reconnaissance.................... 63

Chapitre 3 : Un levier de motivation pour tous 67
Pour le manager :
une nouvelle manière de communiquer avec ses collaborateurs...... 68
Affirmer sa vision et bousculer les blocages..................... 68
Aider à exprimer ses attentes à l'égard de ses collaborateurs 69
Un nouveau mode relationnel :
de « commandant » à commanditaire.......................... 72
Donner du feed-back, une exigence incontournable 74
Défi, délégation : expérimenter la confiance............................ 75
Une ressource de conseil interne 77
Une ressource pédagogique de l'erreur 78
Un outil de proximité et d'animation 79
Un mode d'écoute adapté 79
Une incitation à être un manager communicant...................... 80
Les clés de réussite et les bénéfices de cette démarche 83
Pour le collaborateur :
exprimer des idées au-delà de sa mission de base 84
Une contribution individuelle et collective motivante.............. 84
Une coopération forte entre les acteurs........................ 85
Une invitation à « manager son manager »..................... 86
Pour l'entreprise :
un moyen de dynamiser le management et de se différencier 87
Trouver une véritable voie de différenciation
et de compétitivité 87

Comment améliorer sa relation client ?...................................... 92
Miser sur l'effet défi.. 95
Accentuer le rôle du management et de la communication
dans la politique des ressources humaines 97

Partie 2

Mise en œuvre

Chapitre 4 : Conjuguer les défis de l'entreprise
à tous les étages 105
À chaque entité ses défis 105
De l'ambition d'un groupe au défi de chaque unité 105
Ce que permet le management d'un défi local............................ 107
Conjuguer les défis.. 109
Consolider les défis et les récompenser 114
Consolider les apports de chaque défi... 114
Encourager la duplication.. 114
Célébrer les défis : reconnaissance, récompenses, trophées......... 116
Déjouer les pièges du simplisme.. 119
« Idolâtrer » la démarche 119
Quantité n'est pas reconnaissance... 119
Gare aux chasseurs de primes !.. 119
Encore une démarche de plus !... 119

Chapitre 5 : Lancer et relever un défi de A à Z............ 121
Engager une Démarche Défis.. 122
C'est une initiative de la direction 122
Créer une instance de pilotage 123
Quel accompagnement en communication interne ?.................... 124
Conduire une Démarche Défis à un niveau international 127
Séquence 1 : identifier les défis les plus significatifs.................. 127
Séquence 2 : formaliser un défi.. 130
Séquence 3 : traduire un défi en action 143
Séquence 4 : organiser la mise en œuvre d'un défi 160
Quelques commentaires sur cette méthodologie
par le groupe transverse défis.. 163
Relever un défi par un management des idées
« en direct du terrain » 164
Exigence de rupture et nécessité de mobiliser 164
Le management des idées « en direct du terrain » 165
Les idées défis captées du terrain 167
Les ateliers de recueil d'idées défis 170
L'Intranet des idées défis 172
Transformer un défi en innovation de rupture 173
Les étapes du processus d'innovation globale 173

Stimuler 173
S'informer 173
Créer.. 174
Sélectionner, utiliser, tester... 174
Conditions de succès 175
Associer les salariés... 175
Innover avec le client et les utilisateurs........................ 175
Responsabiliser le management.................................. 175
Communiquer... 175
Reconnaître et récompenser 175
Chassez les a priori qui tuent les idées 176
Observer l'environnement.. 176
Développer la créativité 176
Répliquer les idées émises.. 176
Les pièges à éviter absolument.................................... 176
Ce que doit faire le manager des défis... 177
Sur le management de l'innovation... 177

Chapitre 6 : Outils et modes d'animation de la Démarche Défis

Chapitre 6 : Outils et modes d'animation
de la Démarche Défis.................................... 179
Coupler les moteurs... 179
La créativité : mobiliser son énergie,
valoriser ses talents, utiliser des méthodes 181
Créativité individuelle et collective 181
Une attitude, une façon de voir................................... 181
Une méthode, pour dépasser les pièges les plus fréquents.... 181
La démarche créative 182
Pratiquer un benchmarking 184
Faire un reportage sur le terrain.................................. 184
Animer un Groupe Transverse Défis (GTD).................... 185
Les capacités pour animer un défi 186
L'animation d'un groupe défi en 5 étapes 187
Quelques techniques qui aident à faire d'une idée
un défi de rupture 194
Manager un atelier collecte d'idées 199
Animer un Groupe Marché Produits (GMP).................... 199
Être capteur d'idées, détecteur de défis terrain 200
Utiliser des progiciels de démultiplication 202
Formuler les cahiers des charges en termes de défis à relever 202
Donner leurs chances aux idées proposées, aux innovations 203
Le rôle des capteurs d'idées....................................... 203
Un marketing adapté : argumentation, lobbying... 203
Provoquer l'apprentissage permanent 205
Faire circuler les informations utiles............................ 205
Transmettre les savoirs par une pédagogie directe 205
Mesurer les bénéfices des défis : résultats chiffrables
et apports psychologiques 205

Un Référentiel de l'Innovation Participative© 207
  Un Référentiel en 8 dimensions 207

Chapitre 7 : Prendre du recul, communiquer
            les défis au quotidien : se familiariser
            avec l'incertitude 213
Donner du sens au changement : perspective dynamique *versus*
« mauvais moment à passer » 213
  Apprivoiser le provisoire 213
  Piloter avec le feed-back 214
  Communiquer le projet d'entreprise à travers les défis :
  une pédagogie des enjeux 215
Se poser les questions de ce que l'on veut devenir
et y répondre par des défis 217
  Les temps ont changé. 218
  Dans le meilleur des mondes… 218
Croiser l'histoire et l'imaginaire de l'entreprise 221

Conclusion : Non à la soumission, oui à
           l'adaptation créative ! 223

Annexes

Annexe 1 :
L'enjeu de la sécurité : un défi comme un autre 226
Annexe 2 :
La mise en œuvre de la Démarche Défis sur le site de Vire 227
Annexe 3 :
Les leaders de défis chez Urgo 230

Lexique 233

Bibliographie 235

Index 237

Partie 1

Principes et finalités

Mobiliser sur des enjeux, des valeurs et des finalités partagées

Chapitre 1

Qu'est-ce qu'une Démarche Défis ?

« Si tu n'espères pas l'inespéré, tu ne le trouveras pas. » La sentence du philosophe mathématicien grec Héraclite donne le ton. Espérer en est le terme clé, décliné doublement sous une forme négative qui représente bien, avec des mots caractérisant un défaitisme d'actualité, une façon constructive d'envisager les choses : espérer et croire que c'est possible. Ou comme l'exprime Roland Barthes, *« Croire sensé le désir de l'impossible »*[13]. C'est cette capacité mentale qu'il s'agit bien, nous semble-t-il, d'insuffler à nouveau dans de nombreuses organisations.

L'ouvrage *Manager par les défis* est un outil de management. Qui dit outil de management, dit concertation, coopération, dialogue, contribution créative de chacun, décision, pilotage, reconnaissance et communication.

Une démarche provoquée

Manager par les défis est une démarche d'innovation *« à tous les étages »*[14] ou « Innovation Participative© »[15].

---

13. La Leçon, 1978 - Roland Barthes, philosophe écrivain.
14. *Innover à tous les étages, ibid.*
15. Innovation Participative© est un terme déposé initialement par le GIP (Groupement pour l'Innovation Participative) en 1982, puis l'association Innov'Acteurs.

Actuellement, un double phénomène se manifeste dans les organisations :
- la banalisation de la qualité, plus ou moins bien ingérée dans les organisations ;
- la nécessité d'un second souffle marquant, tant sur le plan de l'offre aux clients que sur le plan managérial.

Il est urgent de créer un appel d'air. Le discours ambiant est plus qu'ambigu à ce propos. Comme le souligne Laurent Dupuis, fondateur de Polémarque et de l'association Innovascope :

> Si la thématique de l'innovation s'impose de plus en plus dans le discours de l'entreprise, les moyens engagés et plus encore la posture ne sont pas nécessairement au rendez-vous. Force est de constater une relative immaturité à l'égard de l'innovation. [16]

Derrière ces mots, il nous semble que la priorité est de faire des percées dans l'épaisse couche nuageuse des craintes d'avoir quelque chose à perdre. Il est urgent de relever des défis nouveaux et des défis partagés par tous ceux qui jouent dans la même cour : actionnaires, managers, collaborateurs, clients et partenaires. [17]

Quels sont ces nouveaux défis ? S'agit-il, par exemple, de « dépoussiérer » l'existant, comme le déclare Pascaline Perdikas, responsable de marketing et communication chez Singer France ?

> Nous étions une société un peu endormie, renfermée sur notre cercle de clientes. Nous n'allions pas à la recherche de nouvelles et de plus jeunes clientes. Aujourd'hui, nous sommes en train de dépoussiérer la marque. [18]

Ou s'agit-il de se jeter le défi de régénérer une marque, une culture, un modèle de penser et de faire ? Question de communication, peut-être... Dépoussiérer est « soft », régénérer inquiète. Derrière les postures, profil bas dans un cas, profil haut dans l'autre, arrive le train qui peut en cacher un autre. Il y a celui qui arrive, qui ose bousculer et prendre en main les serpents de mer ; c'est celui qui commence par dire « n'ayez pas peur » puis encourage par un « vous risquez de gagner ». Pari pascalien, probablement, pari stimulant, sûrement.

---

16. *Marketing Magazine*, avril 2006, n° 103. Pour Innovascope, partenaire d'Innov'Acteurs.
17. Philippe Détrie, L'*Entreprise contributive*, Dunod, 2004.
18. *Marketing Magazine*, avril 2006.

La société du xxiᵉ siècle n'a probablement pas l'apanage des défis, comparée aux époques précédentes... Les défis inédits, propres à l'ère que nous traversons, sont pourtant considérables tant par leur ampleur que par leur volume. Citons-en quelques-uns :

- prendre en compte l'avènement de l'urbanisme qui a radicalement remplacé la ruralité[19] pour inventer un nouveau style de vie et d'épanouissement ;
- faire du développement durable un esprit et une attitude, et non une vitrine éthico-marketing et politico-citoyenne ;
- associer les priorités de la vie personnelle et de la vie professionnelle ;
- créer la parité homme/femme ;
- faire de la maternité un atout en matière de carrière professionnelle ;
- réinventer une éducation adaptée à l'enseignement permanent.

À première vue, la nature de ces défis semblerait hors sujet par rapport au thème de notre ouvrage dédié aux organisations. Certes, les défis que les entreprises ou les collectivités locales se donnent de relever aujourd'hui répondent à des enjeux qui sont majoritairement d'ordre économique et politique ; on y parle beaucoup de réduction de coût, d'augmentation de productivité ou d'image forte et positive, ce qui paraît normal dans une situation dominée par l'incertitude.

En même temps, des thèmes sociétaux proches de ceux que nous avons énoncés commencent aussi à voir le jour. La question des défis n'est pas seulement liée au contenu : il s'agit d'une autre façon de voir les choses. On commence à se donner la permission d'oser, parce que d'un côté, l'urgence nous y pousse, et de l'autre, on ressent un besoin d'audace... Parce que d'un côté, on se voit en train de sortir des inhibitions imposées par des managements directifs et très hiérarchisés, et de l'autre, on est de plus en plus accoutumé à affronter l'incertitude. On se donne le droit d'être ambitieux dès que l'on commence à croire que la rupture est possible et nécessaire. Selon Olivier Monfort, directeur général de Solvay France :

> Tant en innovation participative qu'en innovation de rupture, il faut gérer les deux aspects, innovation spontanée et innovation provoquée, différemment. Pour moi, dans une grande entreprise, l'innovation spontanée apporte rarement la rupture. La plupart des démarches passent par des qualiticiens qui sont par principe conformistes. Il faut d'autres ressorts que la qualité pour obtenir de la rupture.

---

19. Dans la France d'avant 1914, plus de 75 % de la population française vivaient de la ruralité. Moins d'un siècle plus tard : plus d'un habitant de la planète sur deux vit en zone urbaine.

> Le constat qui est fait des boîtes à idées, il ne sort que de l'amélioration. L'innovation spontanée, très importante pour ses apports et l'adhésion de tous, n'apporte pas la croissance. L'innovation stimulée est nécessaire à l'innovation de rupture. Chaque idée retenue doit être transformée en projet et s'inscrire dans un fonctionnement en projet. Par exemple, diviser par 5 la consommation d'eau d'un site est un vrai défi. C'est de l'innovation stimulée.[20]

Les défis en eux-mêmes n'ont rien de très nouveau sous le soleil. Mais c'est une véritable nouveauté, une vraie mutation culturelle de faire appel à la créativité du personnel et non aux seules performances des métiers.

On nous demande souvent ce que cette démarche apporte de différent des cercles de qualité et des séances de résolutions de problème. La réponse ne peut être polémique, comme s'il fallait choisir entre l'une et l'autre démarche. Ce qui est certain, c'est que l'innovation participative fait appel à des idées qui ne font pas nécessairement partie du champ d'activités professionnelles des collaborateurs. C'est d'autant plus affirmé dans le cas d'un défi.

Par exemple, un chef de ligne en industrie peut avoir des idées pour améliorer le fonctionnement de son outil (amélioration) ou trouver une solution à une panne (résolution de problèmes), et il peut avoir des idées pour un nouveau nom de produit, pour la réduction du taux de bactéries, ou pour accueillir les nouveaux embauchés (à travers un défi lancé). Rien de tout cela n'est incompatible. La Démarche Défis ouvre la voie à une culture managériale inédite qui donne autant d'importance à la créativité des gens et à leur vision globale et intuitive qu'à leur savoir-faire technique ou fonctionnel.

Manager par les défis représente ainsi un tournant dans les démarches participatives qui font plutôt appel aux suggestions du personnel et qui fonctionnent sur le « spontané ». Un collaborateur a une idée pour améliorer telle machine, tel processus, telle organisation, telle pratique… il la soumet grâce à un dispositif en place : système de suggestions, boîte à idées, management des idées, etc.

La Démarche Défis en pratique

Le concept ne date pas d'hier : la lecture d'un des numéros d'une revue interne de Michelin, *Prospérité*[21], datant de 1933, explique très clairement ce qu'est un mode de suggestions participatives « pour amener notre personnel à collaborer avec nous à la recherche des progrès et des économies ». Et déjà à l'époque, la frontière entre l'innovation spontanée (celle que tout un chacun peut avoir) et l'innovation provoquée (celle qui est guidée) n'était pas très claire.

---

20. Entretien de juillet 2006.
21. *Prospérité*, n° 15, Octobre/novembre/décembre 1933 (6e année).

Le chapitre 1 de ce numéro, intitulé « Qu'est-ce qu'une suggestion ? », indique que « dans une suggestion "bonne", il y a deux choses : voir le mal, c'est-à-dire poser le problème ; trouver le remède, ou indiquer la solution ».

Un peu plus loin, il est expliqué que les « cahiers d'idées » ou les « boîtes à idées » n'apportent pas de « résultats très encourageants » ; l'entreprise recourt donc à un Monsieur « ingénieur suggestions », dont la mission est de suggérer (provoquer ?) des progrès possibles : « N'y a-t-il pas là quelque chose à suggérer ? Voulez-vous le regarder ? ».

La mise en place de la qualité et des cercles du même nom ont donné un coup de pouce énorme au « participatif », pour le meilleur et pour le pire, car les idées les plus intéressantes comme les revendications les plus excessives ont pu sortir de ces groupes. En même temps, force est de reconnaître que les démarches participatives, qui sont presque devenues la norme partout, doivent leur essor et leur succès aux apports de la qualité, assortie du concept d' « amélioration continue » qui s'est également généralisé.

La Démarche Défis apporte une nouvelle dimension à l'innovation, tout en s'appuyant sur un terrain à la fois très favorable par la « culture du participatif » et handicapant par l'ultra-développement de la « culture du mieux ».

Créer la culture de l'autrement passe par d'autres moyens : le management par les défis en fait partie parce qu'il met l'accent sur l'engagement, la responsabilité, l'*empowerment*. Thomas Chaudron, président du CJD, pose cette alternative à propos de la participation de son mouvement dans la Route du Rhum, avec la mise en compétition du bateau *Jeunes Dirigeants* : « Entreprendre : course en solitaire et/ou aventure collective »[22]. Il ne s'agit pas d'une alternative mais bien d'une synergie entre l'individu et la collectivité. Dans ce même article, Olivier Baret de la SFCMM déclare :

Cet engagement est beaucoup plus fort quand on y participe de ses mains et avec ses compétences, et quand il est porté par l'ensemble des salariés et non le seul chef d'équipe.

La référence marine recèle ce symbole très inhérent au management par les défis, où tout le monde est sur le pont, chacun à sa place certes, mais où chacun est proche de l'action et proche de celui qui décide.

Équipe : de *scipian*, « naviguer » (origine anglo-saxonne).
En ancien nordique, vient de *skip* qui signifie « bateau ».

---

22. *Impulser*, juillet/août 2006.

Une démarche volontariste

Dire que c'est possible

Il est par exemple possible de réussir là où « ça fait dix ans que l'on se casse les dents » sur :
- le temps d'attente dans les files (une minute maximum là où la moyenne nationale est supérieure à dix) ;
- les délais de livraison (huit jours là où on en met douze) ;
- la qualité de service (faire de l'accueil sa valeur phare tandis qu'il est noté largement en dessous de la moyenne par les études de satisfaction client) ;
- le moyen miracle qui ferait que les pneus des poids lourds n'éjectent plus d'eau sur les pare-brises des voitures qui les dépassent[23], ...des intrus ne prennent plus de petits déjeuners gratuitement dans les hôtels..., le contrôle qualité des pièces soit fiable et non fastidieux, les corps étrangers n'affectent plus la qualité des produits alimentaires, etc.

L'intérêt est de ne pas se vexer si ça marche !

En ce début d'inventaire dédié aux domaines plutôt matériels et techniques, il faut, bien sûr, évoquer les questions qui concernent les relations humaines, l'organisation, le management, la communication et les volets socio- économiques liés au développement durable notamment :
- l'information et l'appropriation des messages (dans six mois, 100 % des salariés reconnaîtront qu'ils ont l'information et qu'elle est compréhensible) ;
- l'accueil des nouveaux embauchés (tous les nouveaux arrivants sans exception ont suivi le parcours d'intégration prévu dans un délai de...) ;
- les économies d'énergie (les pertes « matière » sont réduites au maximum) ;
- l'équité de traitement entre les personnes (les rémunérations à contribution égale sont alignées quels que soient l'âge, le sexe et l'origine ; les maternités sont considérées comme des contributions et influent favorablement sur l'évolution professionnelle des femmes, etc.).

L'ensemble de cet ouvrage ne suffirait pas à lister les arlésiennes et autres serpents de mer qui reviennent régulièrement sur le tapis. La plupart du temps, il devient même interdit de prononcer leur nom tant ils inspirent le doute et la répulsion sous la forme de petites phrases qui tuent comme « on a déjà tout essayé », « si on savait le faire ça se saurait », etc. Dire que c'est possible, c'est aussi se donner des défis chiffrés, très simples et très ambitieux.

---

23. Innovation Michelin.

C'est ce que nous dit Olivier Monfort, directeur de Solvay France :

> Les grands défis que s'est lancé le groupe Solvay sont : 1/5 des produits sont nouveaux, 1/2 des projets innovants ont un apport extérieur, et 1/1 des entités sont impliquées dans un processus avec un partenaire extérieur.[24]

Just do it ! Mais c'est impossible, voyons ! C'est impossible si nous nous contentons de le décréter tout en continuant à faire un peu plus et un peu mieux de la même chose.

L'entreprise Solvay, pionnière en la matière

Les défis de Tavaux[24] relevés début 2000 ont assez défrayé les chroniques pour que l'on puisse les citer en référence. Il s'agissait alors de réduire l'arrêt machine annuel de 21 jours pour cause de maintenance à 12 jours dans l'année, soit une économie considérable, à savoir autant de trains en moins de dichloréthane à faire parvenir sur le site.

Suite au succès de ce premier défi, cinquante autres ont été confiés à des groupes transverses touchant la quasi-totalité des 1 200 collaborateurs du site. Chaque groupe a été animé avec des méthodologies créatives.

Il serait incantatoire d'affirmer qu'un seul coup de baguette magique peut résoudre instantanément toutes les difficultés. Mais il est possible de dire que c'est possible, et cela ne doit pas être insurmontable ! Comme le souligne Sylvie Perrin de La Banque Postale :

> La première condition pour que ça marche, c'est donc un engagement ferme et déterminé du directeur et du conseil de direction, et bien sûr la volonté de mettre en œuvre, la volonté que ça marche ! Je considère l'innovation et la qualité comme étant essentielles pour gagner la satisfaction du client. Et pour y arriver, la méthode doit être simple surtout pas une usine à gaz mais un engagement[26].

Il serait tout autant dilatoire de se résigner à maintenir passivement cet état des lieux qui, à bien y réfléchir, masque un frein considérable. Le seul fait d'abandonner toute tentative de remise en cause traduit le manque de confiance

---

24. Entretien de juillet 2006.
25. Tavaux, site industriel jurassien du groupe Solvay que nous avons accompagné dans cette démarche.
26. Entretien du 5 octobre 2006. Sylvie Perrin est directrice du centre financier de Nantes de La Banque Postale, site pilote de la démarche *Manager par les défis* depuis le début de l'année 2006.

d'une organisation en sa capacité d'évoluer. De vivre donc… Et les prétextes de type « on ne change pas ce qui a déjà fait ses preuves » ou « on ne change plus de vieilles habitudes » reflètent clairement une vision mécanique : tout élément nouveau est fixé sur l'existant comme une pièce de Mécano vissée sur une autre. Et une pièce, ça se change, ça ne se transforme pas.

La spécificité d'un défi tient au fait qu'il n'est pas possible de le relever aujourd'hui, dans l'état actuel des choses, si on ne change rien au fonctionnement en place. Un défi représente un objectif attractif pour chacun dès lors qu'il est intéressé personnellement par les résultats de celui-ci. En avoir envie est une condition minimale pour croire que c'est possible.

Les conditions de succès passent souvent par des évolutions, en matière d'attitudes, de comportements, de pratiques, d'organisation globale… Relever un défi à plusieurs régénère la confiance en soi et en la communauté.

Transformer rêves et intolérables en innovations

L'ouvrage *Manager par les défis* représente une vision qui s'apparente à un fonctionnement de type organique : les éléments de l'existant ne se fixent pas les uns aux autres mais se greffent et se transforment. Par exemple, le fait qu'un délai s'étende sur une certaine durée n'induit pas un montage mécanique d'actions les unes après les autres ou un remplacement d'une ancienne pratique par une nouvelle, mais une réflexion permanente et une rectification possible due au fait qu'une formule a un sens au moment de sa mise en place et perd son sens (et donc son utilité) par la greffe de nouvelles formules, à la manière d'une peau qui tombe au moment de la mue. C'est le cas d'une multitude de procédures nécessaires au lancement d'un nouveau système qui deviennent désuètes par la suite et qu'on ne se décide pourtant pas à abandonner. Or n'est-il pas épuisant de répéter des pratiques devenues obsolètes et peu efficaces ? *Manager par les défis* représente un état d'esprit, une attitude propice à transformer des rêves et des intolérables en innovations différenciatrices.

Dans son article « L'innovation aux multiples visages », Henri de Bodinat avance des propos prometteurs quand il écrit :

> Une innovation réussie est une innovation qui satisfait un besoin orphelin. On confond parfois progrès technologique et innovation : c'est une erreur (…). L'innovation peut être déconnectée de la technologie. Une rupture dans le modèle d'offre peut représenter une innovation majeure.[27]

---

27. *Le Nouvel Économiste*, n° 1 351, du 22 au 28 juin 2006.

L'auteur illustre ses propos par des exemples choisis dans le domaine de l'hôtellerie dite « économique », en rupture radicale avec l'hôtellerie traditionnelle qui repose sur l'accueil et la restauration.

Nous percevons bien que l'innovation explose en ce sens qu'elle occupe de multiples territoires plus qu'elle ne se diversifie à partir de sources clairement identifiées comme les secteurs de recherche et développement ou le marketing. Le management par les défis s'inscrit très précisément dans cette optique. Ce qui est communément considéré comme le propre, voire le pré-carré, d'experts en recherche et développement, ingénierie ou marketing, devient un enjeu collectif. Non que ces derniers soient tombés aux oubliettes. Au contraire : désormais, le rôle des spécialistes et des experts consiste à conjuguer leurs savoirs et leurs expériences avec celles des néophytes, autrement dit, « des experts en utilisation ». Car une idée nouvelle est souvent produite par un nouveau regard porté sur l'existant.

Un article du *Monde*, intitulé « Du changement dans les politiques d'innovation de sociétés françaises »[28] met clairement le doigt sur l'ouverture de la recherche à tous les acteurs de l'entreprise et de son environnement : « Les entreprises françaises sont sur le point de révolutionner leur façon d'innover » :

> Navi Radjou, vice-président de Forrester Research, une société d'études américaine basée à Cambridge (Massachuetts), en est persuadé. Il estime qu'il est plus important de s'intéresser à la « chaîne de valeurs » qui va permettre à une entreprise de transformer une idée en produit ou service qu'à ce monstre qu'on appelle la « R & D ».
>
> Une étude publiée en novembre 2005 par le cabinet Booz Allen Hamilton avait montré l'absence de corrélation entre les dépenses R & D d'une part, et la croissance des revenus ou l'amélioration des retours aux actionnaires d'autre part. Or, M. Radjou, bon connaisseur des entreprises américaines, mais aussi indiennes et chinoises, estime que quelques entreprises françaises pionnières telles que Renault-Nissan, Air Liquide, BNP Paribas, la Société Générale ou CNP Assurances, entre autres, ont instauré de bonnes pratiques qui pourraient faire école en France. Ces firmes ont non seulement ouvert leurs laboratoires sur les autres services de l'entreprise, mais aussi sur ceux des partenaires, fournisseurs ou clients, pour mettre en place des réseaux d'innovation à même d'accroître fortement leur compétitivité. Avec ses 7 millions de blogs, la France, seconde plus grande blogosphère après les États-Unis, disposerait d'un excellent atout pour mieux comprendre les besoins des consommateurs et co-inventer ou bien co-transformer leurs offres de produits et services entre eux. Les réseaux d'innovation nécessitent un profil de salariés différent de celui recherché traditionnellement pour les laboratoires de recherche.

---

28. *Le Monde*, 30 août 2006.

Notre défi est de montrer que la meilleure méthodologie du monde (créativité, benchmark, projet, etc.) ne peut être exhaustivement efficace si les visions les plus diverses ne se croisent pas.

La Démarche Défis consiste d'abord à rassembler les bons acteurs :
- commanditaires : maîtres d'œuvre du défi, responsables du projet, décideurs ;
- parrain : représentant du commanditaire, coach du coordinateur ;
- coordinateur : maître d'ouvrage du défi ;
- animateur de la recherche du défi ;
- facilitateur : aide l'animateur ;
- experts : spécialistes, ingénieurs, chercheurs, etc. ;
- opérateurs : acteurs de terrain ;
- candides : peu familiers avec le domaine ;
- utilisateurs : clients finaux, managers des activités ;
- praticiens (internes et externes) dans un domaine transposable.

En cela, nous sommes proches des groupes projet. Mais la configuration des acteurs et leur rôle diffèrent : l'objectif n'est pas de conduire une action à terme mais de changer le regard d'une entreprise sur ses manières de faire et d'analyser les situations. Ajoutons que la participation de tous à la recherche et au développement s'illustre par une autre indication : les salariés sont à l'origine de 85 % des brevets déposés[29]. Cela ne signifie pas que tous les salariés participent, loin de là, mais que cette possibilité est ouverte à tous. Gageons que les technologies de communication actuelles vont catalyser ce phénomène, davantage tous les jours. Une direction recherche et développement n'a pas toujours conscience que la culture de la créativité et de l'innovation diffusée dans toute l'entreprise peut être un atout formidable !

Les atouts de l'innovation participative, par Philippe Msika[30]

L'initiative de l'innovation participative pour tous les collaborateurs est venue d'un projet de créativité. Nous avions programmé des formations à la créativité pour les personnes de la recherche et développement et du marketing. Je me suis dit que c'était dommage de ne pas en faire profiter plus de monde, partant du principe que chaque individu peut avoir des idées ! Nous avons alors organisé des groupes multidisciplinaires pour les formations à la créativité, et le fait de se rencontrer entre métiers et cultures différentes a été déclencheur d'une production très abondante, très intéressante. Nous expérimentons le fait que l'entreprise toute entière pouvait être créative !

---

29. Kermadec Yann de, *Innover grâce au brevet*, Insep Consulting, 2001.
30. Entretien du 26 octobre 2006. Philippe Msika est directeur du centre de recherche et développement des laboratoires Expanscience.

Pour un ingénieur, ce n'est pas évident d'imaginer qu'on peut avoir des idées dans un domaine non technique, et pour un marketing, il est impensable qu'une personne hors R&D puisse avoir une idée de nouveaux produits.

On me regarde parfois d'une drôle de façon quand j'exprime ce genre de propositions ou que je dis aux salariés : « l'innovation c'est vous tous », alors que dans l'esprit de chacun l'innovation c'est le centre recherche et développement et le marketing ! Il s'est trouvé que le DRH en place à cette époque venait de Danone où l'innovation participative fonctionne depuis un certain temps, et il m'a incité à aller beaucoup plus loin : la créativité est une étape et le management des idées permet réellement de délocaliser la fonction créative. La créativité n'est pas réservée à une élite !

En réalité, la créativité va changer le mode de management : décloisonner les métiers et les services... écouter les autres, que des managers de métiers différents s'écoutent pour trouver des idées ensemble...

Dans un premier temps, je n'en attends pas de grandes innovations de rupture ! Mais il faut commencer par l'expression... sans expression, pas d'idée ! Il s'agit d'un changement culturel. C'est vital de créer chez Expanscience une culture de l'innovation. Et je sais que les gens sont enthousiastes à cette perspective. L'attente est forte. C'est un sujet qui donne le feu !

Quelle prospective peut-on imaginer à cette démarche ? J'en vois au moins une... Aujourd'hui, c'est assez difficile d'implanter une idée pour qu'elle devienne une innovation qui décolle, se développe et se transforme en business. Transmettre la nouveauté, la faire s'approprier n'est pas gagné d'avance. Si la créativité devient une culture forte et généralisée, les idées nouvelles en seront d'autant mieux accueillies, d'autant mieux étudiées de façon objective. Aujourd'hui, une idée nouvelle est perçue comme un produit exotique ! Les innovations ressemblent à des fleurs parsemées ici et là par certains. Dans quelques années, nous pourrons obtenir de véritables jardins que nous aurons créés ensemble ! J'ajoute qu'au sein même de la recherche et développement, le système de management des idées provoquera lui-même un bouillonnement nouveau.

Défier systématiquement les évidences impossibles

Dans son ouvrage *La culture d'entreprise pour manager autrement*[31], Eric Delavallée raconte une anecdote très drôle et métaphorique sur l'utilité de connaître les origines et l'historique de l'entreprise pour comprendre la difficulté de faire autrement :

---

31. Éditions d'Organisation, 2002.

> Mettez cinq chimpanzés dans une chambre... Accrochez une banane au plafond et mettez une échelle permettant d'y accéder. Assurez-vous qu'il n'y a pas d'autres moyens d'attraper la banane que d'utiliser l'échelle. Mettez en place un système qui fait tomber de l'eau glacée dans toute la chambre dès qu'on commence à escalader l'échelle. Les chimpanzés apprennent vite qu'il ne faut pas escalader l'échelle. Arrêtez le système d'eau glacée pour que l'escalade n'ait plus son effet gelé. Maintenant, remplacez l'un des chimpanzés par un nouveau. Ce dernier va chercher à escalader l'échelle. Sans comprendre pourquoi, il se fera tabasser par les autres. Remplacez encore un des vieux chimpanzés par un nouveau. Il se fera encore tabasser. C'est le chimpanzé n° 6, le dernier entré, qui tapera le plus fort. Continuez le processus jusqu'à ce qu'il ne reste que des nouveaux chimpanzés. Aucun ne cherchera à escalader l'échelle. Si, pour une raison ou une autre, l'un deux ose y penser, il se fera massacrer illico presto par les autres. Le pire, c'est qu'aucun des chimpanzés n'a la moindre idée du pourquoi de la chose. C'est ainsi que la culture d'entreprise prend naissance.

Combien d'échelles demeurent-elles inaccessibles dans l'entreprise ? Faire travailler ensemble une équipe qui s'occupe du matériel aérien avec celle qui s'occupe du matériel terrestre pour une nouvelle approche des modalités de surveillance et d'entretien, vous n'y pensez pas. Ils n'ont pas les mêmes compétences, ils ne font pas le même métier, leurs conventions collectives sont différentes... bref, c'est impossible !

Manager par les défis consiste à s'attaquer souvent aux échelles que l'on n'escalade plus... Alors en quoi le choix des acteurs peut-il être aussi déterminant pour déstabiliser les entrelacs d'inertie ? Parce que mis dans un groupe défi, ces acteurs, dont les métiers sont souvent exercés en cheminée quand ils ne sont pas déclarés incompatibles, vont créer ensemble et se rendre compte que rien ne les sépare vraiment sinon les couches sédimentaires que l'histoire a déposées au fil des décennies. C'est la raison pour laquelle il ne faut pas hésiter à se projeter dans l'imaginaire de l'entreprise, se lancer dans l'innovation, dans le rêve, l'utopie, oser et se donner la peine de dessiner la vision à partir de l'identification des enjeux, des valeurs et de la finalité de l'entreprise pour agir sur ses défis, ses actions et ses objectifs. Il s'agit d'une véritable démarche prospective, qui concilie le long terme et le court terme et qui permet d'anticiper des besoins latents prêts à se révéler dans quelques années.

De manière à rendre l'exercice plus accessible à tous et plus efficace dans la mise en action du potentiel d'ouverture de chacun, il est souvent utile d'ajouter des médiateurs, des agitateurs, des provocateurs, etc. :
– graphiste : créateur des visuels suscités par la recherche, stimulateur d'idées ;

– comédien : interprète de situations bloquantes, stimulateur de remise en cause et de changement de regard ;
– metteur en scène : créateur de simulations sur demande, passeur de changements et de ruptures, stimulateur de transferts ;
– sportif ou explorateur : témoin et héros d'exploits audacieux, stimulateur de rêves.

Mettre la complexité en scène

Le défi le plus banal et le plus excitant à relever est celui de la complexité. Le moyen probablement le plus puissant de défier la complexité est de mettre en scène ses trois facteurs :
– la diversité ;
– l'incertitude ;
– l'interdépendance.

Mettre en scène la diversité ? Provoquons-la avec :
– les acteurs internes et externes, leurs points de vue, leurs expériences et la divergence de leurs enjeux ;
– les rencontres, l'observation de l'environnement ;
– les disciplines, les logiques, les langages.

Selon Sylvie Perrin de la Banque Postale[32] :

> Nous allons enclencher un troisième défi dans le domaine du crédit, et il nous faudra impliquer le réseau. D'emblée nous nous confrontons à deux logiques souvent contradictoires : les commerciaux qui visent le développement, l'accroissement de leur chiffre d'affaires. Et nous, back-office, notre enjeu porte sur l'évaluation du risque et sur la marge ! C'est l'objet des réunions « synergie » que de s'accorder sur ce type de problèmes.

Mettre en scène l'incertitude ? Anticipons-la avec :
– la visualisation du devenir voulu, de la finalité à viser ;
– la scénarisation des situations prospectives ;
– l'entraînement permanent à trouver l'énergie dans le changement et la rupture.

Mettre en scène l'interdépendance ? Reconstituons-la avec :
– une nouvelle façon de découvrir l'existant ;
– un apprentissage collectif de la coproduction ;
– l'expérimentation du « chacun gagnant ».

---

32. Entretien du 5 octobre 2006, *op. cit.*

Jouer sur l'exceptionnel, la rapidité, la mobilisation

L'exceptionnel

Le propre de la Démarche Défis est d'être exceptionnelle. C'est un contrepoint de l'amélioration continue, dans le sens créatif du terme. C'est un contrepoint qui s'inscrit en élément d'enrichissement et de mise en relief. Le mot « exceptionnel » caractérise ce qui est singulier : un défi est dédié à un seul sujet (remarquable) ; un défi promet des impacts spectaculaires (précieux) ; le défi apporte des résultats importants (inhabituel) ; le défi s'attaque aux rêves ou aux intolérables auxquels on ne se risque généralement pas (insolite) ; enfin, le défi peut paraître incroyable *a priori* en ce sens qu'il n'est pas réalisable si le contexte ne change pas. Le défi signifie la rupture.

La rapidité

La durée indicative est de l'ordre de six mois. Comment gagner 20 % en six mois ? La rapidité se traduit aussi dans la méthode de la Démarche Défis par la créativité ou le benchmark. L'accouchement des idées et leur élaboration doivent venir vite : en quelques séances de travail, tout doit être prêt pour le processus à mettre en œuvre. L'innovation elle-même se déroule suivant des étapes plus ou moins développées, selon le mode d'expérimentation et les exigences liées à la nature de l'innovation (prototype ou non, cadre juridique, etc.).

La mobilisation… incentive

Le défi se traite comme une campagne. La direction lance le défi. Des moyens de recueil d'idées sont mis en place : des groupes défis, des capteurs d'idées, etc., et il est donné quatre ou cinq semaines pour que les salariés y répondent. Au bout de ce délai, les idées sont sélectionnées puis font l'objet d'une décision pour action.

Ce rythme est mobilisateur par la pression qu'il provoque et le fait qu'il soit traité d'une façon ludique. Par ailleurs, les sujets traités le sont une seule fois ; ils sont renouvelés et font l'objet à chaque fois d'une campagne réinventée. Les idées sélectionnées sont mises en œuvre et récompensées. Des trophées sont remis aux participants.

Un défi est un pari a priori gagnant

Un défi a priori est gagnant quand il est ambitieux et très vivement souhaitable. Il donne envie, il fait rêver.

Par exemple, parier que « dans six mois, nous ferons plus de 20 % de productivité sur telle chaîne » est un défi que chacun visualise bien et qu'il se dit, au fond de lui, que ce serait « génial d'y arriver ». Pour qu'il soit stimulant, un défi doit s'exprimer en termes directs et concrets. La formulation compte beaucoup. Ainsi, l'expression « comment faire pour améliorer le rendement » n'est pas évocatrice. En revanche, l'expression « gagner 10 points en satisfaction client sur l'accueil téléphonique » a des chances de parler à beaucoup de monde.

Lancer un défi dont on sait pertinemment que la majorité des leviers à actionner ne dépend pas du tout de ceux qui le lancent revient à aller au casse-pipe. Dans ce cas-là, assez fréquent pour le signaler, le premier défi consiste à prendre son bâton de pèlerin et convaincre les décideurs là où ils sont.

Un défi est provocateur et attractif

Décider pour une entreprise de services de diviser par trois le délai de remise d'une commande est un vrai défi. Chacun sait aussi qu'on n'y parviendra pas en continuant à faire exactement la même chose qu'aujourd'hui ou, pire encore, qu'on fasse plus de la même chose. Il faudra faire autrement, par exemple :

– réinventer un dossier de prise de commande pour le rendre plus communicable, moins administratif, et fiabiliser ainsi la prise de commande pour éviter les 10 ou 15 % de retour pour cause de manque de pièces ou de situation insolvable ;

– livrer les commandes à mesure, sans attendre qu'elles soient toutes arrivées pour les traiter ;

– marquer tous les supports transportant les commandes, de manière à ne pas les mélanger avec les autres commandes moins urgentes ;

– informer le client en amont de manière plus précise, plus efficace, moins administrative et moins publicitaire, de manière à le responsabiliser.

Par sa définition même, le défi est une provocation. Provoquer, c'est « aller au devant de la vocation ». Se lancer un défi et le relever est un acte qui repositionne au centre de sa propre vocation.

Un défi représente une rupture innovante à divers degrés

La notion de rupture et d'innovation est nécessairement relative à la nature du défi et à la culture de l'entreprise. Changer un processus administratif, supprimer des contrôles inutiles peuvent représenter de vraies ruptures.

Le degré de rupture est plus fort quand il s'agit par exemple d'inverser la proportion des populations *front office* et *back office* avec les mêmes individus. C'est le cas d'une caisse régionale qui, en moins de deux ans, est passée d'une proportion de 2 personnes sur 3 pour les métiers du *back office* et une personne sur trois pour les métiers du *front office* à la proportion exactement inverse. Le défi a été d'autant plus remarquable qu'il n'y a eu que très peu de changement de personnel.

Un défi est provocateur parce qu'il exige des changements aujourd'hui irréalisables. Et s'il est attractif, c'est bien parce que chaque changement exigé représente plus qu'une amélioration ou une mise en conformité : il représente des ruptures concrètes, tangibles, pas nécessairement déstabilisantes mais toujours innovantes. Par exemple, le cas typique des multiples signatures : « Jusqu'à maintenant, nous faisions faire trois signatures pour valider tel accord de prêt. Aujourd'hui, une seule peut suffire. Pourquoi ? Parce que nous l'avons décidé, nous avons décidé que le temps perdu, handicapant pour tous, à commencer par le client qui attend, est largement plus préjudiciable que le risque encouru. »

Dans une situation de cette nature, la transformation survenue est due à un changement de point de vue radical : le principe de fiabilité totale a été remplacé par la prise de risque mesurée. L'attractivité d'une telle rupture est alors liée à l'intérêt du métier, à la prise de responsabilité à tous les niveaux plutôt qu'à l'exécution d'une tâche ultra-protégée. Là encore, le degré de « transgression » par rapport à ce qui se faisait avant est variable.

Fabienne Bolland, la première aviatrice à avoir franchi la Cordillère des Andes, a transgressé un impossible avec une prise de risque autrement plus conséquente ! Mais l'esprit de base est identique. Voici son témoignage :

> J'étais devenue pilote chez Caudron… Je faisais des meetings, je commençais à me sentir un peu à l'aise en avion et, un jour, j'apprends par un copain qu'il y avait (je le cite mot à mot) « une place de macchabée à prendre en Amérique du Sud » :
> – Il y a encore un gars qui s'est cassé la gueule dans la Cordillère…
>
> Aussitôt, poussée par le besoin de vaincre ma peur – car j'ai toujours eu peur en avion –, je vais voir Caudron :

– M. Caudron, je voudrais aller en Amérique.

J'ai cru qu'il allait lever les bras au ciel. Il y avait 13 mois que j'étais brevetée et j'avais 40 heures de vol en tout et pour tout. Mais il commençait sans doute à en avoir assez de mes excentricités :

- Si vous y tenez, dit-il simplement, on va s'en occuper.

C'est ainsi que tout se décida. Il s'agissait, bien entendu, de montrer aux Sud-Américains les avions Caudron et on avait fait, là-bas, avant mon arrivée, toute une publicité pour faire un peu mousser mon voyage.

- Il se peut, avait fait dire Caudron avant mon arrivée, qu'Adrienne Bolland profite de son séjour pour tenter la traversée des Andes.

Et elle y arriva. Comme quoi, la peur donne des ailes !

Rupture... rompre : du latin *rumpere*, « briser avec force », « couper court ».
Décision... décider : du latin *décidere*, composé de *de* et *caedere*, « couper ».

Un défi génère une forte valeur ajoutée aux clients

On entend déclarer souvent, comme une évidence acquise, que toute action ou tout processus engagé répond explicitement à un besoin et qu'il est dédié à un ou plusieurs destinataires identifiés. Le premier défi consisterait probablement à faire en sorte que la réalité corresponde pleinement à cette déclaration ! Un défi a pour vocation d'apporter un vrai plus aux clients externes et/ou internes.

Augmenter de 20 % la productivité d'une usine est un défi qui recueillera l'appui des salariés si la finalité est clairement identifiable et légitime à leurs yeux. S'il est normal que les actionnaires soient les bénéficiaires d'un défi concernant la productivité, il doit être démontré que ce ne sont pas les seuls à en tirer avantage.

Les autres bénéficiaires sont les clients, en matière de prix tout au moins. Quant aux employés, managers et collaborateurs, ils peuvent y trouver leur intérêt à travers des primes au rendement, des créations de nouvelles expertises ou la durabilité de leur entreprise.

On pourra faire le même constat au niveau d'une collectivité locale dont les défis seront plutôt de l'ordre de la performance dans des domaines économiques et sociaux. Les bénéficiaires en seront tout naturellement les élus, à condition que les réalisations issues de ces défis soient dédiées à des habitants ou à des organismes marchands ou non.

Un défi génère des résultats mesurables

Chaque défi promet des résultats mesurables, quantitatifs et qualitatifs dans des domaines aussi complémentaires que l'économie, l'humain, l'organisation, la communication, etc.

Si l'on reprend chaque défi évoqué précédemment, on peut en tirer des indicateurs simples, contenus dans le défi lui-même :
- « Dans six mois, nous ferons plus de 20 % de productivité sur telle chaîne. »
- « Nous gagnerons 10 points en satisfaction client sur l'accueil téléphonique. »
- « Nous livrerons un document en 4 jours alors que la moyenne de livraison est de 8 ou 9 jours actuellement. »
- « Nous inverserons la proportion 2/3 *front office* et 1/3 *back office* avec la même population. »
- « Nous supprimerons 2 signatures sur 3 pour valider un document. »

Il convient de qualifier davantage les indicateurs en matière de bénéfices spécifiques par acteur. La question du bénéfice apporté aux divers acteurs en fonction de leurs enjeux spécifiques est décisive dans le choix d'un défi.

Il reste aussi un doute fréquemment exprimé à propos d'une démarche associée à l'innovation : quelle garantie avons-nous d'obtenir les résultats visés ? *A priori*, aucune, ou, en tout cas, aucune à 100 %.

Par ailleurs, si nous nous reportons aux règles stratégiques de base concernant les brevets, il faut savoir que l'estimation de la rentabilité des brevets se traduit de la façon suivante : sur 100 brevets, 1 rapporte une fortune, 9 sont très rémunérateurs, 20 génèrent des revenus non négligeables et 70 restent dans les tiroirs[33]. En ce qui concerne la Démarche Défis elle-même, les domaines traités sont beaucoup plus étendus que le champ d'innovation couvert par les brevets.

Un défi est un levier pour sortir de la déception

▨ Décoder les quatre grandes familles de sentiments

Sur un plan personnel, les émotions que chacun éprouve appellent une réponse. Classiquement, il est reconnu quatre grandes familles de sentiments :
- l'enthousiasme ;
- la peur ;
- la colère ;
- la tristesse.

---

33. Rapport Lombard, secrétaire d'État à l'industrie, 1998, cité par Yann de Kermadec dans *Innover Grâce au brevet*, Insep Consulting, 2001.

Audace   **ENTHOUSIASME**   Espoir

PEUR   **DÉFI**   **TRISTESSE**

Incertitude   Déception

                     COLÈRE

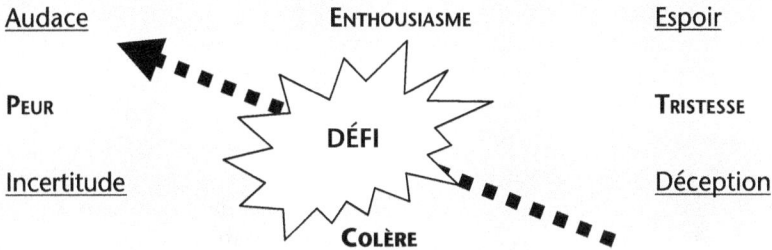

Figure 1.1 : grille des émotions et des sentiments.

Sur une carte, nous avons organisé les quatre sentiments de base comme étant des points cardinaux. Nous avons complété ces points par des situations intermédiaires, de manière à en faire des leviers pour l'action : comment passer d'un état figé à une dynamique ?

L'axe central horizontal est dénué de toute énergie : resté dominé par un sentiment de tristesse ou de peur est peu propice à l'action ou à la bonne marche de l'entreprise.

L'axe central vertical est en revanche celui de l'énergie : il permet de décoller, la colère étant parfois un passage obligé ou un tremplin vers l'enthousiasme, à condition de canaliser cette énergie en nommant un défi. La vie d'un service tout entier ou d'un site peut se trouver perturbée par un sentiment dominant de peur, de déception ou même de tristesse. Si ces sentiments sont niés, nous nous retrouvons très vite dans un contexte de crise : la question est donc de savoir comment transformer cette situation en dynamique positive pour l'entreprise.

Mode d'emploi de la grille des émotions et des sentiments

Identifier le sentiment dominant et les attentes qu'il traduit au niveau de l'entreprise, d'une équipe, d'un individu.

Nommer l'intolérable (la colère) ou le rêve (l'enthousiasme) pour sortir des sentiments passifs comme la tristesse ou la peur.

En faire un défi clairement identifié (audace et/ou espoir).

Quand une personne exprime l'un de ces sentiments, elle fait passer un message, consciemment ou non ; elle provoque un impact chez celui, celle ou ceux à qui elle s'adresse, et attend de cet impact une forme de retour. Par exemple, si quelqu'un exprime :

– son enthousiasme par rapport à une situation : il s'attend à ce qu'il soit partagé, en tout ou en partie, avec ou sans réserves ;

– un espoir : il attend d'être soutenu ;
– de l'audace : il attend d'être encouragé ;
– de la colère : il attend d'être écouté ;
– de la peur : il attend d'être rassuré ;
– de l'incertitude : il attend d'être accompagné ;
– de la déception : il attend d'être démenti dans sa perception ;
– de la tristesse : il attend d'être entouré.

À chaque attente correspond un besoin, et chaque besoin exprimé est relié à une valeur. L'enthousiasme partagé est par exemple lié à la solidarité, l'audace au courage, la colère au respect... Ces modes d'interaction se reproduisent tous les jours à un rythme considérable. Chacun attend quelque chose de spécifique à sa propre expérience et à son système de valeurs. Dans tous les cas, chacun attend un signe de reconnaissance positif. Faute d'en obtenir, il risque de faire ce qu'il faut pour en recevoir des négatifs ! L'énergie vient d'une force intérieure qui a besoin de *feedback*. Comme le reconnaît Sylvie Perrin de La Banque Postale :

> Il existe une part de risque, bien sûr : ne pas atteindre l'objectif ambitieux visé [34] ! J'anticipe cette possibilité et de toutes façons, pour moi, il y a des résultats, ne serait-ce que par les moyens mis en œuvre, la mobilisation, la tentative... l'essentiel, c'est le retour que l'on fait ! [35]

Une démarche réactive et créative

Manager par les défis est une démarche réactive et créative. L'expression de l'énergie est conditionnée par la relation de chacun avec l'environnement, en adéquation ou non de sa propre perception avec celle d'autrui. Avoir peur de prendre une décision parce que l'on redoute les conséquences pour soi et/ou pour l'entreprise fait que l'énergie déployée pour conduire un projet est radicalement différente de celle investie en cas d'enthousiasme, de colère ou de tristesse.

Manager par les défis consiste à provoquer et à séduire, autant de termes qui s'adressent directement à l'univers des émotions. Nous avons observé que l'audace[36] constitue souvent une réponse à la déception. La déception, voire le désabusement, est probablement, en cette dernière décennie, le ressenti

---

34. Un objectif de défi se définit en écart de gain de plus de 20 à 30 % en général, ou en changement radical de modèle, en rupture réelle. Ce qui n'est pas acquis à 100 % au moment de se lancer.
35. Entretien du 5 octobre 2006. Sylvie Perrin, *op. cit.*
36. Tendance à oser des actions hardies, en dépit des dangers ou des obstacles. Innovation qui brave les habitudes (Dictionnaire Hachette).

le plus récurrent en entreprise. C'est ainsi que des discours de types « les promesses ne sont pas tenues », « cela ne sert à rien de faire des discours, les actes ne tiennent pas » ou même « à quoi bon s'investir, ça changera dans trois mois ! », se profilent. Selon Sylvie Perrin de La Banque Postale :

> La Démarche Défis est un levier de management ; à une époque de mal-être, *Manager par les défis* représente un bon moyen de reconnaissance. Un des points formidables de ce que cette démarche nous a apporté, c'est la fierté des agents... d'avoir participé, d'avoir réussi. [37]

Le défi d'Archimède à l'ordre du jour !

Un des moyens d'aborder les défis dans un esprit de rupture est la créativité. La créativité représente une nouvelle manière de voir le monde, mais ne change rien concrètement. L'innovation vise à changer le monde de manière nouvelle et concrète.

Les mots clés de la créativité et de l'innovation ne sont ni « plus » ni « mieux », mais « autrement ». L'exemple très symbolique de l'« *Eurêka !* » d'Archimède est toujours d'actualité, parce que faire autrement dépend de nous, êtres humains, et il existe quelques fondamentaux qui n'ont guère varié.

L'invention d'Archimède : une méthode inattendue

Le roi de Syracuse se fait façonner une nouvelle couronne. Il suspecte les joailliers d'y avoir glissé du plomb. Et avant d'y faire poser des pierres, il demande à Archimède :

« – Comment savoir s'il n'y a que de l'or pur ou s'il a été mélangé à du plomb ?

La réponse théorique est facile, Archimède connaît bien la loi physique de la densité de la matière relative au rapport du poids et du volume, chaque métal ayant une densité propre. Calculer le poids est simple : il suffit de poser la couronne sur une balance. Mais le volume ? Il est constitué d'un cercle, de multiples ornements plus ovoïdes que sphériques, de formes complexes, etc. Il existe la méthode classique qui consiste à décomposer chaque forme en une multitude de formes géométriques simples et mesurer ces formes une par une. Cela va prendre des semaines. Les risques d'erreurs sont multiples.

---

37. Entretien du 5 octobre 2006. Sylvie Perrin, *op. cit.*

Bien sûr, il est possible de préciser la méthode en améliorant par exemple les outils de mesure : au lieu d'utiliser des règles et des formules de calcul compliquées, on peut utiliser des cordons dont on ceint les différentes formes en de multiples endroits.

Il reste encore à tout mesurer et à se livrer ensuite à des calculs astronomiques. Il était peut-être plus simple et moins coûteux de faire surveiller la fabrication de la couronne de A à Z !

Archimède se dit que cette forme de résolution de problème, même améliorée, ne lui convient pas. Il veut relever le défi d'apporter une réponse juste le plus vite possible, avant que les joailliers, si la suspicion se révélait fondée, n'aient le temps de prendre la fuite.

Archimède en parle aux meilleurs experts et savants de la ville. La réponse est unanime :

– On a tout essayé, il n'y a qu'une solution : mesurer les volumes un par un et faire l'addition. Voilà des années qu'on essaie de résoudre ce genre de problème, tu as beau être le plus fort, tu n'y arriveras pas parce que c'est impossible. Il n'y a aucun moyen de mieux faire, tu vas peut-être trouver quelques formules de calcul qui te feront gagner un jour ou deux. Mais si tu t'engages à donner une réponse dans les 24 heures, tu vas te ridiculiser, mon pauvre vieux… et ridiculiser toute la profession.

– C'est bon, c'est bon, répond Archimède, dépité.

Et déjà son esprit se met en marche :

– Impossible… impossible… quel drôle de mot. Je pense qu'une autre solution existe et qu'elle ne se trouve pas dans nos formules et dans nos pratiques habituelles.

Mais, se trouvant devant une sorte de mur, il sait pertinemment que ce n'est pas en en ressassant la même question qu'il trouvera une idée nouvelle.

Alors il va se distraire avec des amis. Il oublie son problème, évacue la préoccupation pendant la fête puis s'endort d'un profond sommeil dans une nuit réparatrice. Il se lève de bon matin, l'esprit clair mais encore bredouille.

Il prend un bain, se plonge dans l'eau et se réconforte en se flattant d'avoir découvert le principe qui porte son nom : le principe d'Archimède. Selon ce principe, tout corps plongé dans l'eau exerce une pression ; il plonge alors sa main entière et observe le niveau de l'eau qui monte :

– Ça marche, se dit-il, c'est une bonne idée que j'ai eue là, d'observer que tout corps… Que tout corps !, s'exclame t-il alors. Tout corps… la couronne. Mais c'est bien sûr. Eurêka ! J'ai trouvé ! Si je plonge la couronne dans l'eau, elle va faire monter le même volume d'eau que son propre volume, et il me suffira de mesurer ce volume d'eau pour obtenir très précisément le volume de la couronne !

La suite est connue, il sort de son bain, traverse la ville comme un fou en criant qu'il a trouvé :
– Eurêka ! Eurêka !

Il va voir le roi, prend la couronne, remplit une cuve à ras le bord, plonge la couronne et recueille l'eau qui a débordé et en mesure le volume grâce à l'outil de mesure le plus simple du monde[38] :
– Sire, j'ai la réponse à votre question ».

Que s'est-il passé ? Archimède a pressenti qu'il ne ferait qu'un tout petit mieux en améliorant son expertise dans un seul système, le système géométrique ; il a abandonné cette voie et s'est donné la chance et le défi de trouver autrement. Faire autrement a consisté pour lui à mettre deux systèmes, *a priori* étrangers l'un de l'autre, en matrice : la géométrie et la physique.

Ainsi, faire autrement ne consiste pas à faire la même chose en mieux (amélioration), mais à rompre avec les processus habituels.

Ainsi, Archimède a parcouru naturellement les étapes de la créativité : immersion, imprégnation et illumination.

Les étapes de la créativité

Les grands créatifs traversent naturellement et rapidement les étapes de la créativité.

Immersion : s'immerger dans le problème, poser des questions, retourner les informations dans tous les sens.

Imprégnation : laisser tous les éléments désordonnés envahir son esprit, son inconscient, se libérer de la tension et de la tentation de vouloir trouver la solution par la voie la plus « logique », la plus habituelle ou la plus reconnue.

Illumination : provoquer le choc de la rencontre de deux logiques, de deux modes de pensée, pour trouver une solution innovante, qui n'appartient pas à un seul système.

---

38. Récit adapté par les auteurs.

Nous proposons une méthodologie qui catalyse ce processus naturel d'innovation créative. Il s'agit d'EDITO©

EDITO© : le parcours en 5 étapes

Explorer (immersion)

Observer sous tous les angles, sans a priori, avec les yeux d'un enfant, au-delà des préjugés et des stéréotypes.

Rassembler toutes les données du problème.

Disséquer (imprégnation, incubation)

Explorer le champ du problème par différents chemins, les liens de cause à effet, les enjeux, etc.

Destructurer pour restructurer, comprendre, hiérarchiser, reformuler.

Établir un contrat de succès, en nommant quelques axes de recherche : les défis.

Imaginer (illumination)

Imaginer un grand nombre d'idées pour chaque défi.

Chercher des idées magiques, se donner la permission de tous les possibles.

Trier

Hiérarchiser les idées les plus efficaces (avec des critères rationnels).

Décider en se projetant dans le futur.

Organiser

Développer l'idée en plans d'actions.

Résoudre les difficultés et vaincre les résistances.

Associer les acteurs partenaires.

À chacune de ces étapes[39], le principe des deux mouvements du processus créatif (divergence, ouverture/convergence ou fermeture) s'applique. Des techniques d'animation permettent de stimuler la créativité, individuelle ou collective. Des outils d'organisation de l'information faciliteront l'analyse objective des informations ou la prise de décision.

---

39. Voir chapitre 6.

Quelques exemples en entreprise

Un fabricant de moteurs Diesel destinés aux navires se reconvertit en fabricant de mini centrales thermiques.

Un fabricant de tubes de forage augmente passablement son chiffre d'affaires en transformant ses tubes en arbres de transmission (un fabricant automobile faisant la demande d'arbres de transmission solides et très légers).

Une entreprise de travaux publics en creusant un tunnel tombe sur une importante poche d'eau et transforme cet obstacle perçu d'abord comme une catastrophe en source de richesse : il s'agit d'une eau minérale commercialisable !

Les exigences de la démarche

Se laisser aller à une forme d'irrationnel, accepter de sortir des sentiers battus sans avoir peur.

Ne pas se censurer, prendre le risque de dire des choses non-conformistes.

Être concret : même si ce que l'on dit est de l'ordre de l'irrationnel, il faut que ce soit concret.

S'ouvrir à des formes de travail inhabituelles.

Les enseignements d'Archimède

L'innovation commence par une préoccupation : un rêve, un intolérable.

Les étapes comme l'immersion, l'incubation et l'illumination sont nécessaires.

La créativité, c'est faire autrement, c'est changer de point de vue… Ce n'est pas faire la même chose en mieux.

La créativité, c'est accepter de perdre du temps par des chemins détournés, pour en gagner par la découverte d'un nouveau paradigme (modèle).

Manager par les défis : **choisir un défi provocateur, attractif, bénéficiaire et mesurable**

Quelques exemples
Défi n° 1 : chacun connaît et obtient les informations disponibles et nécessaires à son activité sur SAP et messagerie interne.

L'accès des outils informatiques permet à tous les acteurs (commerciaux, marketing, managers, communication) d'avoir accès à l'information sur les clients. Il s'agit d'augmenter significativement la réactivité et la proximité avec les clients, à tous les niveaux de l'entreprise.

Les objectifs et les indicateurs qui montrent que le défi est relevé : N % des clients affirment que les services internes (facturation, réclamation,

SAV, etc.) répondent à leurs besoins de simplification de procédure et de facilitation des tâches.

Défi n° 2 : tous les acteurs de l'entreprise E. font preuve d'une véritable culture client.

30 % en moyenne de l'information en interne concernent les clients : les tendances, leurs habitudes, leurs besoins en termes de service, leur motivation d'acheter E, etc. L'enjeu est que chaque collaborateur partage une vision et une connaissance élémentaires et utiles du client afin d'adapter leurs comportements en fonction *d'abord* des clients, et non *d'abord* de leur supérieur hiérarchique.

Les objectifs et les indicateurs qui montrent que le défi est relevé : les employés peuvent répondre aux questions concernant les clients, ils soumettent des suggestions spontanément en réponse aux demandes des clients ; les clients attestent eux-mêmes que l'entreprise E. a une vision cohérente de leurs besoins.

Défi n° 3 : l'entreprise E. recrute en (nombre de semaines) les candidats dont elle a besoin.

Les demandes spontanées en lien avec les besoins de l'entreprise E. augmentent de 50 %. Le but est que le marché s'intéresse prioritairement à l'entrepris.

Les objectifs et les indicateurs qui montrent que le défi est relevé : le nombre de candidatures spontanées.

Les défis citoyens des collectivités territoriales

Les collectivités locales innovent au même titre que tout organisme qui veut apporter une valeur ajoutée réelle, qu'il soit marchand ou non. Il existe un observatoire de l'innovation dans le domaine public, Territoria[40], qui constitue la première banque nationale de données sur l'innovation dans les collectivités territoriales. Depuis près de 20 ans, sa mission est d'identifier et de valoriser les réalisations, exemplaires et transposables, qui améliorent la qualité de service des administrations locales. Chaque année, Territoria organise un prix de l'innovation et récompense des réalisations dans des domaines très variés : accessibilité, action internationale, aménagement de l'espace public, civisme et citoyenneté, communication, culture, démocratie locale et concertation, développement local, développement durable, environnement, management, N.T.I.C., ressources humaines, santé, sécurité et prévention, services de proximité, sport , etc.

Parmi les lauréats du prix 2006, on trouve des exemples d'initiatives originales et d'innovations dans le domaine de la citoyenneté, pour « donner

---

40. Territoria : www.territoria.asso.fr/

une deuxième chance aux détenus » dans la municipalité d'Ermont (95) ; un programme pour informer et accueillir les personnels transférés en ressources humaines au conseil régional d'Alsace ; un rassemblement de communes rurales pour créer des activités culturelles et citoyennes auprès des jeunes à Monts-sur-Guesne, canton de la Vienne ou, dans le domaine de la culture, une proposition pour « ré-enchanter les sites naturels d'Armor et d'Argoat », qui met le talent d'écriture et l'imaginaire des enfants à contribution.

Les très nombreuses expériences et innovations capitalisées grâce à cet observatoire laissent à penser que des démarches comme celle des défis vont se multiplier. Les collectivités locales ont pris la mesure de l'importance du management des équipes municipales ou territoriales, ainsi que la nécessité d'offrir un service de qualité aux habitants et de développer des dynamiques de progrès. (voir Annexe 2 : l'enjeu de la sécutité : un défi comme un autre, page 213)

Marie-Christine Jung, délégué général de Territoria, explique[41] :

Les collectivités locales ont d'abord innové à travers leurs services techniques. Puis l'axe de service au public a fait l'objet d'innovations nombreuses. La génération « mairie-entreprise » des années 80 a donné le ton en ouvrant la modernisation du management par les démarches « qualité » puis les notions de « projets » et d' « objectifs ». Aujourd'hui, les finances et les ressources humaines s'ouvrent aux expérimentations, dans la limite des règles de la comptabilité publique et du statut de la fonction publique. La comparaison avec les entreprises s'arrête aux processus d'innovation et diverge au niveau des valeurs de service public. Les élus ont compris l'intérêt de ce mouvement de modernisation et d'innovation pour l'efficacité et la qualité de service, pour la motivation des personnels et pour l'image de leur gestion.

---

41. Entretien du 2 décembre 2006.

SYNTHÈSE

❋ Une démarche provoquée donne plus de chance à l'innovation de rupture.

❋ Une démarche volontariste : dire que c'est possible est une attitude propice à transformer rêves et intolérables en innovations.

❋ Jouer sur l'exceptionnel, la rapidité, la mobilisation : un défi est un pari a priori gagnant, un défi est provocateur et attractif, un défi génère une vraie valeur ajoutée aux clients et des résultats mesurables.

❋ Un défi est souvent un levier émotionnel fort qui permet de sortir de la déception.

❋ Le défi d'Archimède doit être conçu comme une histoire toujours d'actualité, toujours à réinventer.

Chapitre 2

Ce que chacun attend...

Une organisation, marchande ou non, fonctionne quand chacun sait ce qu'attend l'ensemble des acteurs concernés :
– les destinataires de l'offre, clients et utilisateurs ;
– les décideurs stratégiques, les actionnaires, les élus ;
– les opérationnels, managers, collaborateurs, agents, etc.

Manager par les défis vise à focaliser les énergies vers des objectifs attractifs en apportant des réponses aux attentes. Il s'agit de défis à tous les niveaux, vis-à-vis de soi-même, vis-à-vis d'une équipe, vis-à-vis d'une unité locale (site, établissement, *business unit*, agence, etc.), vis-à-vis d'un groupe.

Les clients et les utilisateurs en quête de nouveauté et de considération

À la question posée à des clients : « Pourquoi quittez-vous un fournisseur ? », 68 % d'entre eux affirment que c'est par manque de considération de la part de leurs interlocuteurs. Cela signifie concrètement qu'entre deux affaires, deux actes de vente, le fournisseur ne s'intéresse plus aux clients mais seulement à ce qu'il peut lui vendre de plus. C'est le concessionnaire automobile qui vous relance tous les 2 ou 3 ans pour vous rappeler que votre voiture a passé l'âge ; c'est l'opérateur téléphonique qui vous inonde d'offres mirifiques ; c'est l'hypermarché qui glisse dans votre boîte aux lettres toutes les quinzaines un courrier personnel pour vous annoncer que vous êtes l'heureux gagnant d'un parapluie ou d'un carton de votre boisson préférée ; c'est votre marchand de vêtements qui vous offre 48 heures de solde en avant première ou qui se souvient de votre anniversaire pour vous signaler que vous pourriez bien vous faire offrir le chemisier ou le pull de vos rêves...

Pourquoi une entreprise perd ses clients ?

Selon une étude américaine[42], les raisons invoquées en feront réfléchir plus d'un :

- 4 % : le client déménage ou meurt ;
- 5 % : le client a des relations personnelles avec un concurrent ;
- 9 % : l'offre des concurrents est plus performante ;
- 14 % : le client a été insatisfait d'une prestation antérieure ;
- 68 % : le client n'a reçu aucune nouvelle, aucune information, aucun signe de son fournisseur qui manifeste une indifférence totale.

Cette étude américaine est confirmée par les tendances d'aujourd'hui. Les premiers thèmes d'insatisfaction des clients sont le manque d'écoute et de considération (on ne s'intéresse plus à eux, les gens ne sont plus joignables, les commerciaux font deux fois moins de visites, il n'y a plus d'êtres humains aux commandes), ainsi que l'absence d'engagement[43].

Le domaine du business n'innove guère en la matière : le parapluie est remplacé par quelques *miles* en avion ou des places de choix au Stade de France ou à l'Opéra.

Quant aux élus ou aux associations, de vocation non marchande par définition, ils utilisent le plus souvent des leviers d'ordre plus moral mais tout aussi promotionnels, comme l'occasion pour vous d'être meilleurs citoyens à bicyclette qu'en automobile ou la possibilité de manifester votre générosité en donnant à une banque alimentaire.

Tout cela est banal, « normal », dirait-on, car il est nécessaire pour toute personne qui veut vendre ou promouvoir quelque chose de se rappeler aux bons souvenirs des clients, des électeurs, des adhérents. En même temps, les manifestations citées en exemple, représentatives de ce que l'on appelle « promotion », semblent nécessaires pour ne pas se faire oublier des clients, mais elles ne constituent pas des marques de considération pour autant.

---

42. Groupe McGrow Hill, 1992.
43. Source : base de données d'INit Satisfaction, Optisat.

La question est double :
- Qu'est-ce que prendre un client en considération ? N'est-ce pas à ce niveau qu'un prestataire peut se différencier, à prix et à conditions égales ?
- Qu'est-ce qui fera qu'un client ira acheter dans tel magasin plutôt que dans tel autre, de catégorie et de réputation équivalentes ?

Il y a, bien sûr, l'aspect de l'image liée aux styles et aux univers spécifiques : rouler en Renault Civic ou en Volkswagen, se fournir aux Galeries Lafayette, au Printemps ou au Bon Marché, autant de pratiques qui correspondent à un choix, à un goût, à des croyances.

Imaginons que l'une ou l'autre de ces marques ou enseignes se distinguent de façon vraiment significative, en considérant par exemple leurs clients non seulement dans leur rôle d'acheteurs mais aussi dans leur rôle de citoyens, de parents, d'amateurs d'art ou de militants... non pour leur vendre quelque chose *a priori*, mais pour répondre aux besoins correspondant à ces différents rôles...Il existe des tentatives en ce domaine : des magazines d'actualité distribués (Hypermarchés Carrefour), des facilités de garde d'enfant (Ikea) en grande surface ou des voyages culturels organisés pour des clients en entreprise. Mais peut-on parler de véritable différentiation quand on sait par exemple que le service aujourd'hui représente plus de 70 % des activités ? Par chance, le contenu même de l'offre est constitué par la contribution humaine de chacun dans l'entreprise ou de la collectivité : la considération étant par principe affaire de relations !

En quoi l'attitude et les comportements des individus représentant l'organisme de service, marchand ou non, peuvent-ils jouer un rôle décisif ? Il y a la réponse « qualité de service », bien sûr, mais elle est très partielle ; d'abord parce qu'elle est normée dans de bonnes pratiques, et surtout parce qu'elle encadre parfaitement l'acte commercial ou administratif, tandis qu'elle s'intéresse bien peu aux clients en dehors de leur rôle d'acheteurs ou d'utilisateurs. En d'autres termes, la « qualité de service » est relative à l'offre et non à l'individu lui-même. Aussi, répondre aux attentes des clients et des utilisateurs de cette manière ouvre un champ très vaste à la différentiation et désigne de nouveaux défis à relever avec l'ensemble des acteurs.

Un des nouveaux défis qui nous semble répondre à cette exigence est la « coproduction », terme déjà galvaudé avant d'avoir vu le jour dans bon nombre d'entreprises mais néanmoins prometteur puisqu'il s'agit d'innover *avec* le client. Ainsi, le « faire pour » de type « nous faisons tout pour vous » est en train de devenir un « faire avec ».

Manager par les défis : **différenciation par la reconnaissance des clients et des utilisateurs** [43]

Exemples de défis à relever en entreprise
Doubler le taux de fidélisation et/ou de satisfaction en :
– imaginant des relations nouvelles ;
– impliquant de manière créative des clients et les utilisateurs dans le service offert ;
– réinventant des modes de partenariat.
Diminuer de 30 % les écarts de chiffre d'affaires dus aux saisonnalités en :
– développant des réseaux mixtes clients-fournisseurs de secteurs diversifiés ;
– associant des offres à périodicité différente.

Exemple de défi à relever en collectivité locale
Devenir la ville reconnue pour son bien-vivre en :
– associant les habitants de façon attractive et efficace ;
– valorisant la place des familles et des enfants ;
– créant une politique de la jeunesse avec l'appui des 15-25 ans.

Quelques questions à poser…
Aux clients, aux utilisateurs, aux usagers
Qu'est-ce qui vous semble le plus intolérable dans la situation de consommateur/utilisateur où vous vous trouvez ?
Qu'est-ce qui répondrait le mieux à vos besoins et à vos valeurs ?

Aux responsables d'entreprise et de collectivité locale
Quels sont vos défis concernant vos clients ou de vos habitants usagers ?
De quelles initiatives êtes-vous le plus fier vis-à-vis de client, usagers ou de vos habitants ?

Les actionnaires attendent un retour sur investissement, les élus d'être réélus

Il nous a parfois été reproché de mettre dans la même catégorie actionnaires et élus. Au-delà de l'apparente provocation qui consiste à comparer et associer le « marchand » et le « non-marchand », certains diront qu'entre le financier et le moral, la différence fondamentale est d'ordre purement vocationnel : une entreprise a pour vocation de produire de la valeur ajoutée et d'en tirer profit. Une collectivité a pour vocation de produire aussi de la valeur ajoutée

---

44. Extraits d'études de satisfaction.

mais de n'en tirer aucun profit. La première œuvre pour fournir des dividendes aux actionnaires, la seconde pour fournir à l'usager contribuable la qualité de service citoyenne promise par ceux qu'ils ont élus.

Ce qu'ils partagent et qui est très important dans le management des défis, c'est leur rôle de décideurs politiques. Actionnaires et élus, une fois en place, ont entre les mains le pouvoir et la légitimité d'orienter les institutions, les premiers parce qu'ils en possèdent le capital, les seconds parce qu'ils ont été élus.

Une entreprise a des défis à relever, comme une ville, une région, un service public. *Manager par les défis* consiste d'abord à identifier les bons défis et décider de les relever.

Les besoins des actionnaires se traduisent en retour sur investissements, tandis que ceux des élus se traduisent en nombre de voix d'électeurs... L'un et l'autre exigent des résultats d'une organisation souvent lourde et peu encline aux changements. L'un et l'autre ont besoin d'un véritable management. Le terme n'est pas toujours bien accueilli dans certaines administrations. Elles s'y mettent, cependant, malgré des résistances parfois solides, parce que les agents, comme tout employé, ont besoin d'être stimulés et encouragés.

Un actionnaire ne peut être insensible à un défi qui lui apporte de la croissance, compte tenu du fait qu'aujourd'hui, les deux tiers de la croissance proviennent de l'innovation.

Un élu attend plutôt des manifestations concrètes qui légitiment ses promesses et des signes de reconnaissance de la part d'une population qui se sent entendue et respectée.

> **Quelques questions à poser...**
>
> **Aux actionnaires**
> Comment conciliez-vous votre attente de productivité à court terme et la nécessité de développer un outil de production à long terme ?
> Quel est le défi que vous attendez que les managers de l'entreprise relèvent avec le plus d'efficacité ?
>
> **Aux élus**
> Pendant votre mandat, avez-vous répondu aux attentes de vos électeurs ? Quel serait aujourd'hui le principal défi pour convaincre chaque catégorie d'électeurs (jeunes, entreprises, associations, personnes âgées...) ?
> Quel défi souhaiteriez-vous voir relevé avec le plus d'efficacité par vos services (mairie, conseil, etc.) ?

Manager par les défis : **retour sur investissement pour les actionnaires et popularité pour les élus**

Exemple de défi à relever en entreprise

Augmenter la productivité de 15 % (sans restructuration) en :
– modernisant les services (outils techniques et d'organisation) ;
– créant une nouvelle forme de partenariat entre la maintenance et la production.

Exemple de défi à relever en collectivité locale

Associer l'image de la majorité municipale à un point fort, traditionnellement attribué à l'opposition (l'écologie par exemple) :
– déployer des pratiques citoyennes de développement durable ;
– favoriser les chances des plus démunis en partenariat avec des acteurs économiques.

Les managers, directeurs de service, chefs d'équipe : soutien et responsabilisation

L'accompagnement du changement est dans toutes les têtes et dans tous les manuels. Il se traduit bien souvent par des injonctions bien communiquées, des méthodes de « conduite du changement » et de nombreux séminaires. En réalité, s'il est clair que les managers ont besoin de formation, ils ont surtout besoin de soutien, de responsabilisation et d'entraînement pour exercer leur fonction de leadership. Cela s'avère d'autant plus vrai quand il est stipulé, par exemple, que le leader est celui qui[45] :

– communique clairement les objectifs et la vision de l'entreprise ;
– lance des défis ;
– exerce un ascendant reconnu par l'équipe ;
– donne une image positive de l'entreprise ;
– fait tout pour que l'équipe travaille dans le plaisir ;
– livre des informations nécessaires ;
– donne des feed-back ;
– valorise les succès de l'équipe ;
– encourage les autres à s'exprimer ;
– pratique les méthodes d'animation de travail en groupe ;
– accueille les idées des autres de façon constructive ;
– joue un rôle actif à forte valeur ajoutée lors des réunions ;
– évalue les résultats ;
– facilite le changement ;
– établit ses plans d'action au regard des enjeux de l'entreprise.

---

45. Extraits de l'outil 360 degrés, utilisé par Inergie Management.

Cela signifie bien que la direction attend de ses managers qu'ils exercent un rôle d'initiateur et de force de proposition, en charge d'améliorer le fonctionnement en permanence, mais aussi leur rôle de gestionnaire, en charge de maintenir l'outil en état. En somme, leur but est d'améliorer sans laisser se détériorer, ce que la fameuse « cale » de la roue de Deming illustre.

Proclamer le « et » à la place du « ou » est séduisant. Le concrétiser suppose bien souvent la prouesse des moutons à cinq pattes. Pour preuve, un manager sur deux souhaite se retirer de sa fonction. Il en va de même pour de nombreux maires. Les raisons sont variées : l'une d'elles est le manque total de soutien de la part de la hiérarchie pour les uns et des instances légales pour les autres. Il est demandé beaucoup à une même personne avec bien peu de retour.

Le mal-être des managers

Une étude sur la communication managériale[46] confirme que l'état de déception qui règne chez les managers trouve en partie ses causes dans le rapport peu valorisant qu'ils ont avec la « chose stratégique » :

- 79 % des cadres se disent plus proches de l'ensemble des salariés que de leur direction générale ;

- 36 % des cadres n'adhèrent pas aux grandes orientations stratégiques de leur entreprise ;

- 66 % des cadres ne sont pas satisfaits de la façon dont ils sont consultés sur les orientations stratégiques de leur entreprise ;

- 44 % des cadres souhaitent être davantage associés aux prises de décisions de l'entreprise pour être plus impliqués ;

- 39 % des managers non consultés dans l'élaboration de la stratégie ont une opinion positive de la stratégie, contre 80 % pour ceux qui sont impliqués ;

- 60 % des managers n'ayant pas le sentiment de jouer un rôle décisif dans la transmission de l'information ne sont pas consultés dans la stratégie de leur entreprise.

Ces constats conduisent à renforcer toute démarche qui établit un lien explicite et dynamique entre la stratégie et les différents niveaux de subsidiarité (l'entité, la *business unit,* etc., pour la Démarche Défis), la prise de décision et la communication interne opérationnelle.

---

46. Source : étude sur la Communication managériale réalisée par Inergie Opinion en partenariat avec l'AFCI et l'ANDCP en septembre 2006. Sont cités en référence sur le constat : la Cegos – sondage réalisé en 2004 auprès d'un échantillon de 918 cadres d'entreprises de plus de 200 salariés et CSA – sondage réalisé en 2003 auprès d'un échantillon de 404 cadres du secteur privé.

Les managers attendent de leur propre direction un soutien quotidien en matière d'écoute, de conseils, d'outils, et une responsabilisation qui exige de la confiance et des pratiques d'apprentissage permanent (comme la délégation par exemple). Un manager a besoin de dire concrètement ce qu'il attend de ses collaborateurs ; il pourra le faire en toute légitimité s'il connaît bien sa zone d'influence, s'il maîtrise son niveau de subsidiarité, et s'il peut agir avec une marge de manœuvre identifiée, à l'abri de la menace d'être désavoué à l'improviste par sa hiérarchie. Pour ce faire, le manager profite d'une Démarche Défis qui vise à faire passer des idées ou des projets qui lui tiennent à cœur. Selon Véronique Chance-Fournier, de la mission Innovation du groupe Société Générale :

> Un manager d'unité, un « patron », est l'auteur du challenge qu'il lance, qu'il y ait un thème ou non. Pour moi, missionnée pour développer la démarche dans le groupe, je conduis un véritable travail d'animation permanente. Je rencontre les managers que je sens prêts. Puis, je vois tous ceux qui sont moteurs dans la démarche. J'incite les managers responsables d'activités à choisir un thème de défi. Le conseil que je donne à un manager est d'animer un défi qui lui tient à cœur, un défi dont il attend des résultats ; j'insiste pour que cette démarche réponde à ses besoins. Je lui demande aussi que le thème choisi intéresse ses collaborateurs afin que les deux parties prenantes soient satisfaites.[47]

Les managers ont besoin également d'être capables de donner du sens à chaque action à court terme, en corrélation avec les enjeux et les finalités à long terme. En effet, selon Olivier Monfort[48] :

> Le groupe met en avant la valeur innovation[49], elle est obligatoire en ce sens que chaque manager est « redevable » d'une contribution en ce domaine. Qu'est-ce que tu as fait pour l'innovation ?

Dans ce cadre, la culture d'entreprise joue un rôle majeur. Comme le souligne Philippe Cœuret, chargé de la promotion de l'initiative et de la créativité chez Renault[50] :

---

47. Entretien 24 juillet 2006.
48. Olivier Monfort, directeur général de Solvay France et directeur de la branche Chimie du groupe Solvay.
49. Entretien 26 juillet 2006.
50. Entretien 25 juillet 2006.

> Le défi est une démarche courante chez Renault. Quand, par exemple, le président dit : « je veux un véhicule à 5 000 € », les acteurs des différents métiers se mobilisent pour relever ce défi. Aujourd'hui, Logan est un succès. Par exemple, chez RCI, l'ensemble de la filiale a eu pour défi : « c'est inacceptable qu'aujourd'hui on remette nos chèques en 72 heures en moyenne. Le défi est de le faire en 24 heures ! Il s'agit bien d'un défi au niveau d'une société ! ».

Nous verrons par la suite que pour la Démarche Défis, nous préconisons les défis par entité, une entité pouvant représenter un site, une usine de 100 personnes ou une filiale de 10 000 personnes, comme c'est le cas de certains groupes. L'essentiel est que cette notion d'entité corresponde bien à un niveau de management combiné à un niveau d'enjeux.

Maîtriser la totalité des problèmes est une compétence collective

Comment la compétence collective est-elle gérée ? De quelles manières pouvons-nous réduire la pression pesant sur les employés ?

Selon une étude menée en 2005[51], la conscience des problèmes existants se répartit de la manière suivante en fonction de la population de l'entreprise :

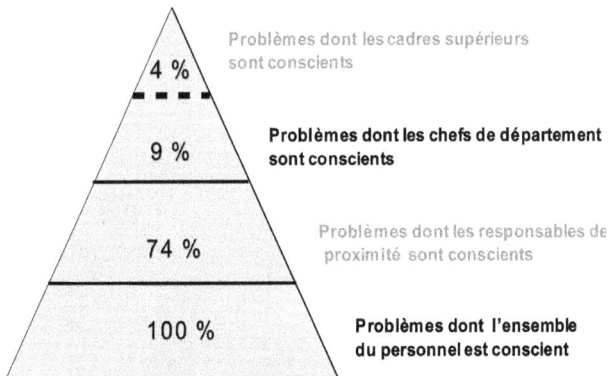

Problèmes dont les cadres supérieurs sont conscients

4 %

Problèmes dont les chefs de département sont conscients

9 %

Problèmes dont les responsables de proximité sont conscients

74 %

Problèmes dont l'ensemble du personnel est conscient

100 %

Figure 2.1 : la conscience des problèmes de l'entreprise.

---

51. Copyright Alle Rechte vorbehalten 2005 IT innovation Transfer Inc (cité par Bernie Sander, In Dossier du « Carrefour de l'innovation participative », 2005).

En soi, ces résultats ne sont pas surprenants, si l'on tient compte de la nature des problèmes. En même temps, cela signifie que la totalité des problèmes, donc des défis à relever, est entre les mains d'une collectivité et non d'une personne en particulier. Or, maîtriser les problèmes ainsi que les idées d'amélioration et d'innovation qui l'accompagnent représente une véritable compétence. Comment gère-t-on cette compétence ?

Manager par les défis : **soutien et responsabilisation**

Exemple de défi à relever en entreprise

Faire que chaque manager devienne un leader (cela se mesure à leur motivation et à l'impact produit sur les équipes) en :
– faisant de chaque décision un acte libre, pertinent et responsabilisant ;
– déployant une communication d'influence interne auprès des acteurs de toute l'entreprise ;
– reconnaissant l'erreur comme une expérience et une source d'apprentissage.

Exemple de défi à relever en collectivité

Faire de chaque chef de service/ingénieur un leader (animateur d'équipe *versus* expert administratif à haut niveau) en :
– leur confiant l'animation des équipes sous des formes observables : réunions régulières, entretiens d'évaluation, suivis d'évolution, soutien sur le terrain des chefs d'équipe ;
– explicitant une cohérence et une transparence entre l'attente des élus, les contraintes des services et les besoins réels des usagers, habitants, entreprises, associations, etc.

Quelques questions à poser…

Aux managers (tous les niveaux jusqu'à la maîtrise) en entreprise, chefs de service et chefs d'équipe en collectivité locale

Vous vous sentiriez parfaitement à l'aise dans votre rôle de manager, si… ?

Quels sont les principaux obstacles à la motivation de vos équipes ? Que pouvez-vous faire qui dépende de vous ? Que vous manque-t-il le plus pour y parvenir ?

Les opérateurs et agents de terrains : compréhension de la stratégie et reconnaissance

Les études d'opinion interne[52] révèlent un paradoxe significatif : d'un côté, les collaborateurs sont plutôt en bonne relation avec leurs managers de proximité ; ils reconnaissent par exemple que ceux-ci font bien remonter l'information qui les concerne ou qu'ils sont bien informés sur les résultats ; d'un autre côté, un collaborateur sur deux déclare ne pas avoir de visibilité sur la stratégie de l'entreprise et ne pas être reconnu.

Être reconnu(e) et comprendre où l'on va[53]

Plus de 60 % :

– mon responsable direct fait remonter l'information à sa hiérarchie (68 %) ;

– je suis bien informé(e) sur les résultats de ma division/entité/service (69 %) ;

– je suis bien informé(e) par le journal interne (69 %) ;

– je peux parler librement avec mon responsable direct des problèmes dans mon activité (79 %).

Moins de 60 % :

– je me sens reconnu(e) dans mon travail (51 %) ;

– le dialogue est un comportement partagé dans mon entreprise (53 %) ;

– je suis bien informé(e) par mon responsable direct (54 %) ;

– je suis bien informé(e) sur les objectifs et la stratégie de mon entreprise (56 %) ;

– l'écoute est un comportement partagé dans mon entreprise (57 %).

Méconnaissance de la stratégie et manque de reconnaissance sont deux constats relatifs à l'entreprise avec un grand E, en tant qu'institution, tandis que la relation de proximité semble être mieux vécue. Il y a une revendication en faveur de la création du lien entre le macro et le micro, entre l'abstraction des grands groupes et le quotidien que chaque collaborateur retrouve le matin en arrivant à son bureau, dans son atelier, sur son chantier ou chez son client. Traduire ce besoin en termes pragmatiques revient à :

– une pédagogie des enjeux, faire comprendre sans inquiéter inutilement ; communiquer, donc ;

---

52. Base Baroclim, Inergie Opinion.
53. *Ibid.*

– une mise en action, faire s'engager sans faire peser le spectre de l'abus de confiance ;

– un esprit de coopération, faire que la hiérarchie s'implique sur le même pont avec son équipe, non pour remplacer ses collaborateurs ni se valoriser elle-même auprès des plus haut placés, mais pour animer. Dans des environnements professionnels où le défi n'existe pas, la gestion l'emporte sur l'action. Cela a pour conséquence directe de générer des frustrations et des attentes magiques de la part des collaborateurs envers leur manager. Ils veulent, par exemple, qu'il soit le Superman bon à tout résoudre, le Spiderman relationnel, le mouton à cinq pattes.

Manager par les défis permet au manager de retrouver une proximité et d'être reconnu pour sa responsabilité : présent sur le pont, tenant la barre, capable de motiver son équipe vers un rivage annoncé, capable de montrer ses déficiences sans être exclu pour autant.

> *Manager par les défis* : **compréhension de la stratégie et reconnaissance**
>
> **Exemple de défi à relever en entreprise**
> Impliquer chaque collaborateur dans une action concrète de rupture qui apporte une réponse significative en peu de temps (diminuer le taux de corps étrangers dans une usine, réduire de moitié le délai d'un processus client, etc.) en :
> – créant des réseaux de « capteurs d'idées » disponibles sur le terrain ;
> – organisant des groupes de créativité ;
> – organisant des opérations de benchmark (visites d'autres sites…).
>
> **Exemple de défi à relever en collectivité locale**
> Impliquer chaque agent dans une action concrète de rupture qui apporte une réponse significative en peu de temps (informer les habitants en temps réel des travaux effectués sur les voies publiques, etc.) en :
> – créant des réseaux de « capteurs d'idées » disponibles sur le terrain ;
> – organisant des groupes de créativité.

> **Quelques questions à poser…**
>
> **Aux collaborateurs en entreprise ou aux agents en collectivité locale**
> À votre avis, quels sont les principaux défis à relever dans votre service ?
> Pourquoi relever ces défis ?
> Avez-vous le sentiment de pouvoir personnellement, par votre action, contribuer à ces défis ?
> Comment, selon vous, peut-on réussir à atteindre ces objectifs ?

SYNTHÈSE

🌸 Les défis à relever sont des actions de rupture (résultats significatifs atteints en peu de temps).

🌸 Un défi est motivant s'il est attrayant pour ceux qui sont chargés de le relever ; s'il apporte des bénéfices aux destinataires de l'action (clients, usagers, actionnaires, élus, etc.).

🌸 Un défi est un acte de management qui relève d'une décision stratégique : il doit donc être identifié et orienté pour répondre à des attentes fortes à tous les niveaux et pour tous les acteurs.

🌸 Connaître les attentes de chaque acteur, donner un sens par rapport à ces attentes, c'est s'assurer qu'en plus du bon niveau de créativité, il y aura un réel soutien dans la mise en œuvre et la prise de risque.

Chapitre 3

Un levier de motivation pour tous

Comment pourrions-nous réveiller chez chacun l'instinct créatif et l'envie d'apporter sa pierre à l'édifice ? Nous cherchons depuis toujours la formule magique de la motivation des salariés « dans la durée ». Les politiques de reconnaissance dites « de la carotte » sont efficaces mais tiennent uniquement à court terme. Au fond, nous le savons bien, nous sommes plus motivés par ce que nous faisons nous-mêmes que par ce que les autres font pour nous (selon la théorie des deux facteurs, hygiène et motivation de Frédéric Hertzberg).

La motivation passe par l'implication, voire le dépassement et le sens de l'utilité de chaque salarié. La satisfaction ressentie est provoquée en majeure partie par ce que chacun a donné de lui-même : expression de sa créativité, besoin d'être associé, envie d'apporter sa touche personnelle... *Manager par les défis* consiste à mobiliser cette source de motivations et de compétences, à exiger des résultats concrets et à les reconnaître de façon la plus objective et transparente possible. Si savoir dire ce qu'on attend de ses collaborateurs est le sésame du manager, donner constamment un *feed-back* est sa garantie de crédibilité et la pierre d'angle de son édifice.

Manager par les défis exige ce *feed-back* dans de nombreuses étapes, avec autant de précision, de recul et de pilotage par la confiance que l'exige l'exercice difficile de la délégation.

Pour le manager : une nouvelle manière de communiquer avec ses collaborateurs

Pour un manager, un défi représente une nouvelle manière de communiquer avec ses collaborateurs. C'est une opportunité concrète d'affirmer sa vision et de bousculer les blocages.

Affirmer sa vision et bousculer les blocages

Un défi devient l'opportunité d'un message managérial dès lors qu'il permet d'appréhender simultanément l'action et la vision dans lesquelles il s'inscrit et prend du sens. Les contraintes rendent créatif tant que nous les défions.

Comme on dit de la peur qu'elle donne des ailes, on peut se mettre à rêver et à fomenter des ambitions a priori déraisonnables, tout comme on peut faire l'hypothèse que de chaque problème vont surgir des projets, et des projets bien souvent innovants.

Les problèmes qui imposent d'emblée leur sceau « impossible à réaliser » sont ceux qui méritent le plus de s'y intéresser. Les « de toutes façons, on n'y peut rien », « on a toujours fait comme ça », et autres « si on touche à ça, c'est tout le système qu'on ruine », les insurmontables par principe, les « non négociables » entreposés sous un nombre incalculable de couches sédimentaires d'arrangements que la raison des plus forts ou des plus irascibles du moment a entérinées... tous ces problèmes-là méritent notre attention la plus vive car ils cachent les « intolérables ».

Les intolérables sont ces situations dont plus personne ne veut et qui durent et dureront si personne ne décide qu'elles cessent. Accomplir un rêve, transformer un intolérable en autrement, c'est le sens même du défi irrationnel et prometteur d'un résultat sans connaître ni les résultats ni l'itinéraire à parcourir.

Si les défis sont mobilisateurs et parfois inquiétants, c'est parce qu'ils entraînent un bouleversement marquant et non une simple évolution de routine ; c'est parce qu'ils provoquent un certain « chaos » d'ordre culturel plus que technique.

Les vrais défis touchent bien plus les représentations que les acteurs ont des organisations que les organisations elles-mêmes dans leur fonctionnement. Du défi à la finalité, changer son regard est plus innovant aujourd'hui qu'inventer une technique révolutionnaire. On pourrait nommer ce défi « le chantier des nouveaux regards ».

Aider à exprimer ses attentes[54] à l'égard de ses collaborateurs

La première compétence d'un manager consiste sans doute à pouvoir exprimer ce qu'il attend de ses collaborateurs.

Cela commence par donner des objectifs : croissance, productivité, performance. Cela se traduit aussi par une attention : c'est par exemple considérer la capacité de créativité de ses collaborateurs. Les individus sont d'autant plus créatifs à mesure que l'on attend d'eux des idées ; que l'on attend d'eux autre chose que d'être conformes aux objectifs fixés ; que l'on attend d'eux une qualité relationnelle permettant d'atteindre des résultats qui feront la différence.

Un défi réunit toute l'équipe sur le même bateau ; certes, chacun reste à sa place et dans son rôle, mais tout le monde est embarqué ensemble.

En quoi les défis aident-ils à exprimer des attentes vis-à-vis de son équipe ? Nous avons identifié au moins trois leviers.

La vulgarisation de la stratégie

La stratégie de l'entreprise apparaît trop souvent comme une nébulleuse technocratique, une sorte d'insulte au bon sens, un charabia jargonnant réservé à une élite installée sur l'ignorance des strates inférieures. En réalité, la stratégie est souvent très simple. La difficulté réside moins dans sa formalisation que dans la justesse de son choix et l'énergie à investir pour l'appliquer. Personne n'est dupe quand, dans ce jeu à la Molière, les uns se déclarent savants et « latinisent », tandis que les autres soumis, révoltés ou indifférents affichent une confiance de bon aloi, un « politiquement correct ». Le défi annonce clairement et simplement une finalité de type « nous devons être reconnus comme les plus réactifs et les plus fiables dans la production » ou « nous voulons jouer dans la cour des trois premiers... ». Cela permet au manager d'exprimer clairement sa direction et ce qu'il attend de ses collaborateurs. Sa préoccupation consiste d'abord à savoir si tout le monde a bien compris, avant même de chercher à faire adhérer quiconque.

La visibilité d'un résultat ambitieux à court terme

L'annonce d'un résultat à atteindre est stimulante quand le résultat est associé à une promesse. Or, une promesse comporte une double caractéristique : celui qui la donne s'engage à ce qu'elle se réalise, lorsque le délai de réalisation est à la portée de tous. Le résultat d'un défi est associé

---

54. Attente/ attendre : du latin *attendere* ; « porter attention à ».

à la promesse de parvenir ensemble à atteindre un objectif dont on sera fier, déjà parce qu'il n'est pas gagné d'avance, mais aussi parce qu'il ouvre de nouveaux horizons à l'entreprise (par exemple, quand l'enjeu d'un site industriel est de régler au plus vite ses tris de déchets). Mais la montagne à remuer pour que chaque service s'y mette est telle qu'on ne s'y attaque pas, qu'on ajourne, qu'on laisse faire jusqu'à l'insupportable... jusqu'à ce que la loi nous rattrape. À l'inverse, si cette question des défis devient un défi qu'on se donne de réussir dans un temps record, le succès apparaîtra d'autant plus fort. Comme le souligne Sylvie Perrin de la Banque Postale :

> Le jour où le centre de Nantes a été choisi pour être le site pilote de la Démarche Défis à la Banque Postale et que je venais d'arriver pour prendre mes fonctions de directrice de ce centre, j'ai été ravie ! D'abord parce qu'il y avait de véritables défis à relever dans ce centre, et aussi parce que j'adore relever des défis, naturellement ! Le gros intérêt de cette démarche consiste à devoir décortiquer les processus dans le moindre détail. Grâce à cela : on donne la parole aux agents, professionnels du terrain ; la méthode de créativité, le brainstorming, fait émerger toute une série d'idées en dehors du sujet qu'il faut capitaliser pour faire progresser d'autres domaines[55].

Le centre de Nantes s'est placé dans les trois premières places après avoir été parmi les derniers, dans un délai de trois mois.

▣ La nécessité de travailler ensemble dans une direction parfaitement identifiée

La cohésion d'équipe fait partie des rêves les plus caressés des managers aujourd'hui. Bien souvent, des séminaires sont organisés pour créer la cohésion. Quelle que soit la méthode utilisée, force est de constater que dès que les participants construisent quelque chose ensemble, la cohésion se dessine, y compris d'ailleurs quand ce n'était pas l'objectif officiel recherché. Selon Sylvie Perrin de La Banque Postale :

> Quand nous avons annoncé le projet d'adopter ce type de démarche, c'était difficile pour de nombreuses personnes d'imaginer ce que pouvait être l'innovation dans un centre financier. Faire participer les agents était peu envisageable *a priori*, ne serait-ce que par le manque de reconnaissance existant. Comme dans la plupart des grosses entités, il y a beaucoup de cheminées. Adopter la Démarche Défis m'a

---

55. Entretien du 5 octobre 2006. Sylvie Perrin, *op. cit.*

enfin permis de les obliger à travailler ensemble. Direction de clientèle avec direction technique, fonctions support entre elles, etc., et le facteur déclenchant a bien été la notion d'équipe. Même si le frein habituel du départ reste l'argument du temps[56].

Le fait de construire ensemble est le premier facteur de cohésion, à condition que l'ensemble des ingrédients soient mis à jour et clairement explicités : s'entendre sur la vision, sur les règles du jeu, sur les rôles de chacun, sur les bonnes pratiques, sur les modalités de reconnaissance, sur l'implication de chacun, sur les suites à donner, sur la communication à conduire, sur ce chacun va communiquer à son entourage pour faire part de cette expérience.

La cohésion d'équipe se fait à travers l'expression partagée des valeurs et des finalités, et la contribution créative de chacun en constitue une ressource majeure, avec le travail sur le consensus et le *team building*[57].

Le consensus : une relation coopérative et constructive

Le consensus est une relation coopérative et constructive. Il a souvent mauvaise presse parce que trop associé à l'adjectif « mou » ou aux situations de non-décision. Le consensus, dans sa version initiale, est tout autre. Ni molle ni indécise, la relation qu'il permet d'instaurer est coopérative et constructive, à condition que les problèmes qui suivent semblent justes à chacun :

– Ai-je été entendu(e) ?

– Ai-je été en mesure d'influencer la décision ?

– Suis-je en mesure de vivre avec la décision même si je ne suis pas d'accord à 100 % ?

– Quand la décision est prise, je l'endosse sans dire « oui, mais… » par la suite : je ne saborde pas.

Plutôt que de considérer le consensus comme une réduction au plus petit commun dénominateur, c'est le résultat d'un échange où chacun a pu exprimer son opinion ou son expertise et où chacun accepte que la décision ne retienne pas la totalité de son point de vue.

56. *Ibid.*
57. Lenhardt Vincent, *Les responsables porteurs de sens*, Insep Consulting, 2002.

Un nouveau mode relationnel : de « commandant » à commanditaire

Commander signifie deux choses : ordonner et passer commande. Ordonner s'adresse aux subordonnés de qui on exige l'exécution d'une tâche précise ; passer commande s'adresse au fournisseur à qui l'on propose des solutions à un problème donné, des réponses à une interrogation posée. Le premier se formule dans la bouche d'un chef, le second dans celle d'un client.

Les organisations occidentales actuelles se sont constituées autour de modèles hiérarchiques comme l'armée ou l'Église catholique romaine. Ni l'une ni l'autre n'ont de vocation marchande. L'armée répond à une nécessité de survie, celle de défendre le territoire en cas d'attaque, celle aussi de conquérir d'autres territoires pour assurer la prospérité. L'Église est une forme aboutie du modèle romain de gouvernance. Sa légitimité et son poids politique n'ont cessé de croître dans les sociétés occidentales. Leur structure hiérarchique parfaitement pyramidale s'explique, pour l'une, par la nécessité de la défense, pour l'autre, par la volonté de faire partager la foi chrétienne.

Les missions d'une entreprise ordinaire ne ressemblent en rien à celles de ces institutions. Une entreprise a la vocation marchande de créer et de fournir des produits matériels et intellectuels à des utilisateurs qui en ont besoin (ou chez qui le besoin a été développé ou créé).

« On peut alors raconter l'histoire de l'humanité comme la succession de trois grands ordres politiques, écrit Jacques Attali[58] *: l'Ordre Rituel, où l'autorité est essentiellement religieuse ; l'Ordre Impérial, où le pouvoir est avant tout militaire ; l'Ordre Marchand où le groupe dominant est celui qui contrôle l'économie. (…) À la différence de la plupart des peuples avant eux – barricadés dans leurs forteresses et les exigences cycliques de l'agriculture, ceux-là, Mycéens, Phéniciens, Hébreux – aiment le changement qu'ils nomment d'une façon ou d'une autre : progrès. (…) Le commerce et l'argent sont leurs meilleures armes ; mers et ports leurs principaux terrains de chasse. (…) Apparaît là ce qui deviendra, bien plus tard, la démocratie de marché, l'Ordre marchand. »*

Certes, l'armée et l'Église ont été mis à mal au cours de ces dernières décennies, non que la guerre ou la foi en Dieu aient disparu, mais l'une et l'autre s'exercent sous des formes différentes.

L'entreprise subit bien entendu ces évolutions. Mais de toutes les institutions, c'est probablement celle qui s'accroche le plus au modèle de la hiérarchie pyramidale, faisant figure de forteresse médiévale isolée au milieu d'une civilisation en pleine mutation. Probablement parce que

---

58. *Une brève histoire de l'avenir*, Fayard, 2006.

l'emploi reste le dernier domaine de dépendance incontournable pour une très forte majorité d'individus. Consommer nécessite un pouvoir d'achat que l'entreprise fournit à une grosse majorité.

Nombre de personnes considèrent que perdre son travail revient à se marginaliser, à s'exclure, et que cela représente une menace quasi existentielle. Une telle situation est génératrice d'un rapport de force, encore puissamment à l'avantage des employeurs et des hiérarchies à leur solde. Une partie de leur autorité se fonde sur ce pouvoir de rétorsion. Le commandement est associé à un rapport d'obéissance à l'égard des employés, le bon vouloir d'embaucher et de débaucher faisant loi.

À cela s'ajoute la prédominance de la culture technique industrielle – facteur essentiel, rappelons-le, de la gigantesque révolution économique et sociale qui a marqué le xxᵉ siècle – qui génère de son côté une autre forme d'autorité : l'expertise technique. Mais ces deux paradigmes, l'un fondé sur un rapport de maître à sujet : « je t'emploie, tu me dois obéissance », l'autre sur celui de maître à élève « je sais inventer et fabriquer des machines, tu me dois le respect », sont à leur tour fortement blackboulés. Un courant se fait jour qui se fonde sur une relation de coopération et non de domination, sur une valeur d'interdépendance et non de dépendance : l'intelligence collective organisée. Et cela pour plusieurs raisons.

La première raison, la moins subjective, repose sur le fait qu'aujourd'hui, plus aucun cerveau à lui tout seul n'est capable de maîtriser la complexité des systèmes. D'un autre côté, la technologie de plus en plus sophistiquée ne peut se substituer à la capacité créative, prérogative de l'être humain encore pour quelque temps, indispensable pour faire face aux enjeux actuels. Sans créativité collective, nous sommes paralysés.

La deuxième raison, plus culturelle, plus conjoncturelle, résulte davantage d'un rejet du passé que d'une grande vision de l'avenir. Cela correspond probablement à un nouveau degré de maturité dans le rapport à l'autorité. Dépendre d'un ordre à exécuter n'est plus vraiment « tendance ». En même temps, s'il s'agit d'une forme de rébellion, de la contre-dépendance à l'autorité, il reste du chemin à parcourir vers l'interdépendance et la coproduction entre les acteurs. Un chemin qui conduit idéalement vers une nouvelle configuration de l'organisation par essence interactive.

La troisième raison, beaucoup plus prospective, pose la question de la responsabilité et de la décision. Toute activité, collective ou non, engage son ou ses auteurs et ne se réalise que parce qu'elle a été décidée. Nombre d'expériences de collégialité, la cogestion par exemple, se sont fracassées sur les récifs de l'irresponsabilité et de l'indécision. À la question rituelle

« À qui l'on porte les oranges en prison en cas de condamnation ? », la réponse étant « Tout le monde », donc personne, n'est pas acceptable. Que signifie alors « être le responsable » quand on désigne le patron, le leader, le chef... le manager ?

En attendant une maturité plus aboutie, qui consisterait par exemple à faire reposer l'ensemble de la gouvernance sur des chefs de projet, des *project leaders*, par principe interchangeables, il semble que la meilleure posture d'un manager consiste à être en relation de responsabilisation et de pacte avec ses collaborateurs. Il s'agit davantage pour lui d'être un commanditaire exigeant sur les résultats qu'un commandant directif sur la manière de faire. Quant au rôle d'arbitre qui lui incombe, il doit l'utiliser comme un joker, à l'adresse d'un individu ou d'une équipe qui, manifestement, refuse de respecter les règles du jeu et qui décide de tout remettre en cause au moment-clé de l'action.

Énergie et conviction

Manager par les défis nécessite beaucoup d'énergie et de conviction. Le temps préalable d'appropriation et de concertation de l'ensemble des acteurs en charge de relever le défi est plus que jamais indispensable.

On ne manage pas un défi comme on peut manager un service ou un département... Manager un défi, c'est d'abord générer de la valeur ajoutée par la créativité et l'innovation, en se souciant moins de l'ordre et de la conformité aux plans d'action prévisionnels.

Donner du feed-back, une exigence incontournable

Le feed-back est probablement le premier outil du changement et le mode de pilotage le plus efficace de la complexité. Il fournit des informations essentielles :
- à la créativité, car il nourrit en retour les idées émises de nouveautés, de réactions, de questionnements, d'émotions,
- aux compétences à mettre en œuvre : il recadre, enrichit, alerte,
- à la prise de décision : il apporte des indications majeures en matière d'appropriation nécessaire à la bonne conduite du défi.

Un défi est, par nature, éphémère, très rapide, facilement évolutif, exposé aux contraintes et aux imprévus de l'environnement. Tout mode de gouvernance qui se voudrait agrippé à une ligne de conduite imperturbable est voué à la sclérose. Et le risque est élevé.

Imaginez que vous mobilisiez toute une entreprise sur la transformation d'une faiblesse avérée en une force différenciatrice. Depuis des années, telle agence conseil est réputée pour son manque de créativité et, dès la rentrée prochaine, les associés décident d'en faire l'agence créative par excellence. Il est clair que relever un défi consiste à dépasser largement la moyenne du marché pour se positionner sur le podium. Comment être crédible si l'on ne se met pas tous ensemble à l'affût de tout ce qui va concourir au succès... Et comment éviter, si cela échoue, d'être roulé dans la farine pour avoir osé ?

Tout ira pour le mieux tant que vous serez à l'écoute des uns et des autres, que vous les amènerez à traduire leurs opinions et leurs propos généralistes en exemples concrets, objectifs, précis et donc utiles.

Le feed-back a pour caractéristique d'être utilisable

Si quelqu'un vient très sérieusement vous annoncer que vous allez vous planter dans votre défi et que vous en restez là, vous n'aurez avancé ni l'un ni l'autre, faute de feed-back.

Si vous mettez à profit cette menace pour mettre à jour des obstacles réels, objectivables, analysables, pour révéler et faire s'exprimer des émotions, vous aurez accompli un grand pas. Toute peur, toute colère ou tout enthousiasme exprimé à un moment ou un autre représente un signe à ne pas négliger.

La peur d'échouer peut traduire un manque de confiance du refus du droit à l'erreur : communiquer sur le partage des risques est un message motivant.

La colère peut traduire le ressenti d'un manque de reconnaissance : expliquer et ré-expliquer le rôle de chacun et sa contribution indispensable peut éviter des malentendus.

L'enthousiasme peut être la manifestation d'une « illumination » géniale, comme d'une illusion : les mirages ne manquent pas au royaume de l'imaginaire ! Dans les deux cas, il s'agit d'un signe précieux qui permettra d'expérimenter l'irrationnel et de s'en faire un allié plutôt qu'un inconnu menaçant.

Feed-back[59] : de l'anglais *to feed*, « nourrir » et *back*,
« arrière », « en retour ».

Défi, délégation : expérimenter la confiance

La délégation, par définition, consiste à négocier la transmission d'une tâche ou d'une mission (incluant la prise de décision) à exécuter de façon ponctuelle, quelle que soit la durée de réalisation de l'exécution. La délégation, tout comme le défi, exige de l'énergie et de l'appropriation de la part des acteurs auprès de qui le manager va déléguer ou auxquels il lance un défi.

---

59. *Le Robert*, dictionnaire historique de la langue française.

Un défi lancé exige de la motivation, de l'attractivité, des promesses de résultats, de la reconnaissance, des compétences, des informations adaptées, un accompagnement, etc. L'une des meilleures façons d'aider quelqu'un est de lui donner une responsabilité et de lui faire savoir qu'on lui fait confiance.

Le principe de délégation est fondé sur le « lâcher prise », c'est-à-dire :
– confier une mission ;
– vérifier qu'elle a bien été comprise par la reformulation ;
– évaluer le niveau de compétences et de motivations par un jeu de questions ouvertes ;
– donner des rendez-vous d'étapes (contrôles, analyses de ce qui a été fait, apprentissages sur certains points) ;
– laisser au délégataire la possibilité de trouver des ressources là où il en a besoin, y compris auprès du délégant ;
– entre deux rendez-vous, « lâcher prise », c'est-à-dire ne pas intervenir.

Il existe quelques bonnes pratiques pour réussir cette gageure dans une culture dominée par « il n'y a que moi qui sais ce que je veux », défiance classique, largement alimentée par le mythe du savoir, favorable à l'hyper contrôle. Or, le défi, comme la délégation, amène à expérimenter la confiance pour tous les acteurs : ceux qui lancent des défis ou qui délèguent, tout comme ceux qui vont les relever.

Notre propos n'est pas de refaire un énième livret sur la délégation, mais juste de signaler en quoi chaque rendez-vous de débriefing peut aider à lâcher prise tout en augmentant la confiance et la compétence des acteurs : celui qui délègue autant que celui à qui il délègue.

L'important dans le défi, autant que dans l'acte de délégation sensé faire progresser, consiste à appréhender la différence, l'écart, la rupture, entre la situation avant le lancement du défi et ce qu'il advient.

Chaque rendez-vous, à condition qu'il soit assez distant des autres pour laisser le temps à l'expérience de s'effectuer, se déroule autour de la question : « Que s'est-il passé ? comment cela s'est passé ? qu'avez-vous vécu ? ». C'est une manière d'évaluer ensemble les résultats obtenus qui focalise l'échange sur un partage d'expériences.

Les questions que les managers lanceurs de défis et les collaborateurs missionnés se posent réciproquement peuvent être de cet ordre :
– Qu'est-ce qui est réellement arrivé ?
– Pourquoi pensez-vous que c'est arrivé ?
– Qu'est-ce que vous avez appris ?
– Qu'est-ce que nous devons abandonner ?

– Qu'est-ce que nous devons garder ?

– Qu'est-ce que nous devons inventer de nouveau pour améliorer ?

La délégation devient ainsi un moyen de faire grandir les protagonistes, quel que soit leur statut hiérarchique. En cela, les exercices sont semblables : *Manager par les défis* est une démarche destinée elle aussi à développer la coresponsabilité de chacun, à expérimenter une prise de risque et à considérer les résultats comme un *feed-back*, qu'ils soient à la hauteur ou non de ce qui était attendu lors du contrat initial.

La délégation prévoit que le manager qui délègue félicite le collaborateur pour les réussites. En matière de défi – et peut-être tout simplement d'évolution de la notion de délégation elle-même –, nous mettons l'accent sur le fait que les acteurs se félicitent des résultats. Se féliciter signifie reconnaître un partage des responsabilités. En plus, se féliciter est un acte qui introduit la fonction du « Nous nous félicitons » à la place du « Je/moi N + 1 te félicite toi le N - 1 ». C'est un moyen de plus pour tordre le cou à la rigidité pyramidale de l'organisation, de faire oublier le « ce n'est pas moi, c'est la faute du système », et d'instaurer un régime de gouvernance centré sur l'individu responsable. Le défi est source potentielle d'échec. Et, traditionnellement, l'échec provoque le « À qui la faute ? ».

Manager par les défis donne l'occasion de substituer ce renvoi de balle culpabilisant par une attitude de coresponsabilité : « Que faisons-nous pour... et avec qui le faisons-nous? ». Cette posture nous semble plus sereine et sûrement tout aussi efficace ! Le défi, tout comme la délégation, représente une perche tendue à chacun pour expérimenter l'incertitude.

Les capacités de se lancer dans l'inconnu et de s'imprégner, à mesure du « voyage », de l'énorme palette de ressources à notre disposition font désormais partie des compétences de base.

Nous n'utilisons qu'un dixième de nous-mêmes à barboter dans notre zone de confort !

Une ressource de conseil interne

Lancer un défi, c'est solliciter des idées. C'est souvent ce dont a besoin un manager pour avancer dans ses projets. Comme le précise Véronique Chance-Fournier de la mission Innovation de la Société Générale :

« Quand un manager a une préoccupation, il a plusieurs façons de trouver des solutions à sa mesure : il peut s'enfermer une journée dans son bureau et réfléchir, réunir ses meilleurs experts, faire venir un consultant, ou bien lancer un défi à son unité ! La meilleure solution étant généralement la combinaison de plusieurs de ces modes[60].

Manager par les défis : une démarche d'auto-conseil ? De quoi nourrir notre réflexion sur le nombre de questions et de consultations que beaucoup de managers omettent de poser en interne, auprès de leur propre équipe.

Une ressource pédagogique de l'erreur

Les défis se suivent et ne se ressemblent pas. Des défis relevés les uns après les autres peuvent concerner la réduction des corps étrangers dans la fabrication d'un produit frais, puis la transformation de l'accueil des intérimaires en modèle d'*assesment center*, puis la division par deux du temps d'attente des camions aux plate-formes, etc.

Cette diversité liée à la réalité des problématiques de terrain, faisant parfois figure de verrues sur les priorités dites « stratégiques », fait non seulement appel à la capitalisation des expériences, mais aussi à l'intuition et l'expérimentation. Car les erreurs qui peuvent survenir sont de nature parfois très différente. La capacité d'analyser une erreur et d'en tirer profit en direct, en fonction de la situation spécifique, est souvent plus profitable que d'aller chercher la solution dans un catalogue.

Lancer un défi comme « réduire de 30 % les délais d'un processus en six mois » peut entraîner des dysfonctionnements dus, par exemple, à une nouvelle organisation en partie déficiente. L'erreur est immédiatement perçue, donc immédiatement rectifiable, à condition bien sûr de ne chercher ni coupable ni bouc émissaire : à condition seulement de considérer cette erreur comme un élément intégré au parcours.

Cette approche à la fois réactive et créative s'associe assez naturellement à la tendance qui consiste à faire du manager un coach plutôt qu'un monsieur ou une madame réponse à tout. Les défis représentent une école de l'erreur, car cette fois les ambitions « zéro défaut » et « mise en conformité » sont largement dépassées, non qu'elles n'aient plus lieu, au contraire, mais elles ne sont plus suffisantes aux besoins de progrès.

---

60. Entretien du 24 juillet 2006.

Un outil de proximité et d'animation

La proximité pour un manager consiste à être humainement disponible. Être humainement disponible implique une attitude et des comportements qui associent écoute et stimulation.

L'écoute dite « active », celle par laquelle celui qui écoute joue un rôle constructif qui aide son interlocuteur à élaborer sa pensée et à partager sa contribution, représente un catalyseur de tout premier ordre dans le management par les défis.

Le défi est un pari qui peut se gagner collectivement si chacun y met la même conviction et donc la même énergie. *Manager par les défis* écarte toute notion de refuge des ultra-gestionnaires qui s'enfouissent derrière l'écran de leur ordinateur loin des équipes, loin du terrain. La proximité, l'animation, la nécessité de coopération entre les collaborateurs sont des données basiques du management qui fleurissent dans tous les manuels.

En réalité, la technocratisation du management l'emporte bien souvent au détriment de l'application des pratiques de base, mais la démarche du management par les défis fournit des occasions quotidiennes de faire vivre ces principes.

Un mode d'écoute adapté

Michael Porter[61] distingue six attitudes d'écoute qui représentent chacune des leviers d'énergie et des obstacles résumés dans ce tableau.

Nous avons ajouté une colonne « À conseiller pour » qui donne des indications dans le cadre du management par les défis.

Une attitude...	Permet à l'autre...	Risque chez l'autre...	À conseiller pour des personnes...
D'évaluation : prendre position par rapport aux propos de l'autre, en donnant son opinion.	D'avoir un point de repère.	De provoquer un sentiment d'infériorité.	Qui ont besoin d'être canalisées pour avancer (rebelles, ultra-créatifs).
D'interprétation : reformuler les propos de l'autre, en leur donnant une orientation.	De faciliter l'expression de l'autre si l'interprétation proposée lui convient.	D'être perçue comme une volonté de manipuler la discussion à son avantage.	Qui ont besoin d'être rassurées sur le fait qu'on les prend en considération (soumis).

---

61. Porter, professeur de stratégie à l'université Harvard.

Une attitude...	Permet à l'autre...	Risque chez l'autre...	À conseiller pour des personnes...
De soutien : apporter son appui, ses encouragements aux propos de l'autre.	De déclencher chez l'autre un sentiment de complicité (nous partageons la même préoccupation).	D'empêcher un regard lucide des interlocuteurs sur le sujet en se réfugiant derrière cette complicité.	Hésitantes et/ou timides, qui ont besoin d'un guide en qui elles ont confiance.
D'enquête : approfondir tout ou partie du sujet par une ou plusieurs questions.	D'éclaircir, de préciser tel ou tel point de la discussion, centrer le sujet.	D'être ressentie par l'autre comme un interrogatoire, un comportement inquisiteur.	Qui ont souvent le sentiment de ne jamais être au point pour se lancer (perfectionnistes).
De conseil : proposer ou suggérer une aide, une solution.	De débloquer une situation d'où l'autre veut sortir.	De dériver vers un comportement protecteur, paternaliste.	Qui sont prêtes à s'investir quoiqu'il en soit et qui ont besoin de « trucs » pour « assurer ».
De miroir : manifester sa compréhension par une reformulation objective des propos de l'autre.	De clarifier les propos de l'autre, vérifier l'accord, faciliter la poursuite du dialogue.	D'apparaître comme une manière d'éluder le fond du sujet si elle est utilisée de façon systématique.	Qui ont besoin d'énergie et de sentir qu'elles ne sont pas seules.

Tableau 3.1 : les six attitudes d'écoute pour stimuler l'énergie.

Ce tableau met l'accent sur un levier majeur dans le management par les défis : l'énergie. Chaque attitude adaptée apparaît comme un déclencheur de motivation chez des acteurs dont on attend une forte contribution.

Une incitation à être un manager communicant

La terminologie « manager communicant » fait recette (voir manager communicant, in « Management Stratégique », *Études les Échos*, Maurice Imbert, mars 2006). Elle désigne les principales vertus du manager décrites précédemment, dans l'exercice de ses capacités :
- affirmer sa vision et son rôle de leader ;
- exprimer ce qu'il attend objectivement de ses collaborateurs, individuellement et en équipe ;
- initier un nouveau mode relationnel, de « commandant » à commanditaire ;

– répondre à l'exigence incontournable de donner du feed-back ;
– lancer des défis, déléguer, expérimenter la confiance ;
– utiliser les ressources pédagogiques de l'erreur ;
– être proche, humainement disponible.

Manager par les défis ne peut fonctionner correctement que si tous ces leviers sont actionnés.

Les études menées à ce propos sont prometteuses : parmi les outils préférés du manager s'illustre l'*Open Market Innovation* qui a intégré l'innovation participative. Philippe Renard, directeur de l'innovation et de la recherche à la SNCF déclare :

> L'innovation participative est le vivier de l'avenir qui se mobilise au travers de cette créativité. Chaque année nous recueillons des idées qui débouchent sur de véritables projets de recherche : nos acousticiens étudient actuellement la réduction du bruit de freinage des TGV, en s'appuyant sur l'innovation d'un agent de Lille qui a réussi à réduire le bruit des freins sur les voies dans les gares de triage. Depuis un an, en lien permanent et avec l'Institut du management, toute la ligne hiérarchique se mobilise[62].

Les outils préférés du manager[62]

	Rangs gagnés au classement global entre 2004 et 2002	Note sur 5
Qualité totale	+ 7	3,93
Alliances stratégiques	+ 5	3,95
Délocalisation	Nouvel outil	3,97
Gestion de la relation client (CRM)	+ 3	3,91
Open Market Innovation	Nouvel outil	3,70

Tableau 3.2 : résultats d'une étude sur les outils préférés des managers.

---

62. *RH acteurs de progrès*, avril 2006. Journal interne de la SNCF, spécial innovation participative.
63. *Enjeux*, septembre 2005. Extrait de l'ouvrage, *Les outils préférés du manager* de Jean-Michel Cedro. C'est la dixième étude « Management outil » : 900 témoignages dans le monde, 300 en Europe, 30 en France. L'enquête porte sur 25 outils. Bain & Company.

Un outil fait son apparition cette année (2005) parmi les outils préférés des managers : l'Open Market Innovation, ou « innovation collaborative ». Cet outil ouvre le libre-échange entre la recherche et développement et la collaboration avec des tiers : clients, fournisseurs ou même concurrents[64].

Des études de motivation à la Démarche Défis

Les études d'opinion interne sont de plus en nombreuses dans les entreprises. C'est une sorte de baromètre social pour évaluer la température ambiante et prévenir éventuellement des irruptions trop violentes. Certaines entreprises utilisent les résultats de ces études pour transformer les causes de démotivation en leviers d'un management par les défis.

C'est le cas, par exemple, de Carrefour Hypermarchés France et de la Compagnie des Fromages du groupe Bongrain.

Hélène Guerreiro, directrice de la communication interne des Hypermarchés France de Carrefour dit[65] : « *Nous sommes partis de constats de l'audit interne[66] qui faisait apparaître une forte attente en matière de prises d'initiative et des faiblesses dans le management de proximité : manque d'ouverture, de dialogue, d'échange. Un plan d'action a été mis en œuvre au niveau des Ressources Humaines; notamment à destination des managers métiers[67]. La démarche défi que nous avons lancée, leur était directement destinée.* »

Philippe Rident, DRH de la Compagnie des Fromages[68], présente ainsi le contexte :

« *Une Démarche Défis a été mise en place à la Compagnie des Fromages en 2003 à Vire (240 personnes), suite à l'enquête de satisfaction conduite en 2001.[69] Dans cette enquête, les thèmes touchant à la communication interne obtenaient des notes très moyennes. Plus précisément, la note relative à la question « Dans mon travail, ai-je l'occasion de faire des propositions d'amélioration ? » avait obtenu une note négative de − 6 dans le collège ouvriers-employés. L'innovation participative est apparue comme un moyen fort d'améliorer la communication interne mais aussi l'implication des salariés sur des sujets concrets visant une amélioration des résultats du site.* »

---

64. *Ibid.*
65. Entretien du 29 août 2006.
66. Sofres.
67. Managers de proximité, dans les rayons par exemple.
68. Entretien du 6 septembre 2006.
69. Baroclim. Inergie Opinion.

Quelques questions à poser…

Aux managers

Qu'est-ce qui surprendrait vos collaborateurs ?

Que leur diriez-vous que vous attendez d'eux pour les étonner et les stimuler à renouveler les manières de travailler ensemble ? Comment leur communiquez-vous habituellement ce que vous attendez d'eux ?

Les clés de réussite et les bénéfices de cette démarche

Philippe Rident[70] de la Compagnie des Fromages a identifié quelques clés de réussite :

- formuler avec précision le défi pour éviter trop d'idées hors sujet et difficilement exploitables ;
- bien former les capteurs[71] pour qu'ils fassent exprimer et remonter des idées (et non des problèmes) ;
- bien sélectionner les idées sur des critères objectifs (en fonction d'une grille pré-établie) ;
- estimer le degré de faisabilité des idées.

La démarche favorise la communication transversale, notamment par le biais des capteurs d'idées ; elle valorise les idées et développe une attitude positive. Sur le plan du management, les impacts se font sentir sur des leviers fondamentaux de la dynamique d'animation :

- fédérer l'équipe d'encadrement et l'ensemble du personnel autour des enjeux majeurs du site ;
- contribuer à donner un nouveau positionnement à la maîtrise ;
- impliquer le management sur des sujets positifs ;
- donner de la reconnaissance ;
- introduire un état d'esprit novateur ;
- faire réfléchir et impliquer le personnel sur des idées porteuses d'amélioration mais qui introduisent une démarche de changement et de rupture par rapport à l'existant ;
- associer les collaborateurs à tous les niveaux.

La Démarche Défis s'articule de façon complémentaire avec d'autres démarches telles TPM, IFS ou amélioration continue, car elle relève de problématiques spécifiques du site dans le cadre des axes stratégiques de l'entreprise. En outre, elle repose sur le vécu de l'équipe de management locale. Cela s'exprime au niveau des enjeux majeurs du site et pas seulement d'un service ou d'un atelier.

---

70. Informations recueillies auprès de Philippe Rident, DRH, Compagnie des Fromages, lors d'un entretien du 6 septembre 2006 et d'après une présentation destinée à l'ensemble du groupe Bongrain.
71. Agents de maîtrise chargés d'accueillir et de formaliser les idées du terrain.

«

Quelques témoignages d'acteurs de l'usine

L'innovation participative est une autre façon d'impliquer l'ensemble des salariés. Sur Vire, les défis proposés ont permis de faciliter l'intégration de nouveaux arrivants venant du site de Torigni, d'améliorer notre communication visuelle, de renforcer notre prévention sur les risques de corps étrangers… C'est aussi une démarche motivante où la notion de plaisir est un sentiment partagé par tous.

Vincent Lebaudy, responsable fabrication pâtes molles.

L'innovation participative est un outil de management simple et convivial qui permet de fédérer et d'échanger autour de sujets très variés. Il s'agit d'une méthode qui donne la possibilité à tout le monde de s'exprimer sur des thèmes qui peuvent être très éloignés des préoccupations quotidiennes. Mais le défi n'est pas seulement un super outil de management, il est aussi un moyen supplémentaire pour progresser autour de problématiques bien précises telles que l'hygiène, l'innovation produit, etc.

Mickaël Morin, responsable laboratoire et assurance qualité.

Pour le collaborateur : exprimer des idées au-delà de sa mission de base

Pour un collaborateur, un défi représente une opportunité d'exprimer des idées au-delà de sa mission de base. C'est une contribution individuelle et collective motivante à la mise en œuvre d'une stratégie d'entreprise.

Une contribution individuelle et collective motivante

Comme nous l'avons signalé à plusieurs reprises, le principal reproche fait quasi unanimement par les salariés des entreprises consultées ces dernières années porte sur deux problèmes majeurs[72] :
– on ne connaît pas la stratégie ou il n'y a pas de stratégie ;
– nous ne sommes pas reconnus.
Il nous semble utile d'insister sur ces deux points qui, finalement, sont à l'origine de la mise en avant de la Démarche Défis, laquelle consiste à :
– relever des défis locaux en lien explicite avec une stratégie annoncée ;
– être reconnu pour des résultats concrets que les agents se sont promis d'atteindre ensemble.
En quoi la Démarche Défis apporte-t-elle une réponse à ces questions ?

---

72. Inergie Opinion, baroclim, 315 000 salariés consultés dans plus de 160 entreprises.

Imaginez une entreprise de restauration collective qui lance un défi sur l'accueil dans ses restaurants : ambiance, plaisir des convives, des familles (avec les enfants en particulier) ; le but est de passer des moments agréables et d'avoir envie de revenir... Cette entreprise lance un défi sur ce thème en expliquant que ses enjeux sont à ce niveau. Aujourd'hui, inventer de nouveaux mets ne nous sera plus d'aucun secours. En revanche, si nous ne faisons rien en matière d'accueil, nous n'aurons que des clients de passage et surtout des familles qui iront ailleurs parce qu'elles trouveront asile pour leur progéniture turbulente.

Un défi est lancé. Résultat : 75 % d'idées pour améliorer l'accueil et... 25 % de nouvelles recettes !

Le jury est embarrassé : que faire de ces centaines de suggestions ? Il a bien sûr la préoccupation de ne froisser personne. Tous ces salariés qui ont pris la peine de soumettre leurs recettes... Il a surtout, parce que le sujet est stratégique, la priorité d'effectuer un choix cohérent avec les critères annoncés, donc de n'accepter aucune idée de recettes.

Il reste alors à savoir comment annoncer à tous les auteurs de recette que leur idée ne sera pas retenue, tout en les invitant à continuer à participer activement au prochain défi.

La réponse est purement managériale : chaque manager de chaque auteur d'idées est chargé de lui expliquer que la stratégie est clairement affichée, qu'elle consiste actuellement à relever le défi de la fidélisation par la créativité dans l'environnement des sites de restauration, et que leur idée n'entre pas dans cet axe.

Résultat de l'opération auprès de ceux dont l'idée n'a pas été retenue : de la frustration probablement de se voir refuser une idée, mais aussi le sentiment d'avoir été pris en considération et de sentir qu'il y avait une stratégie capable de les concerner concrètement.

Le management par des défis est clairement un moyen d'assurer ce lien si diffus, si abstrait entre ce qui fait qu'une entreprise opte pour telle direction et que cette option a une influence directe sur le quotidien.

Ce genre d'anecdote pose la question de la motivation. Il nous semble certain que refuser en expliquant les raisons du refus donne des chances d'amener chacun à s'approprier le sens de la politique de l'entreprise. À l'inverse, il est clair que faire n'importe quoi pour faire plaisir, pour ne pas mécontenter, sous prétexte de risquer de démotiver, aboutit tôt ou tard à un ressentiment proche du mépris : mépris de la part des salariés à l'égard d'une direction incapable de s'affirmer, mépris de la part d'une direction à l'égard des salariés qu'elle n'ose pas prendre pour des adultes. Du perdant-perdant, somme toute !

Une coopération forte entre les acteurs

Relever un défi d'entreprise est un acte collectif. Il peut s'agir par exemple de passer de 100 corps étrangers par jour à moins de 10 pour l'industrie de produits frais ; faire que 100 % des salariés reçoivent une information en même temps dans les 24 heures dans une administration ; passer de 24 jours à moins de 15 dans le temps d'arrêts machine ; livrer les chéquiers dans les 10 jours pour une banque ; faire que le tri des déchets aujourd'hui partiel devienne total et ne provoque plus de zone contaminable dans le site, etc.

Tous ces défis relèvent de multiples services, de multiples processus et concernent pratiquement tout le monde. Pour atteindre ces objectifs ambitieux dans un délai court, il est nécessaire de créer des ruptures dans les modes opératoires : systématiser certaines pratiques d'hygiène, y compris dans des situations apparemment sans incidences ; réviser en totalité le mode d'information et de contrôle de réception ainsi que l'impact ; changer radicalement des habitudes de préparations effectuées le matin et qui devraient être faites la veille ou même deux heures avant.

Chacun doit prendre une part active et développer une coopération plus intense entre tous les acteurs et les différents services. S'il est bien défini et bien précis, un défi provoque l'excitation et peut mobiliser des équipes au-delà de leur mission et au-delà des horaires de base. Les succès et les échecs sont facilement « traçables », au même titre que pour n'importe quelle tâche. En l'occurrence, un défi se gère de manière singulière, comme un projet, comme une intervention exceptionnelle.

Ce qu'il convient d'appeler l' « esprit entrepreneurial » est favorisé par cette démarche dont le terme est bref et les résultats spectaculaires, démarche qui peut déboucher sur des projets d'innovation, à l'instar de certaines start-up. La notion de mission spéciale met en avant une vision conjoncturelle par rapport à un mode de fonctionnement classiquement appuyé sur du structurel. L'essence même du défi est conjoncturel, par sa dimension court terme et objectivée, et doit influer sur des modifications structurelles. Par exemple, le défi d'informer l'intégralité des personnes engage de nouvelles bonnes pratiques et des modifications de l'équipement (informatique, installation d'affichages, voire évolution des configurations architecturales). C'est une manière d'entraîner les équipes à matricer, les deux dimensions, conjoncturelles et structurelles, étant une préfiguration très probable de ce que sera le mode de fonctionnement usuel des prochaines années.

Une invitation à « manager son manager »

L'expression « manager son manager » se développe à mesure que la responsabilité prend le pas sur l'autorité hiérarchique. Il ne s'agit pas d'une incitation à la mutinerie ! Mais lancer un défi fait l'objet d'un pacte « gagnant-gagnant » entre le leader et son équipe : si l'un des partenaires ne joue pas le jeu, leader ou collaborateur, l'autre aura le devoir de lui rappeler. C'est encourager le « devoir d'insolence » à l'égard d'un leader que de le prendre au mot et d'exiger de lui l'exemplarité. Si ce dernier a l'intelligence de le prendre en compte, il n'en tire que des bénéfices et beaucoup de confiance. À l'inverse, s'il en fait une « affaire personnelle », il instille un climat d'abus de pouvoir. Cela se traduit par exemple par la remarque d'un collaborateur qui rappelle : « Au fait, nous avions convenu de nous réunir pour envisager une nouvelle organisation du bureau et nous ne l'avons toujours pas fait », ou qui pose une question dérangeante comme « Nous avons entendu dire qu'il était question de réunir notre équipe avec telle autre et vous ne nous avez rien dit... que se passe-t-il ? ». N'importe qui peut se sentir pris à défaut face à de telles observations. Le manager qui biaise la réponse sous couvert de son autorité perd sa légitimité. Celui qui, au contraire, prend ces inter-pellations comme des signes de confiance qu'on lui adresse et se montre sincère en gagne.

Manager son manager, c'est prendre le risque de se faire déconsidérer, mais c'est aussi une manière d'établir des relations d'être humain à être humain ou « adulte-adulte », qui ne font que renforcer la capacité collec-tive de relever un défi ensemble. C'est, semble-t-il, une tendance qui se développe, à petits pas certes – la pyramide a la peau dure ! –, mais de façon significative.

Le défi annonce d'autres manières de fonctionner, d'autres relations entre managers et collaborateurs. Nous assistons à une évolution vers une distri-bution des rôles au détriment d'un ordonnancement unilatéral des grades et des statuts. Il s'agit de développer des modes relationnels constructifs qui ne confondent pas remise en cause et règlement de compte. C'est le pari que nous faisons en engageant des démarches « *Manager par les défis* ».

Pour l'entreprise : un moyen de dynamiser le management et de se différencier

C'est souvent galvaudé de parler de différentiation et de compétitivité : quel document institutionnel ne fait pas figurer ces deux termes en guise de projet d'entreprise ?

Trouver une véritable voie de différenciation et de compétitivité

Oublions un instant le panache des mots et explorons ce qu'ils recouvrent :
– différentiation, se différentier : se singulariser, se distinguer... être unique ;

– compétitivité, être compétitif : capable de supporter la concurrence, d'être dans la compétition.

Associer les deux idées ainsi contenues signifie que remporter la compétition ne nécessite pas d'être le plus fort ou le plus rapide mais d'être différent. Être différent vis-à-vis des concurrents, bien sûr. Il s'agit souvent de se différencier en interne, entre entités, entre filiales, entre sites pour faire de cette compétition une source d'énergie concentrée sur sa combativité vis-à-vis de l'externe.

Témoignage de Muriel Garcia[73] de La Banque Postale

Comment avons-nous lancé la démarche à la Banque Postale ? C'est la résultante d'un échange entre le directeur de la qualité des services financiers, Xavier Quérat-Hément[74], et François-Marie Pons, lors de la cérémonie annuelle de remise des prix en 2005, INNOV'SF.

INNOV'SF récompense le meilleur centre, les trois meilleures équipes et les trois meilleures idées de l'année. Les éléments du puzzle étaient les suivants : des résultats globaux plus que satisfaisants en nombre d'idées, en taux de participation et en gains réalisés ; des centres financiers leaders et éternels lauréats, et quelques centres en retrait, un peu moins performants.

L'enjeu consistait donc à maintenir le cap pour les centres financiers « leaders » et à stimuler la performance des centres plus en retrait. La nouvelle directrice du centre financier de Nantes, sollicitée pour tester la méthode, a d'emblée accepté de relever le défi de la créativité et de la performance dans son établissement, en associant ses équipes au processus.

Qu'est-ce qui peut rendre une entreprise différente des autres concurrents ? Le *marketing-mix* traditionnel dit des « 4 P » (*Product, Promotion, Public, Price*) constitue la base toujours solide sans toutefois s'adapter suffisamment aux stratégies actuelles. Les concepts stratégiques ne perdent rien de leur pertinence en soi, mais les relations avec les clients prennent une importance nouvelle et se situent dans un ordre différent. Du même coup, le marketing change de nature : le marketing de masse passe au marketing personnalisé *one to one*, et surtout, le marketing produit se fait largement compléter par celui des services et de la relation.

---

73. Muriel Garcia : responsable de l'innovation participative au sein de la direction qualité et sécurité du groupe la Poste. Elle exerçait précédemment cette fonction dans le cadre de la Banque Postale. Entretien du 20 août 2006.
74. Xavier Quérat-Hément est directeur de la qualité et sécurité du groupe La Poste.

Les défis d'aujourd'hui s'expriment en termes de construction et de relation à long terme ; ils se mettent en œuvre à travers une interaction croissante avec le client, comme le montre ce tableau[75].

Indicateurs	Offre/ demande 1970	Offre/ demande 1980	Offre/demande 1990
Champ de la qualité	Contrôle	Production	- Front office - Relation de service
Attente du client	Qualification	Confiance	Attention
Réponse de l'entreprise	Compétence	Fiabilité	Réponse aux besoins
Critère de mesure	Zéro défaut	Zéro réclamation	Zéro défection
Mot d'ordre	Conformité	Satisfaction	Adéquation aux attentes

Tableau 3.3 : les défis en interaction avec le client.

Les évolutions de l'offre en réponse à la demande depuis les trente dernières années s'inscrivent sur un découpage de trois générations : les années 70, les années 80 et les années 90. Ce découpage est un peu arbitraire mais il est assez représentatif des étapes en cette seconde moitié du xxe siècle, qui a vu naître le marketing et sa dynamique fondée sur le besoin pour déterminer l'offre.

Nous pouvons constater que les nouveaux enjeux de l'entreprise se traduisent par des défis à relever de façon contributive :

– Qualité : que signifie passer du contrôle à la relation de service ?
– Attente du client : que signifie passer de la qualification à l'attention ?
– Réponse de l'entreprise : que signifie passer de la compétence (technique en général) à la réponse aux besoins ?
– Critère de mesure : que signifie passer du « zéro défaut » au « zéro défection » (100 % disponibilité) ?
– Mot d'ordre (slogan) : que signifie passer de la conformité à l'adéquation aux attentes ?

Manager par les défis pour une entreprise consiste à confier aux collaborateurs des réponses adaptées et concrètes qui s'inscrivent dans les termes de la troisième colonne. Quels sont les défis qu'une direction peut lancer aux salariés en fonction de cette lecture ?

---

75. Extrait d'un outil CRM, Relation Client, Inergie.

Voici quelques astuces qui nous permettent de nous différencier très avantageusement :
- une relation service qui valorise le client au lieu de l'abreuver de privilèges plus ou moins illusoires ;
- une véritable attention, ce qui implique une écoute non seulement des besoins qui peuvent se transformer en marchandises à vendre, mais aussi de considération en tant qu'individu (le client est d'abord une personne avant d'être un acheteur) ;
- une véritable disponibilité et non une simple mise à disposition telle que le « 24 heures sur 24, 7 jours sur 7 ». Il faut exprimer la conviction d'une véritable contribution du fournisseur à apporter une solution juste au client ;
- un slogan qui vante une offre en adéquation aux promesses qu'il affiche : quoi de moins créatif, quoi de moins relationnel de faire des sur-promesses trompeuses dont la mention en corps six, apposé au bas de l'affiche, donne plus d'informations restrictives que l'annonce badigeonnée en lettres énormes telles des imaginaires paradisiaques promis à moindre coût ?

Manager par les défis peut mener un ensemble de collaborateurs non pas à atteindre des « sur-objectifs » quantitatifs mais à transformer leurs relations avec les clients.

Un client préfère une machine faite pour lui qu'une machine bien faite, la notion de « bien fait » répondant alors aux normes de concepteurs dont l'utilisateur n'a que faire. Le but est que cela marche et qu'il puisse l'utiliser comme il l'entend. L'informatique n'a pas manqué de nous abreuver d'exemples en ce domaine tout comme l'automobile ou l'urbanisme. En même temps, l'innovation ne se réduit pas aux idées proposées par les clients : l'utilisateur connaît en partie ce qu'il veut, ce qui représente rarement la totalité de ce dont il a besoin.

Quand on voyage en automobile, on veut le confort, la sécurité, le plaisir de conduire, on imagine « tout ce que le constructeur fait pour nous », pour reprendre un slogan bien connu[76] !

Autrement dit, nous entrons dans une ère encore différente. Nous commençons à quitter le « Vous êtes le client, je fais ce que vous me demandez » pour entrer dans le « Vous êtes le client, je suis le fabricant : imaginons ensemble un produit qui... ».

---

76. Campagne Citroën 2005.

C'est le thème à compléter dans une quatrième colonne du tableau, une quatrième génération, qui se profile en trame, que nous pouvons baptiser la « coopération ».

Certaines entreprises comme la SNCF[77] la nomment « coproduction » : elle consiste à faire participer activement le voyageur à la qualité du service dont il est un acteur à part entière. Le défi, en l'occurrence, n'induit pas de faire appliquer le règlement à l'utilisateur de manière normative... le fameux et traditionnel « Il est interdit de pencher la tête par la fenêtre », traduit en plusieurs langues – naturellement indispensable au bon déroulement du voyage, de manière au moins à ce qu'aucun voyageur ne perde la tête en route –, s'exprime aujourd'hui par un « Si vous êtes accompagné d'enfants en bas âge, une animatrice est à votre disposition pour vous proposer d'organiser les jeux et la surveillance à tour de rôle avec les autres parents ». Il s'agit bien d'un service, mais d'un service où le client est acteur, coproducteur, et pas seulement consommateur.

Les difficultés de la relation client

On peut lire dans la presse spécialisée[78] : « Plus que jamais, l'*insight* consommateur reste au centre des stratégies de riposte ou d'attaque de chaque entreprise ». Dans le même article intitulé « La fidélité librement consentie », il est dit, en sous-titre « Une invitation à innover » : « certains décideurs ont le sentiment de ne pas pouvoir construire une relation client profitable dans la durée, sans ériger des mesures contractuelles contraignantes. Peut-on parler de méconnaissance ou de peur du client ? Peut-être de manque de maîtrise et de confiance ».

À noter que dans un schéma intitulé « L'expérience client », les mots : « innovation » et « client », l'un comme démarche, l'autre comme acteur, sont totalement absents. Il nous semble qu'une telle vision est encore bien loin de la coproduction avec le client !

Ce défi est nouveau dans notre culture consumériste, régie par l'offre et la demande dont le client finance la valeur ajoutée apportée. Il existe encore bien peu de cas où il est acceptable et accepté. Les expériences qui vont dans ce sens abondent dans le secteur associatif ou communautaire (quartiers, résidents, etc.).

---

77. SNCF. Voir le développement de la recherche sur les voyageurs, chapitre 5.
78. *Marketing Magazine*, n° 103, avril 2006. L'affirmation est de Marc Papanicolas (Research International), et l'article de François Rouffiac.

Comment améliorer sa relation client ?

Un dirigeant d'une société de vente par correspondance nous demande d'aider son comité de direction à réfléchir sur la relation client. Les sujets à traiter sont bien ciblés et la créativité peut sûrement contribuer à ce que chacun apporte des propositions intéressantes, voire en rupture avec l'existant. Visiblement, il souhaite faire franchir ce saut à ses collaborateurs, lui-même intellectuellement convaincu et ouvert à toute démarche pour sortir des sentiers battus du marketing. Il reste un point noir dans tout ça : la vision qu'ont ces vépécistes (à l'époque) de la cliente type, dont ils disaient qu'elle était « râleuse, vieille, bête et grosse », seulement bonne à se laisser abuser par des promesses mensongères !

Il nous semblait clair que le désir n'était pas au rendez-vous ! Le désir d'atteindre l'objectif par rapport à l'objet de la recherche, la cliente, était largement étouffé par celui d'avoir la paix et de faire tranquillement des affaires ! Or, la véritable finalité du défi consiste dans le désir de créer des relations nouvelles et constructives avec les clientes.

Il s'agissait bien de mettre en scène ce scénario qui regroupe ces ingrédients. Nous leur proposons alors d'organiser avec eux un séminaire de créativité sur ce thème : comment créer de nouvelles relations avec nos clients, ou plutôt, quelles nouvelles relations créer ?

Dans ce séminaire, nous introduisons un élément inattendu...

« – Quoi ? nous demande le dirigeant.

– Combien êtes-vous de directeurs ?

– Dix.

– Dix hommes, n'est-ce pas ?

– Oui, avoue-t-il.

– Alors, invitons dix clientes recrutées sur place à l'endroit où ce séminaire va se dérouler, en pleine campagne comme la plupart des séminaires dits « résidentiels ».

– Dix clientes ?

– Dix clientes, autant que de directeurs.

– Mais pour quoi faire ?

– Pour qu'elles disent ce qu'elles ressentent, ce qu'elles veulent, ce qu'elles ne veulent pas, ce qui leur fait plaisir, ce qui les choque...

– À quel moment ?

– Au dîner.

– Au dîner ?

– Au dîner, au moment où chacun est tranquille pour parler. »

Le dîner est ainsi organisé avec les clientes. La première journée du séminaire est laborieuse. Des idées pour satisfaire la cliente, oui, mais est-ce que ça va marcher « après tout ce que nous avons déjà fait ? », et qui, sous-entendu, n'a jamais marché.

À 18 heures, chaque directeur est plutôt avachi, décravaté depuis long-temps et sceptique sur les capacités de ces consultants spécialisés en créa-tivité qui les font « marner » jusqu'au dernier jus avec des milliers d'idées et rien de bien nouveau somme toute. Et là-dessus, ils ont raison.

On frappe à la porte. Un serveur de l'hôtel où nous résidons dit qu'une dame est arrivée. Une dame ? Une cliente ? Aïe !

Alors chacun se redresse de son siège, se lève, se refait une beauté, coup de doigts dans la chevelure, cravate, veston ajusté à plusieurs reprises pour effacer les plis : la préparation pour un premier bal n'aurait sans doute pas occasionné plus d'émoi. Puis vient l'inquiétude :

« – Vous animez la séance de l'apéritif !

– C'est dans le contrat (au cas où l'on ne saurait pas quoi se raconter après tant d'années de silence).

Arrive enfin la rencontre… et la relation. Les dix clientes sont présentes. Jeunes et moins jeunes, filles, mamans, grands-mères, campagnardes, urbaines de petites villes… ce que l'on appelle un panel représentatif de plus de 80 % des clients de VPC.

Le dîner est un feu d'artifice d'échanges :
– Alors, cette petite machine à coudre en plastique que vous promettiez comme une vraie machine, c'est de l'arnaque !

– Beuuh, oui mais…

– Et puis vous dites moins de trois jours, alors qu'au bout d'une semaine…

– Euhhh, c'est la Poste.

– Ah non ! La date d'envoi était bien supérieure à… »

Et pourtant on vous aime, nous nous aimons, pourquoi ne pas se respecter ?

Le dîner est un succès complet. Ce qui devait se prolonger vers à peine 22 heures (pour ne pas retarder ces dames, ne pas fatiguer ces messieurs...) se termine après minuit. Personne ne se transforme en citrouille, mais une autre transformation, bien plus magique que celle racontée dans le conte de Cendrillon, se produit dès le lendemain : les directeurs sont pris d'enthousiasme par l'idée de la créativité, dans la manière on ne peut plus simple de construire ou de réinventer une relation.

Que s'est-il passé ? Une rencontre, une relation qui jusqu'alors n'avait pas eu lieu. Relever le défi devient alors d'une autre nature que de trouver à tout prix des idées neuves dans son propre univers.

Le triangle de la tragédie grecque et la relation client

Rappelons à ce propos les éléments du triangle de la tragédie grecque, évoqués par Michel Godet[79], pour mieux comprendre en quoi cette démarche sur la relation client ne peut fonctionner que si la dynamique est complète :

– *Logos* : la pensée, la rationalité, le discours ; il est bien là le discours qui affirme l'importance d'instaurer une nouvelle relation avec les clients.

– *Erga* : les actions, les réalisations ; la disposition à établir des plans d'action et les mettre en œuvre est plutôt forte.

– *Epithumia* : le désir, la passion, notions totalement absentes, exprimées *a contrario* de façon repoussante.

Michel Godet rapproche cette lecture de la tragédie grecque d'une grille dédiée à la prospective :

– anticipation : réflexion prospective ;

– action : volonté stratégique ;

– appropriation : motivation et mobilisation.

Cette vision de la prospective s'associe complètement à la dynamique des défis et donne du sens à une recherche dont l'objet est la réinvention d'une relation.

Manager par les défis ne consiste pas seulement à instaurer de nouvelles pratiques de management. Il faut aussi viser à faire se croiser les zones de confort et d'inconfort. Chacun doit s'entraîner à naviguer en eaux tumultueuses et sortir de sa propre zone de confort pour permettre aux autres d'entrer dans la leur...

---

79. *L'Avenir Autrement*, Armand Collin. Le concept cité est attribué à Julia Sissa. Il complète un autre concept formalisé par Thierry Gaudin, *sophon* (l'esprit), *poïesis* (l'affectivité, la créativité), *techné* (la matérialité).

Il est par exemple difficile à des gens modestes, peu rôdés aux rhétoriques de la négociation, de dire ce qui va et ce qui ne va pas directement à un dirigeant d'entreprise (aux responsables de son entreprise quand on est salarié, aux responsables des produits quand on est client). Le rêve, n'est-ce pas ? Mais disons-nous bien que ce rêve fonctionne dans les deux sens : nombre de dirigeants ne demandent qu'à entendre des propos sincères et justes qui les aideraient à mieux comprendre ce qu'il se passe dans les équipes.

On trouve toujours des entreprises qui pratiquent ce genre de rencontres de façon très naturelle et très intégrée à leur fonctionnement quotidien. Mais aujourd'hui, il faut bien le reconnaître, ce genre d'expérience est exceptionnel.

Il faut débusquer le DRH ou le président d'une PME qui va témoigner concrètement de la différence culturelle comme un atout parce qu'il le vit, ou rencontrer quelques énergumènes sorties de Sciences Po ou de HEC qui se sont lancés dans le commerce équitable… Du commerce équitable ? Cette bête curieuse que l'on cite en exemple pour montrer que notre société peut aussi sortir de ses tares. Commerce équitable, voilà bien une évidence qui devrait se passer de publicité pour devenir la référence !

Qui pourrait argumenter sereinement que notre économie ne peut fonctionner que sur la misère de 80 % de la population du globe ? Peu de gens, évidemment. Et pourtant, c'est ce qui arrive…

Quels sont alors nos défis par rapport aux « intrus » ? Car la question du client est bien celle de l'intrus : celui qui, s'il n'existait pas, rendrait la vie tellement moins compliquée. Et s'il devenait celui par qui l'entreprise innovait ?

Miser sur l'effet défi

L'effet défi est ce que l'on pourrait nommer en d'autres occasions les « effets collatéraux ». Il y a, en tout ou en partie, les résultats attendus et toute une variété d'autres effets inattendus, les uns plus bénéfiques que d'autres. L'inattendu et l'effet non programmé sont le propre d'une démarche créative. Il arrive assez souvent que des idées hors-sujet issues de résolutions de problèmes ne soient pas exploitées parce qu'elles ne répondent pas à la question. C'est parfois dommage ! Comme l'explique Yves Menet de La Banque Postale[80] :

---

80. Chargé de la mission « innovation participative » au centre financier de Nantes. Entretien du 6 septembre 2006.

« Un défi apporte comme un remède à une entreprise dont le développement est conforme aux prévisions à un moment donné : c'est comme une bougie qu'on allume, la flamme grandit puis s'amenuise comme si l'entreprise tombait dans la routine… Le défi est une nouvelle flamme. Ça a été une manière de re-dynamiser le management et l'innovation. Cela, tout le monde l'a remarqué. Il y a eu des résultats significatifs : le centre de Nantes est aujourd'hui sur le podium des meilleures progressions, au-dessus de la moyenne nationale. Il y a six mois, il se situait parmi les derniers. En quelques mois, on a gagné + 10 % dans les délais de traitement de documents à livrer. Nous étions à 86 % en janvier, nous sommes à 95 % en juin. Mais il y a eu d'autres résultats à partir des idées émises… Par exemple, l'idée de tracer un document pour gagner du temps a été répercutée à d'autres niveaux d'organisations, de partenaires du réseau des bureaux de poste, voire du groupe. Ce défi a tiré d'autres indicateurs vers le haut : 1 jour de délai gagné sur les cartes de crédit, par exemple. Maintenant, beaucoup sont persuadés du bienfait de cette démarche. On peut plus facilement associer d'autres services qui n'avaient guère l'habitude de travailler ensemble. Ce genre d'action, comme le *e-tracing* ou traçage des contrats, est en phase de test… ce qui semblait tout à fait irréalisable ! Le fait qu'on ne croyait pas possible tel ou tel changement, et rapide qui plus est, et qu'on se sent capable d'y arriver désormais est un véritable effet défi ! Le défi relance aussi l'innovation spontanée : le nombre d'idées au niveau du centre est remonté de 20 % de participation au mois de mars ; six mois après, nous en sommes à moins de 48 %.

Alain Le Divenach de Véolia Eau, région Sud-est, compte sur la Démarche Défis pour développer une culture managériale plus axée sur la relation et l'interactivité… autre effet collatéral de la mise en place d'un mode d'animation fondé sur la capacité d'un manager de faire en sorte que ses collaborateurs s'expriment, puis de faire appel à leurs idées :

« Il est apparu que le rôle des innov'acteurs est primordial dans l'animation des séances de créativité ; il l'est tout autant dans la formalisation des défis avec la direction de chaque agence à travers la Grille Défis [81]. Par ailleurs, cette démarche amène à plus de travail en commun, à plus de réunions participatives… Par exemple, chacun des innov'acteurs reconnaît qu'il peut utiliser la formation à laquelle il a participé pour animer des groupes « zoom »[82] dans beaucoup d'autres situations de management, en général ! Pour nous, la dynamique interactive représente un renforcement du participatif au quotidien dans les agences[83].

---

81. Voir chapitre 5 : la Grille Défis©.

82. Zoom : terme adopté par Véolia Eau région Sud-Est pour éviter la confusion avec les défis du plan stratégique.

83. Entretien du 12 octobre 2006. Alain Le Divenach, directeur technique en charge de la démarche, de Véolia Eau, région Sud-Est.

Accentuer le rôle du management et de la communication dans la politique des ressources humaines

Manager par les défis nécessite au moins trois compétences-clés en matière d'animation des équipes : favoriser la prise d'initiative, stimuler et valoriser la créativité des collaborateurs et communiquer ses défis.

Favoriser la prise d'initiative

Il faut que les collaborateurs proposent des idées nouvelles et se prêtent au risque de les mettre en œuvre.

> Un chef de quai sur sa plate-forme trouve que le chargement des marchandises dans les remorques de camion, au cul des quais, est beaucoup trop long. Il remarque que les manœuvres entre les véhicules prennent trop de temps. Il en parle aux acteurs qui jouent un rôle actif dans l'opération : réception, gestion des parkings, ordre d'arrivées et de départs, organisation interne à la plate-forme... Ces consultations lui donnent des idées diverses pour modifier tel et tel processus. Il soumet ses réflexions et ses idées au responsable de la plate-forme.

Favoriser l'initiative de la part de son management consiste à écouter ses observations et ses propositions, puis d'envisager avec lui les modes opératoires à mettre en œuvre pour apporter du nouveau, utile à l'efficacité.

Stimuler et valoriser la créativité des collaborateurs

Il s'agit ici de provoquer les défis, les recherches d'idées, et de permettre des entraînements à la créativité sous forme d'animations créatives avec son équipe, de stages de formation à la créativité ou de lectures sur ce sujet.

Communiquer ses défis

Pour communiquer ses défis, un manager doit :

- exprimer clairement ses défis, expliquer ou rappeler les enjeux, visualiser la finalité, donner des objectifs et dire ce qu'il attend de ses collaborateurs pour parvenir à relever ce défi ;
- vérifier que le défi a été compris en posant des questions ou en les faisant reformuler ;
- être attentif aux attentes et aux intentions des collaborateurs : entendre leurs préoccupations et leurs souhaits, comprendre leurs points de vue, se mettre à leur place ;

– s'assurer qu'ils sauront comment ils ont été entendus et compris : communiquer sur les sujets entendus jugés sensibles et les prendre en compte explicitement.

Ces compétences peuvent s'inscrire dans un référentiel de compétence RH et figurer parmi les indicateurs d'entretiens d'évaluation.

▓ Les autres compétences

D'autres compétences ont déjà été relevées antérieurement[84], identifiant le « nouveau profil » de ceux qui se sont appropriés de nouvelles méthodes de travail lors des groupes transversaux, ont joué un rôle d'agitateurs positif, créé un « nouvel état d'esprit » et se sont révélés avoir des talents d'« entrepreneurs ».

Une douzaine de compétences nous semblent ainsi appropriées pour *Manager par les défis*. Il faut par exemple être capable de :
- s'adapter en trouvant des solutions nouvelles dans une situation imprévue, sans se « sur-adapter » ou se soumettre ;
- anticiper en imaginant plusieurs hypothèses possibles à partir d'une situation donnée ;
- apprendre tous les jours, grâce à une réceptivité à toute épreuve, des données nouvelles, puis savoir les mettre en perspective avec l'existant ; il faut également être capable de formaliser ce savoir afin de le transmettre et de le rendre collectif ;
- être créatif, de l'identification d'un projet jusqu'à sa mise en « innovation » ;
- animer l'interactivité : se faire comprendre et écouter, intégrer les idées des autres, réorienter une vision en fonction du feed-back ;
- agir en interdépendance : se concerter avec les acteurs et coopérer à un même projet ;
- opérer en toute flexibilité en répondant aux exigences des clients, avec les variations et les imprévus ;
- être mobile et profiter d'un changement de fonction et/ou de site pour découvrir les aspects enrichissants d'un environnement nouveau ;
- s'ouvrir au changement, être à l'affût d'initiatives pour transformer une situation en devenir ;
- être polyvalent, exercer des missions de nature très différentes, utilisant l'une pour rebondir sur l'autre ;
- se remettre en cause et entendre des idées contraires aux siennes ;
- travailler en équipe, partager ses idées et ses informations, recueillir les propositions individuelles et les organiser en projet collectif.

---

84. Voir *L'innovation à tous les étages*, Pons F.-M., Ramecourt Marjolaine de, *op. cit.*, Éditions d'Organisation, 2001.

Un manager qui a relevé des défis avec ses équipes doit être reconnu et valorisé pour ses capacités et son implication dans la stimulation créative de ses collaborateurs. *Manager par les défis* nécessite une attitude d'agitateur et d'investisseur : la diffusion des innovations proposées et leur mise en œuvre réclament une communication d'influence active et bien organisée.

SYNTHÈSE

Pour un manager, un défi représente une nouvelle manière de communiquer avec ses collaborateurs :

* une opportunité concrète d'affirmer sa vision et de bousculer les blocages ;

* un nouveau mode relationnel de « commandant » à commanditaire ;

* expérimenter la confiance et préciser le droit de l'erreur.

Pour un collaborateur, un défi représente une opportunité d'exprimer des idées au-delà de sa mission de base :

* une contribution individuelle et collective motivante à la mise en œuvre d'une stratégie d'entreprise ;

* une coopération forte entre les acteurs, une obligation de cohérence et de repères précis de ce qui dépend de chacun ;

* une invitation à « manager son manager ».

Pour l'entreprise, la Démarche Défis est un moyen de dynamiser le management et de se différencier :

* trouver une véritable voie de différentiation et de compétitivité ;

* accentuer le rôle du management et de la communication dans la politique des ressources humaines.

Partie 2

Mise en œuvre

Confier et reconnaître :
informer, expliquer, donner envie, donner du feed-back

Cette partie se compose de quatre chapitres qui traitent le même thème : mettre en œuvre une Démarche Défis sous des angles différents et nécessairement complémentaires.

Le chapitre 4, « Conjuguer les défis de l'entreprise à tous les étages », aborde l'articulation créée dans l'ensemble du périmètre choisi, de l'individu à la totalité de l'entreprise. Ce chapitre met l'accent sur la corrélation à établir entre le périmètre d'un défi et le périmètre managérial.

Le chapitre 5, « Lancer et relever un défi de A à Z », décrit les différentes méthodologies choisies selon le niveau de rupture attendu. Dans ce chapitre, il est toujours question d'outils : le report est systématiquement signalé pour inviter le lecteur à consulter le « mode d'emploi ».

Le chapitre 6, « Outils et modes d'animation de la Démarche Défis », expose les techniques et les modes d'animation dont chacun dispose pour agir et cibler son action par rapport à son objectif.

Le chapitre 7, « Prendre du recul, communiquer les défis au quotidien : se familiariser avec l'incertitude », est dédié aux recommandations spécifiques au management par les défis et aux propositions de mise en perspective avec des visions plus larges.

Chapitre 4

Conjuguer les défis de l'entreprise à tous les étages

Une entité abstraite comme un groupe, un État, une holding ne représente rien pour un opérateur de terrain. Au mieux un employeur ou une Administration. Au pire une machine omnipotente dont il n'est qu'un pion. Un grand défi parachuté du siège est souvent perçu comme une injonction, une sorte d'incantation à laquelle il convient d'acquiescer. Un défi détecté localement – un intolérable dont on ne veut plus, un rêve que l'on veut absolument réaliser – a le plus de chance de devenir une ambition partagée par le plus grand nombre, à condition d'être compris par chacun et de représenter un objectif porté par la direction du site, de l'établissement, de l'agence, etc.

À chaque entité ses défis

De l'ambition d'un groupe au défi de chaque unité

Les défis formulés par les grands groupes comme par les PME expriment le plus souvent des ambitions très larges :
– devenir le numéro 1 sur le marché (ou le rester) ;
– doubler le chiffre d'affaires en 3 ans ;
– proposer 30 modèles nouveaux dans les 18 mois à venir ;
– la sécurité à 100 %.
Pour les collectivités locales, on trouve des défis de nature similaire :
– devenir le référent en matière de qualité de service ;
– devenir la cité où il fait le meilleur vivre.

Il s'agit bien de défis pour certains, sémantiquement parlant. Ils expriment plutôt une vision, un domaine d'excellence et de conquête, ou une grande ligne directrice.

L'enjeu est de faire le lien entre ces injonctions lancées à grand renfort de communication et la perception que peut en avoir chacun des acteurs de l'entreprise. Imaginons l'impact de ces mots chocs, « doubler le chiffre d'affaires en 3 ans », répercutés dans 5 000, 20 000, 1 000 000 et plus de cerveaux. Les uns sont des commerciaux en proie au stress de faire leur chiffre, les autres des opérateurs souvent harcelés par les cadences et les arrêts machine, les autres sont des cadres dont le salaire pourtant élevé ne fait même pas figure de miette à coté de ces annonces astronomiques. Le plus souvent, les réactions se font plutôt distantes :
- « Encore un truc du siège. »
- « Ils vont s'en mettre plein les poches. »
- « Tout le monde dit pareil. »
- « De toute façon, à notre niveau, qu'est-ce qu'on y peut ? »

À y regarder de près, chaque formule traduit un besoin auquel il va falloir répondre :
- « Encore un truc du siège » : il nous faut un thème proche de notre métier, de notre activité.
- « Ils vont s'en mettre plein les poches » : le « ils » étant les actionnaires, les patrons, etc., nous voulons bien faire quelque chose mais qu'est-ce que cela nous rapporte à nous ?
- « Tout le monde dit pareil » : on veut quelque chose dans lequel on se reconnaisse, qui soit proche de notre métier.
- « De toute façon, à notre niveau, qu'est-ce qu'on y peut ? » : ce que l'on peut faire se résume dans notre activité de tous les jours.

Il est arrivé que le mot « défi », utilisé pour désigner des ambitions à un niveau général, ne soit plus réutilisable pour désigner les défis des entités. Il a fallu donner un autre nom. Comme le remarque Alain Le Divenach :

> Nous avons dénommé la démarche « Zoom », pour ne pas provoquer de confusion. Le terme « défis » est déjà utilisé pour désigner les axes forts de la stratégie de la région Sud-Est de Veolia Eau. [85]

---

85. Entretien du 12 octobre 2006. Alain Le Divenach, *op. cit.*

La question est moins d'utiliser le terme « défi » ou non. Il importe surtout de concevoir un défi, en lui donnant un nom acceptable que chaque acteur puisse s'approprier. Nous constatons que, de plus en plus, les entreprises ressentent le besoin aigu de trouver le format juste pour passer d'un management gestionnaire de grandes masses à un management de proximité. Dans le même sens, il est totalement reconnu aujourd'hui que le périmètre managérial est conditionné par la dimension opérationnelle et la capacité de décider.

Le va-et-vient de la décentralisation et de la re-centralisation du pouvoir perturbe les organisations à chaque changement mais ne remet pas fondamentalement en cause cette tendance de la proximité.

Une Démarche Défis peut se limiter à un site. Il n'est pas indispensable que tous les sites pratiquent le management par les défis pour obtenir une cohérence globale ou une quelconque légitimité. C'est le cas de nombreux groupes qui ont initié la démarche sans chercher à la diffuser, les uns pour se donner le temps d'observer un pilote avant de généraliser la démarche, les autres parce que c'est le manager des sites ou des entités qui décide ce moyen plutôt qu'un autre.

Lorsque l'association Innov'Acteurs[86] lance les trophées de l'Innovation Participative, le concours s'adresse aux « entités, business unit ou site », et non aux entreprises ni aux groupes.

Ainsi, ce n'est pas Accor qui concourait mais un hôtel, ce n'était pas la Banque Postale mais un centre financier, même chose pour Areva, Bongrain, Danone, Société Générale, Solvay et Renault. À l'inverse, Urgo, entreprise de 1 200 personnes regroupées dans la région de Dijon, constitue une seule entité (l'usine et le siège) et a donc pu concourir au niveau global.

Ce que permet le management d'un défi local

Si l'on reprend l'exemple du défi « Devenir le référent en matière de qualité de service », qu'un certain nombre de mairies sont en train de s'attribuer comme certaines banques ou certains loueurs d'automobiles ont pu le faire, il faut identifier les leviers opérationnels sur lesquels ce défi repose. Le défi « Devenir le référent en matière de qualité de service » agit sur des leviers comme :

– la disponibilité en termes d'accueil auprès des clients ou des utilisateurs ;
– la capacité des interlocuteurs à écouter et à apporter des réponses satisfaisantes ;
– le traitement des réclamations.

---

86. Association Innov'Acteurs pour la promotion et le développement de l'innovation participative. Voir encadré page 210.

Chaque entité, chaque agence, chaque unité opérationnelle est amenée à choisir un défi à son niveau. Manager un défi localement répond au principe de subsidiarité, ce qui permet de :
- cibler une action dont les acteurs de l'entité percevront les effets dans un délai assez bref ;
- avoir conscience qu'en actionnant ce levier, ils participent à la stratégie globale de l'entreprise ;
- donner un rôle accessible et concret aux managers, quel que soit leur niveau hiérarchique ;
- imaginer une véritable rupture possible : si le taux de satisfaction concernant l'accueil téléphonique est inférieur de 10 points à la moyenne nationale de l'entreprise, l'entité concernée peut viser un progrès de 20 points. le saut est réel, attractif à effectuer, et le nombre d'actions possibles et immédiatement réalisables est probablement important ;
- récompenser, d'une façon ou d'une autre, les auteurs et acteurs qui ont permis de relever le défi.

Jean-Pierre Lemée, directeur de l'usine de Vire, rebondit sur la Démarche Défis pour dynamiser le management de l'unité qu'il dirige :

> Susciter et prendre en compte les idées de chacun s'avère être un formidable outil de management et de motivation qui apporte des bénéfices précieux à la culture de l'entreprise. Le succès d'IDEEFI repose sur la mobilisation de l'ensemble des acteurs du site, mais également sur la mise en place d'une démarche simple et structurée. [87]

▦ Trois niveaux d'idées, trois niveaux de décision

On reconnaît classiquement trois niveaux d'idées originaux du terrain, en innovation spontanée et provoquée :
- les idées locales sont décidées sur place, dans l'atelier, le service, l'agence, etc., où elles ont été produites ;
- les idées transversales concernent plusieurs unités, plusieurs services et se décident par les responsables de ces unités ;
- les idées stratégiques concernent l'entité tout entière, voire le groupe ; c'est souvent le cas pour les processus informatiques ou les thématiques liées au *corporate*, à l'image.

---

87. Propos recueillis par Philippe Rident, DRH de la Compagnie des Fromages, groupe Bongrain. Voir également le développement de la démarché IDEEFI en annexe.

Idées
stratégiques

Idées
transversales

Idées locales

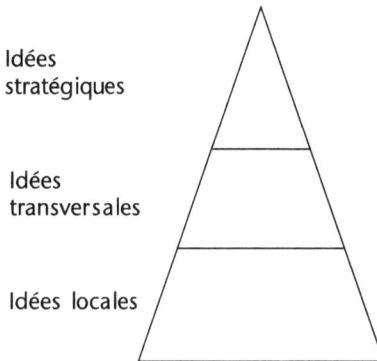

Figure 4.1 : les trois niveaux d'idées.

Philippe Cœuret chargé de la promotion de l'initiative et de la créativité de Renault donne une version un peu différente en distinguant idée locale et idée analytique :

Il existe 2 types d'idées :
- Locale : on peut la mettre en pratique sans investissement particulier dans l'immédiat.

- Analytique : il faut un accord, au-delà de l'unité, par un patron, un expert, un contrôleur de gestion. Ces idées peuvent être soit à économie quantifiable, soit porteuses d'un progrès pour lequel nous ne sommes pas en capacité de définir le gain financier.

L'équation attendue est une idée analytique pour dix idées locales[88].

Conjuguer les défis

Conjuguer les défis signifie les rassembler et les exploiter sans risquer de les diluer dans un super défi abstrait et récupérateur. Il existe au moins trois manières de donner un sens concret à l'expression « conjuguer les défis » : conjuguer les défis de chaque personne, conjuguer les défis de chaque site et conjuguer les défis des métiers et des fonctions.

Conjuguer les défis de chaque personne

Nous faisons l'hypothèse que chaque personne a des défis. Surmonter les intolérables, réaliser des rêves font partie du propre de la nature humaine.

---

88. Entretien du 25 juillet 2006.

Rappelons, à ce propos, qu'un des seuls signes observables, sinon le seul, qui distingue l'homme de l'animal, est probablement la créativité : autant l'animal peut réaliser des merveilles, des toiles d'araignées, des barrages de castors, des pyramides de graines de souris, des alvéoles et du miel d'abeilles…, autant il ne sait pas créer des modèles différents. L'homme ne fait pas forcément des choses plus ou moins créatives en soi, mais il peut, élément fondamental, en changer radicalement la forme, l'utilisation, la taille, voire la matière originelle. L'homme est humain par sa créativité, et c'est en cela qu'il est propice à relever des défis. Chaque salarié, chaque collaborateur, chaque individu d'une façon générale est potentiellement source de défis. À ce niveau-là, conjuguer les défis consiste à :

– organiser une remontée de défis ;
– identifier les tendances qui s'en dégagent ;
– identifier les émergences ;
– les mettre en perspective avec les enjeux de l'entreprise pour créer une véritable force de proposition.

Cette approche est très participative dans la mesure où elle incite à choisir un défi en rapprochant les enjeux du terrain et ceux de la direction. Les moyens utilisés pour cette démarche pratiquée dans plusieurs entreprises, sont proches de ceux appropriés aux enquêtes qualitatives.

Urgo : ces défis qui viennent du terrain

Urgo est un exemple d'une démarche très participative, selon les termes d'Emeline Maubrou[89], chargée de la qualité et de l'innovation chez Urgo :

« *Notre démarche Pépites, qui fonctionne simultanément sur les idées spontanées et sur les défis, doit s'adapter à la stratégie avec une espérance de gains et d'impact. La question a été de savoir qui allait évaluer la direction : un groupe d'opérationnels ? leaders de défis, experts terrain… ? La session au cours de laquelle ce sujet a été abordé était un peu difficile… La direction n'attendait pas forcément les mêmes propositions du terrain.*

De tous les défis remontés du terrain, on a fait trois catégories : les plus évalués par chacun ; les moins évalués par chacun ; les entre-deux (plus pour les uns, moins pour les autres). Ainsi, huit défis ont été sélectionnés et lancés. »

Conjuguer les défis de chaque site

Il existe également une stratégie qui associe toutes les unités dans une même démarche en simultané. Les unités choisissent leur défi, mais chacune relève celui qui lui semble être le plus en relation avec ses enjeux, dans un cadre stratégique donné.

---

89. Entretien du 25 juillet 2006.

Le groupe Carrefour ou la « course aux idées »

C'est le cas de Carrefour Hypermarchés France qui a lancé la « course aux idées » dans tous ses magasins, explique Hélène Guerreiro[90]. La communication est très vivante, style bande dessinée de Formule 1 animée par une mascotte, une jeune femme pilote dynamique. Il a été remis à chaque manager métier un book illustré, un PowerPoint de présentation de la démarche et un CD-ROM contenant tout le matériel d'animation, ainsi qu'un carnet à remettre à chaque collaborateur pour noter ses idées.

La grille de départ, donnée à tous de la même façon, comporte quatre critères, concernant le client, le développement du chiffre d'affaires, la réduction des coûts et l'organisation du travail. Ces quatre critères s'inscrivent en direct dans la stratégie explicitée à tous sur un tableau, « 5 axes, 5 catégories pour orienter les idées au nom d'une signature 2007. Ensemble, faisons la différence ».

Les circuits des idées décrites de façon ludique, sur le modèle d'un circuit automobile, distinguent le circuit régional et le circuit national. Une campagne défi est lancée dans les rayons, elle dure six semaines : c'est le « défi créatif, la course aux idées », qui fonctionne par équipe. Un système très simple, entièrement fondé sur le rôle des managers, permet de stimuler, de collecter puis de sélectionner les idées. Toutes les équipes sont mobilisées à tous les niveaux : les collaborateurs, le manager métier, le pilote « mieux communiquer » (correspondant communication), le chef de secteur et le directeur de magasin, ainsi que les comités de sélection. C'est ainsi que les 218 hypermarchés se sont lancés dans la course : une façon très dynamique, très événementielle de pratiquer le management par les défis.

Conjuguer les défis des métiers et des fonctions

Chaque métier, chaque fonction (ingénierie, production, commercial, logistique, ressources humaines, communication, marketing, recherche et développement, finances, informatique, relation client, etc.) doit relever ses propres défis.

Outre les défis liés au contenu du métier proprement dit, qui sont permanents sans être majoritairement innovants, il existe des défis liés à la mission des métiers. Un défi métier permanent, c'est par exemple :

– pour la maintenance, réussir à supprimer le plus de pannes machine ;
– pour le commercial, de ravir un marché important à la concurrence ;
– pour l'informatique, inventer le logiciel qui…, etc.

---

90. Entretien du 29 août 2006, Hélène Guerreiro, directrice de la communication interne de Carrefour Hypermarchés France.

En général, il s'agit davantage de prouesses de réactivité, voire d'innovations de ruptures, appliquées le plus souvent dans un domaine technique lié au métier.

Aujourd'hui, un défi ressources humaines serait par exemple de favoriser la maternité en intégrant cette situation dans les critères positifs de carrière, ou de faciliter l'équilibre entre la vie d'entreprise et la vie de famille (en intégrant par exemple le temps d'éducation dans un investissement sociétal en accord avec les politiques), et donc de faire un lobbying ressources humaines en ce sens.

Témoignage du manager François Bertout[91]

J'étais d'origine fiscaliste dans des compagnies diverses, pétrolières et autres. Puis je suis entré dans l'univers de l'assurance où, avant les années 90, le service juridique était plus dédié au contentieux ou aux aspects corporate (droit des sociétés, contrats, etc.) qu'aux produits ou aux conseils. Je me suis trouvé dans le monde de l'assurance à partir de 1987, et plus particulièrement en fonction de directeur juridique « assurances de personne » à l'UAP, puis chez AXA France entre 1992 et 2003. J'ai un peu contribué à l'époque à créer une fonction de juriste produit. J'avais plus de 30 juristes sous ma responsabilité. Ma conception du métier de responsable juridique n'était pas simplement de « dire le droit », même si la connaissance de la loi et de la réglementation est fondamentale dans ce métier comme ailleurs, mais de rechercher des solutions opérationnelles aux problèmes soulevés. J'avais toujours en tête ce que m'avait dit un jour, en plaisantant, un grand patron de l'assurance : « Pose une question à un juriste et tu as trois problèmes en réponse ! ». Il me fallait alors recruter des gens jeunes, intéressés par un nouveau métier. Il se trouvait que les personnes à la fois partantes pour cette mission et correspondant à ce que je cherchais étaient souvent des jeunes femmes, ce qui n'est pas anormal compte tenu de la féminisation de cette profession.

Qui dit jeunes femmes en début de carrière dit congés de maternité en perspective !

Il fallait trouver des moyens un peu nouveaux, pas très conformes, pas très habituels, à ce qui se faisait alors… La tendance était plutôt d'écarter des affaires à forte valeur ajoutée les mères qui mettaient des enfants au monde. Il n'était pas rare d'entendre « Celle-là, elle risque d'avoir un enfant bientôt, ne lui confions aucun dossier important ! ». J'ai opté pour une démarche totalement différente qui consistait à les soutenir et leur permettre de se remettre le plus facilement le pied à l'étrier dès le retour… À donner des signes forts significatifs : par exemple, je demandais et obtenais des augmentations pour des collaboratrices pendant leur congé de maternité… Car la question de base n'était pas principalement financière mais concernait bien la carrière.

---

91. Entretien du 5 octobre 2006. François Bertout, directeur juridique chez AGIPI.

La reconnaissance que la maternité ne représentait en rien un obstacle à la carrière... et peut-être même, était-elle du coup valorisée ?

La grossesse est un événement naturel et non une contrainte ! Outre l'aspect naturellement humain de la question et son importance économique, j'étais intéressé pour que ces personnes que j'avais contribué à former, directement ou par le biais de stages ou de séminaires, ne s'en aillent pas ! C'est vrai que j'ai souvent été aidé par les responsables des ressources humaines qui partageaient cette approche... En même temps, où que l'on soit, il faut au moins faire la démarche. Pendant cette période, j'ai vu beaucoup de mariages et beaucoup de maternités !

Il me semble qu'aujourd'hui, même si d'une certaine façon ces problématiques sont de mieux en mieux vécues dans l'entreprise, il subsiste toujours des difficultés, au moins au niveau des femmes cadres. Il est banal de constater que les contraintes de la famille ne sont toujours pas prises en compte et que les jeunes femmes qui souhaitent faire carrière le font souvent au détriment de la vie familiale. Il faut réfléchir et trouver des solutions opérationnelles, dans les structures de l'entreprise, de façon à ce que des situations comme la grossesse ne soient plus vécues, par l'employeur comme par l'intéressée, comme une coupure de l'entreprise et un handicap.

François Bertout fait partie de ces nombreux individus « parsemés », non répertoriés dans les statistiques : il représente un de ces multiples « signaux faibles » de l'innovation de rupture sociale, fervent du « gagnant-gagnant » sans le dire, sceptique quant à l'institutionnalisation de sa propre politique de management.

Provoquer une rupture dans les canons habituels des ressources humaines représente un véritable changement de modèle : entre « supporter » une absence due à un congé de maternité et faire de cet événement un levier de motivation, il y a un monde.

D'autres expériences en matière de relations humaines consistent par exemple à communiquer à tous les salariés de l'entreprise les résultats des études de satisfaction client de façon pédagogique et attractive. Ce qui se fait trop rarement ! Leaseplan, société de location de voiture, l'a fait il y a quelques années : un jeu était conçu pour rendre les résultats compréhensifs et pour stimuler la créativité de tous ; il a été organisé dans l'entreprise pour plus de cent personnes.

Un défi informatique serait par exemple d'apporter une culture informatique à tous les salariés. Un défi financier serait de transmettre une culture économique. Un défi de direction générale serait d'inventer une pédagogie des enjeux...

Ces défis conjugués des approches métiers contribueraient à créer la rupture la plus attendue, la plus magique, la plus révolutionnaire peut-être : celle de la culture. Chaque salarié serait un « honnête homme », selon une expression utilisée au XVIIe siècle en France, et comme le définit le philosophe Blaise Pascal : « Il faut qu'on n'en puisse dire, ni : il est mathématicien, ni prédicateur, ni éloquent, mais il est honnête homme, cette qualité universelle me plaît seule »[92]. Ainsi, l'honnête homme de l'entreprise serait celui qui a un regard et une compréhension d'ensemble sans être spécialiste à tout prix.

Consolider les défis et les récompenser

Consolider les apports de chaque défi

C'est probablement à ce stade que la corrélation entre un défi local et la stratégie de l'entreprise peut avoir le plus de visibilité. Si l'on reprend la démarche depuis son point de départ, nous voyons que :
  – l'entreprise décide de se lancer dans une démarche défis. Son périmètre peut représenter un groupe, une direction régionale, une filiale, etc. ;
  – dans sa stratégie, l'entreprise envisage l'engagement de toutes les entités ou que certaines le fassent par décision locale du manager ou par le choix d'un pilote ;
  – des entités (ou une en cas de pilote unique) lancent des défis, sous une forme ou sous une autre, puis les résultats arrivent... un comité de sélection local en retient un certain nombre et manifeste un acte de reconnaissance (avec ou sans récompense).

Quel que soit le nombre d'entités qui participent aux défis, limiter les résultats au niveau de la seule entité provoque une satisfaction locale, mais gageons qu'elle demeure de courte durée si la démarche tourne en vase clos. C'est au moment des premiers résultats locaux que l'enjeu stratégique est le plus sensible. Chaque défi local représente une composante de la stratégie de toute l'entreprise. Par exemple, une usine qui diminue sa perte matière de 30 % contribue à l'économie générale, tout autant qu'à l'effort environnemental et au développement durable. Ses résultats doivent figurer explicitement comme source du grand fleuve, du grand défi.

Encourager la duplication

Au-delà de cette consolidation visible (à l'inverse d'une consolidation globale qui ne ferait apparaître que le résultat de l'ensemble), les pratiques qu'une usine, une agence, un établissement ou une collectivité locale mettent en œuvre pour parvenir à relever leurs défis doivent être trans-

---

92. Blaise Pascal, *Pensées*.

posées à d'autres sites qui connaissent les mêmes enjeux. Cela devient possible et attractif si :
- une communication se fait au niveau du groupe : démonstration de la méthode, illustrée par les moyens concrets mis en œuvre et les résultats obtenus ;
- une banque de données des pratiques et des processus mis au point pour relever les défis est constituée et accessible à toute personne susceptible de les dupliquer ;
- la direction donne des signes de reconnaissance et d'encouragement, manifestant son intérêt et sa volonté de poursuivre dans ce sens.

Encourager la duplication consiste également à mettre un outil simple et convivial à disposition des collaborateurs. Internet fait partie de ces outils. Selon Laurent Joulin, président de Motivation Factory :

La duplication est facilitée sur Intranet quand un moteur de recherche efficace permet d'accéder rapidement à l'objet de son besoin. Pour cela, il est nécessaire d'apporter beaucoup de soin à une indexation correcte des idées et des suggestions saisies. Il existe aussi des *login* dédiés à la diffusion des bonnes pratiques qui gèrent autant la descente que la remontée de l'information, autant la diffusion que le déploiement. Les idées à dupliquer présentent aussi une fonctionnalité de diagnostic grâce à des éléments de suivi. Idea Value permet de créer des liens entre les centres d'intérêt et les bonnes pratiques correspondantes. Cela met l'accent sur les réseaux d'intérêt dans l'entreprise et développe un concept d'innovation étendue[93].

Cela s'étend aux réseaux dans l'entreprise et peut-être entre les entreprises. Ce concept d' « innovation étendue », traduction de l'Open Market Innovation avancé par les Anglo-saxons, pourrait prendre la forme de challenges avec les fournisseurs et avec les clients. Cela donnerait à cette démarche une dimension de coproduction et d'intelligence collective qui rebattra à terme les cartes de la concurrence, non pour la supprimer, mais pour la considérer autrement.

Une telle conception d'un travail collaboratif entre plusieurs services de l'entreprise se banalise puis se répand entre firmes différentes. Et Internet a considérablement favorisé ce phénomène. Comme le souligne Yann de Kermadec dans un chapitre intitulé « Une tendance marquante : la dimension collective de l'innovation »[94] :

---

93. Entretien du 21 septembre 2006. Motivation Factory est l'éditeur du progiciel Idea Value, solution Internet/Intranet dédiée à l'innovation et au partage des bonnes pratiques.
94. *Innover grâce au brevet, une révolution déclenchée par Internet*, Insep Consulting, année.

> Tous les acteurs deviennent à des degrés divers, innovateurs... Avec le développement de la recherche coopérative, l'invention devient le fruit de la collaboration de plusieurs entreprises.

Célébrer les défis : reconnaissance, récompenses, trophées...

Les notions de reconnaissance, de récompense et de trophée ont au départ des valeurs différentes :
– on reconnaît une personne ou une action parce qu'elle a de la valeur à nos yeux : le niveau est plutôt d'ordre moral. Un acte de reconnaissance fonctionne bien quand la personne reconnaissante est elle-même reconnue par le destinataire. Il y a une question de légitimité et d'autorité morale ;
– on récompense une personne ou une action pour ce qu'elle apporte. Il s'agit d'un rapport « contribution/rétribution » qui ne dit pas son nom pour ne pas risquer d'associer automatiquement l'objet de la récompense à la rémunération ;
– on remet un trophée à une personne victorieuse qui a gagné une bataille, une course, un concours... les trophées impliquent une compétition entre plusieurs personnes.

Une notion particulière apparaît chez Renault, celle de « contribution inattendue », c'est-à-dire une hors mission de base. Philippe Cœuret explique :

> Des idées sont primées en fonction des économies inattendues. Une idée inattendue se situe au-delà de ce qu'on attend normalement de la mission de l'auteur de l'idée. Par exemple, un opérateur a créé un bac égouttoir pour humidifier les joints répartiteurs, plutôt que faire ce qui se faisait auparavant, c'est-à-dire malaxer les joints, perdre du temps et de l'huile en la renversant sans pouvoir la récupérer ! C'est le principe tout simple de la friteuse ! Encore fallait-il y penser ![95]

Le management est indispensable pour effectuer un arbitrage à ce niveau. Il reste que cette question de la récompense demeure toujours sensible. Il faut naviguer dans un spectre qui va de l'*incentive,* sur le modèle des primes attribuées aux commerciaux ou les cadeaux (voyages, etc.), à la gratification symbolique.

---

95. *Innover grâce aux brevets*, Insep consulting, 2003.

Le retour d'un défi s'opère à plusieurs niveaux :
- les auteurs, individuellement ou en équipe : il s'agit d'un retour reconnaissance et/ou récompense ;
- les animateurs de défis, appelés « innov'acteurs » dans certaines entreprises pour avoir permis l'éclosion et la formalisation de ces défis ;
- les managers des auteurs, pour avoir contribué à faire émerger les idées : il s'agit d'un retour honorifique, ils sont associés aux manifestations de reconnaissance et/ou, de plus en plus souvent, d'un retour managérial, notamment à l'occasion de l'entretien annuel d'évaluation ;
- le site tout entier est cité d'une façon ou d'une autre, comme cela est décrit précédemment.

Aujourd'hui, un très grand nombre d'entreprises pratiquent une remise des trophées. Nous pensons que l'acte est pertinent pour son aspect exceptionnel, tendu vers un objectif ambitieux. En général, les trophées sont remis au plus haut niveau. C'est la forme la plus prestigieuse de reconnaissance, attribuée à ceux dont les idées ou les innovations ont franchi tous les filtres, toutes les sélections.

En matière de reconnaissance et de récompense, les cas de figure sont extrêmement variés :
- récompenses en nature : il peut s'agir de bons d'achats (30 euros par idée et par personne, par exemple[96]), de voyages ou d'objets de valeur ;
- récompenses financières : « Chez Renault, il y a trois façons de dire merci », explique Philippe Cœuret de la mission « initiatives et créativité » :

- Le « merci professionnel », communiqué par le hiérarchique direct pour remercier l'auteur et tenir compte des idées... on s'interdit de donner des objectifs d'idées par personne.

- Le « merci honorifique » : on fait la fête, il y a un tour de l'ensemble des sites pour célébrer les idées gagnantes et recueillir les meilleures idées. Le P-DG préside la « convention monde » et félicite les meilleurs des meilleurs.

- Le « merci financier » : d'abord par une prime pour les idées génératrices d'économie mesurable. Elle peut être équivalente à 25 % de l'économie si elle est renouvelable, et 10 % si elle n'est pas renouvelable. Un plafond de 5 000 euros est fixé par des points convertis en argent, touchés par chaque auteur à l'issue de l'année, en fonction des économies réalisées.

Un cadre à haut niveau ne touche rien[97].

---

96. Usine de Vire, Compagnie des Fromages.
97. Entretien du 25 juillet 2006.

– récompenses conviviales :

> Quand Urgo a obtenu le premier trophée de l'innovation participative décerné par l'association Innov'Acteurs[99], tous les participants aux défis ont été invités à Paris à la remise des trophées lors du carrefour de l'innovation participative.

Certes les défis sont mesurables, mais, atteints ou non à 100 %, ils donnent des fruits, méritent des encouragements, génèrent parfois de nouveaux défis qui tiennent compte de l'expérience du précédent. Ils apportent des contributions factuelles ou plus subtiles, donc des rétributions de nature appropriées à la culture de l'entreprise.

Il ne faudrait pas clore cette partie sans évoquer la reconnaissance par les brevets. « Tous les salariés, bien que beaucoup l'ignorent, bénéficient de la loi sur les inventeurs », écrit Yann de Kermadec dans son ouvrage *Innover grâce aux brevets*[99]. Il explique ensuite la distinction faite entre une invention réalisée au sein de la mission de l'inventeur ou hors de cette mission, puis décrit toute une série de pratiques d'intéressement (prime pour la rédaction d'une note descriptive de l'invention, prime versée au dépôt de la demande de brevet, prime en cas d'extension à l'étranger, prime à la réception du rapport de recherche de la demande, prime au pourcentage du chiffre d'affaires lors de l'exploitation du brevet), tout en spécifiant que ces pratiques sont très marginales et ne concernent que les grands groupes.

La thématique de la récompense et de la reconnaissance est loin d'être traitée dans son ensemble, si tant est qu'elle le soit un jour. Elle est appelée à évoluer en permanence sous peine de s'essouffler, tout comme la dynamique de l'innovation participative nécessite de se renouveler continuellement.

En ce domaine plus qu'en tout autre, la créativité est la ressource-clé, associée à l'observation psychologique du « Qu'est-ce qui satisfait une personne en général ? ». Herzberg[100] répond : « Par ce qu'elle fait elle-même plus que par ce qu'on fait pour elle ».

Comment appliquer ce principe à la récompense qui, d'une façon générale, est remise en signe de gratitude et de reconnaissance, un peu, disons-le, comme on remet un galon ou un insigne honorifique. Il nous semble qu'en la matière, la forme des trophées est en train de faire son temps et qu'il va falloir sans trop tarder lui substituer d'autres pratiques et surtout d'autres symboles.

---

98. Urgo a obtenu le trophée de l'innovation participative en décembre 2003.

99. *Ibid.*

100. Herzberg Frédéric, *le Travail et la nature de l'homme*, Paris : Entreprise Moderne d'édition, 1978.

Déjouer les pièges du simplisme

« Idolâtrer » la démarche

La première menace qui guette toute démarche et risque de nuire à sa crédibilité consiste à la présenter comme le remède à tous les maux. Promettre la solution à tous les problèmes grâce à la Démarche Défis ou annoncer que toutes les entreprises qui ont initié cette démarche sont systématiquement performantes procèderait du même simplisme.

En réponse à cela, il nous semble primordial de préciser par exemple qu'il s'agit d'une démarche qui ne fonctionne pas sans l'implication du management, ou qui serait contre-productive si les défis choisis étaient des « os à ronger », des alibis de participatif.

Quantité n'est pas reconnaissance

Un des critères de réussite est souvent la quantité de propositions. Disons que c'est un signe d'une bonne participation, mais pas obligatoirement d'une participation efficace. Dans le volume, on voit souvent des idées/revendications se glisser ou de nombreuses intentions sans consistance. Il faut que les propositions soient *a minima* différenciatrices, efficaces, bénéfiques, quels que soient le niveau, l'origine, le montant de la valeur ajoutée.

Les exemples sont nombreux où la quantité attendue est récompensée, où le participatif l'a emporté sur l'innovation, ce qui a nui à la crédibilité-même de la démarche. Il est reconnu qu'il vaut mieux refuser des idées et d'en expliquer clairement la raison que d'en accepter beaucoup pour faire plaisir… Le politiquement correct n'a d'effets bénéfiques qu'à court terme.

Gare aux chasseurs de primes !

C'est toute la question de la récompense qui est posée à travers les « chasseurs de primes ». C'est la raison pour laquelle nous recommandons des rétributions bien adaptées et un rôle très déterminant du management en tant qu'entraîneur et régulateur.

Encore une démarche de plus !

On dit souvent d'une méthode nouvelle qu'elle n'est qu'un replâtrage des précédentes. Cela fait penser à quelqu'un qui dirait d'une peinture qu'elle n'est qu'un replâtrage de toutes les autres parce qu'il y a du bleu, du rouge, du jaune et du noir, comme pour toutes les images reproduites dans le monde !

Toutes les démarches subissent plus ou moins le même sort. Il nous semble que la Démarche Défis apporte des réponses à la fois opérationnelles (résultats) et managériales (compétences et motivation). Elle correspond plus à un état d'esprit qu'à une série de conventions auxquelles se conformer.

Manager par les défis invite à s'impliquer et non à appliquer. C'est ce qui explique probablement la grande diversité de ses modalités de mise en œuvre. Nous disons qu'il s'agit d'une sorte de pari pascalien, en ce sens qu'il y a tout à gagner et rien à perdre, sinon donner un souffle nouveau à ce qui se pratiquait déjà de façon plus ou moins routinière.

SYNTHÈSE

❋ *Un grand défi parachuté du siège est souvent perçu comme une injonction. L'enjeu est de trouver le format juste, pour passer d'un management gestionnaire de grande masse à un management de proximité.*

❋ *Chaque entité, chaque agence, chaque unité opérationnelle est amenée à choisir un défi à son niveau.*

❋ *Chaque défi local représente une composante de la stratégie de toute l'entreprise.*

❋ *Les pratiques mises en œuvre localement pour relever un défi doivent être transposées à d'autres sites.*

❋ *Les notions de reconnaissance, de récompense et de trophée ont à la base des valeurs différentes : morales, financières, honorifiques...*

Chapitre 5

Lancer et relever
un défi de A à Z

Un défi représente par principe une action à court terme. En général, sa durée s'étend de six mois à un an. En tant que tel, il se traite selon un processus qui relève à la fois :
- d'une campagne : la durée est limitée à un temps fort ;
- d'un pari : on part gagnant sans savoir ce que l'on obtiendra exactement ;
- d'un événement : un défi est exceptionnel et unique par principe ;
- d'un mode de gouvernance : c'est un engagement managérial que de lancer un défi, d'être sur le pont pour le relever et de rebondir sur les résultats apportés ;
- d'un projet : un défi est temporaire, transversal et aboutit souvent à un projet d'innovation.

Par ailleurs, l'enjeu d'un défi indique le niveau d'exigence attendu en termes de degré de rupture. On pourrait graduer ce dernier sur une échelle de Richter. L'analogie est riche : un défi ambitieux et provocant crée un effet de séisme voulu, facteur de progrès.

Ce chapitre est dédié à développer des méthodes qui permettent de lancer un défi et de le relever de A à Z. Chaque méthode comporte des étapes-clés similaires et les différentes options que nous décrivons correspondent à des contextes spécifiques ou des objectifs de rupture plus ou moins forts. À chaque fois qu'il est question de moyens, le report est systématiquement signalé pour inviter le lecteur à consulter le « mode d'emploi » qui fait l'objet du chapitre 6, « Outils et modes d'animation de la Démarche Défis ».

Engager une Démarche Défis

Nous nommons « démarche basique » celle que toute entité, tout centre ou tout site est à même de mettre en œuvre. Il sera développé ultérieurement des démarches plus spécifiques.

C'est une initiative de la direction

Un défi vaut s'il est choisi et lancé par la direction. C'est un acte managérial de leadership, un acte stratégique qui engage l'unité tout entière. Selon Véronique Chance-Fournier de la mission Innovation du groupe Société Générale :

> Un défi est un challenge pour nous, ce terme est international (…). Les challenges portent sur des thèmes le plus souvent, et ils sont limités dans le temps (…). Il y a une date de début et une date de fin.
>
> Un défi peut être un sujet très précis à traiter sur une durée courte. Il peut exister aussi des challenges annuels, avec des thèmes comme la sécurité ou l'efficacité. Citons quelques exemples de thèmes de challenges « idées innovantes » :
>
> – Quels sont les nouveaux marchés du financement ?
>
> – Comment mieux former et intégrer les nouveaux entrants ?
>
> – Comment archiver plus vite, plus simple, plus sûr ?
>
> – Comment communiquer des informations complexes à nos clients ?
>
> – Comment innover pour la coupe du monde de rugby ?
>
> – Comment anticiper sur les risques du futur ?
>
> Les challenges peuvent également permettre non pas de collecter des idées, mais de récompenser des innovations réalisées sur un thème.
>
> Citons quelques exemples d'innovations récompensées en 2005 :
>
> – Service Bienvenue : service permettant de changer de banque en France et de rejoindre la SG sans souci (satisfaction client externe).
>
> – Carte prépayée IMTIYAZ : Une carte bancaire qui remplace le versement d'argent pour payer les gagnants du loto marocains (nouveau produit).
>
> – Système d'évaluation des performances en Égypte : les agences évaluent le siège (satisfaction client interne).
>
> – OKAPI : outil permettant d'intégrer de la vidéo et du son dans une présentation PowerPoint (vie au travail).
>
> – La SG fait le choix de l'électricité verte (développement durable).[101]

---

101. Entretien du 24 juillet 2006.

L'objet ne consiste pas à organiser un concours d'idées pour tenter le coup, dans l'attente magique qu'un miracle pourrait se produire. La direction consacre un point de l'ordre du jour de son comité de direction, voire un séminaire au vert si cela est nécessaire. Bien sûr, l'option existe de faire un travail de synthèse entre les défis perçus et voulus par le terrain et ceux de la direction, mais il revient à la direction de décider du lancement de la démarche et de sélectionner les défis.

Toutes les parties qui vont suivre représentent les principales séquences du déroulement.

Site-test : une sorte de démarche fondatrice

Manager par les défis se fait essentiellement au niveau d'un site. Un groupe ou une entreprise peut décider de mobiliser l'ensemble des sites ou des agences pour relever des défis et miser sur cette démarche pour revivifier le management. C'est le cas de Renault ou de Carrefour. C'est le cas également d'Accor avec sa démarche Innov'Accor[102].

D'autres organismes choisissent de faire un test ou un pilote, comme c'est le cas de la Banque Postale ou de Bongrain, que Philippe Rident, DRH de la Compagnie des Fromages du groupe, nous explique[103] :

« Le site de Vire a été retenu comme site-test. La démarche est actuellement en cours de déploiement sur deux autres sites industriels (Ducey et Coutances). Cette progression nous semble nécessaire pour développer l'innovation et la créativité en l'inscrivant dans les axes majeurs de progrès du site : la durée (contraire de l'effet « feu de paille »). Nous visons à impliquer l'ensemble du personnel de manière structurée, dynamique et suivie, afin de développer un comportement innovateur. Il s'agit de susciter des idées concrètes qui permettent de faire progresser les résultats du site et la motivation du personnel. »

Créer une instance de pilotage

Comme dans la plupart des démarches et des activités transverses en règle générale, un pilotage spécifique est expressément recommandé, même si, à l'usage, ces instances fonctionnelles *ad hoc* se verront remplacer par un pilotage managérial basique. Cela est en soi souhaitable, à condition que manager ne soit plus systématiquement synonyme de pouvoir hiérarchique.

---

102. Voir le développement de cette démarche dans *L'innovation à tous les étages*.
103. Entretien, *op. cit.*

À la tête de cette instance de pilotage, et suivant la taille de l'entreprise, un coordinateur ou une coordinatrice joue un rôle de booster, d'organisateur et d'agent d'influence.

Témoignage de Véronique Chance-Fournier de la mission Innovation du groupe Société Générale :

> Ma mission, en tant que coordinatrice de l'innovation, est entre autres de montrer comment les managers peuvent utiliser cette Démarche Défis comme un outil du management... En général, c'est l'innovacteur (animateur local de l'innovation) qui m'ouvre la porte. Ensuite, nous allons ensemble convaincre le manager... Pour mon argumentaire, je me sers beaucoup d'exemples déjà en place dans le groupe Société Générale. Les animateurs m'aident beaucoup. Eux-mêmes se sentent valorisés par cette mission. Ils reconnaissent avant tout l'ouverture apportée en dehors de leur travail au quotidien, ouverture vers l'extérieur, et l'intérêt pour rencontrer des gens sur ces thèmes nouveaux. En plus, ça leur a permis de se positionner par rapport à leur manager. Si j'avais à résumer ma mission, je dirais : convaincre, convaincre et encore convaincre les managers, les innovacteurs locaux et les collaborateurs.[104]

Quel accompagnement en communication interne ?

Les démarches défis nécessitent une communication interne assez dense. Quelle que soit la méthode utilisée, une communication dynamique permet de valoriser les acteurs et renforcer la conviction que les idées les plus adaptées se trouvent en interne. Sur certains thèmes, le niveau de confidentialité requis, au moins provisoirement, ne permet pas une communication totale dès l'amont.

L'accompagnement par la communication interne se déroule sur deux niveaux, les deux niveaux du défi que sont le long terme et le court terme.

En ce qui concerne le long terme, la stratégie de communication est celle utilisée classiquement pour accompagner les projets[105]. Quant au court terme, la communication est traitée comme une véritable campagne de publicité interne, comme nous le raconte Hélène Guerreiro, de la direction Communication Interne France » des hypermarchés de Carrefour[106], qui a conçu et mis en place une communication de ce type dans les 218 hypermarchés de France :

---

104. Entretien du 24 juillet 2006.
105. *L'innovation à tous les étages, op. cit.*
106. Entretien du 29 août 2006.

Tous les outils de présentation de la démarche ont été élaborés pour donner envie de participer. Il y a eu des réunions d'informations avec tous les chefs de rayon. Il leur a été remis le matériel d'animation : le kit avec l'explication et les règles du jeu, ainsi qu'un carnet avec la consigne de noter tout ce qui les choque, toutes les questions et remarques des clients, tout ce qu'ils observent d'anormal… Les consignes apparaissent ainsi : observez, étonnez-vous, écoutez les clients, parlez, rêvez.

C'est une question d'entraînement !

- Observez !
- Étonnez-vous !
- Écoutez les clients !
- Parlez !
- Rêvez !

Une des planches du kit Carrefour pour la Démarche Défis lancée dans les 172 hypermarchés de France.

L'outil de la communication interne managériale nous semble particulièrement bien adapté à l'animation de la Démarche Défis : c'est le « management visuel ». Le mode d'accompagnement *in situ* à la manière d'une PLV (promotion sur le lieu de vente) délivre des messages très percutants, très simples à retenir et surtout très symboliques. Cela s'illustre par exemple par ces deux exemples maquillés pour des raisons de confidentialité :
   – un affichage de suivi pour montrer en temps réel comment sont atteints les objectifs du défi ;
   – une visualisation des enjeux majeurs d'une plate-forme logistique : faire le maximum de volume avec un minium de casse.

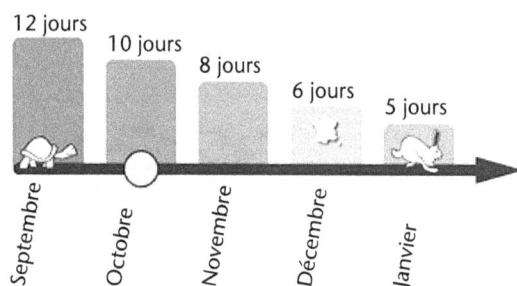

Figure 5.1 : L'affichage d'avancement dans une agence : réduction d'un délai de 12 à 5 jours.

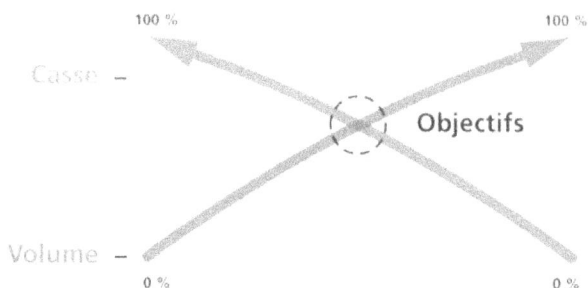

Figure 5.1 bis : visualisation d'un défi sur une plate-forme logistique, dont l'objectif est à la fois de faire le plus de volume avec le moins de casse.

Conduire une Démarche Défis à un niveau international

La Démarche Défis s'applique à l'international comme n'importe quel processus managérial. De nombreux groupes organisent des « challenges » entre plusieurs pays du monde. Il existe cependant une contrainte de taille. Comme l'observe Olivier Monfort, directeur de Solvay France :

> Il faut bien tenir compte du fait que la créativité, si on veut qu'elle soit pleinement productive, se pratique en langue maternelle... Seul le management de ces démarches peut se faire de façon internationale[107].

Certes, la créativité n'est pas le seul moyen de faire de la rupture. En même temps, sans créativité, l'asphyxie arrive vite sous forme de standardisation et d'industrialisation à outrance où l'homme, en tant qu'être pensant et créatif, ne trouve plus sa place. C'est probablement la menace la plus forte en ces temps de mondialisation et de suprématie de la finance.

C'est aussi la raison pour laquelle nous insistons sur le périmètre managérial d'un défi et non sur l'entité *corporate*.

Toutes les consolidations, en matière de contribution et de récompense, peuvent se faire sans limites particulières dès que les sources sont bien identifiées, à la manière des cellules souches de l'organisme.

Séquence 1 : identifier les défis les plus significatifs

Le choix d'un défi est déterminant au nom de plusieurs critères très interdépendants les uns des autres, mais il est nécessaire de bien distinguer ces critères pour s'assurer du meilleur choix.

▪ Critères stratégiques

Le sens initial d'un défi est stratégique. Il s'inscrit dans une finalité à long terme ; il répond à des enjeux vitaux ; il illustre des valeurs et des principes d'action clairement identifiés à l'entreprise. Nous recommandons d'intégrer au moins les quatre critères suivants à savoir être :

– *explicite* : le défi est précis, présenté de façon simple et mis en perspective d'une finalité et d'un positionnement stratégique forts. Cela peut par exemple : notre métier de base nous donnera toujours une longueur d'avance ; être une entreprise où il fait bon travailler ; la tradition est la source de notre modernité ;

---

107. Entretien de juillet 2006.

– *chiffré* : un défi est par principe mesurable. On sait s'il est atteint ou non, à 100 %, à 80 % selon des indicateurs quantitatifs et qualitatifs.

– *ciblé* : un défi vise un bénéfice adressé à des destinataires identifiés.

– *positionné* : une stratégie ne se met pas en œuvre à l'aide d'un seul levier. Le défi est l'occasion d'expliquer qu'il est un levier parmi d'autres. Chaque défi est décrit sommairement et la cohérence entre tous les défis est bien indiquée. Il peut s'agir d'une stratégie fondée sur le service de proximité qui va mouvoir son action sur trois leviers : un réseau largement implanté (structure), des guichets multiservices (service), des vendeurs-conseils (management et défi) ;

– *piloté* : un défi fait partie des actions engagées pour mettre en œuvre et réussir la stratégie. Il figure dans le tableau de bord global. La particularité de ses impacts, en termes de rupture et de brièveté de délais, incite à une réflexion nouvelle sur la notion de conduite du changement, de progrès et de management des ressources humaines.

▨ Critères managériaux

La démarche est participative, elle implique tout ou partie des acteurs de l'entité. En tant que telle, elle a pour vocation de répondre à quatre critères au moins, à savoir être :

– *crédible* : l'objectif annoncé représente un enjeu authentique pour l'unité, qu'il s'agisse d'un intolérable à transformer en atout ou d'un rêve à réaliser ;

– *communicable* : tout le monde comprend l'essentiel de l'enjeu et de la finalité invoqués.

– *partagée* : chacun y trouve un intérêt, à son propre niveau et/ou au niveau général ;

– *engageante* : chacun a le sentiment que sa contribution personnelle, que l'apport soit individuel ou collectif, joue un rôle dans le résultat global.

▨ Critères de maturité

La stratégie réside dans le choix du bon défi au bon moment. Tout dépend de l'expérience du management participatif que l'entreprise a développé. Nous savons par exemple que les entreprises qui ont conduit des démarches qualité et animé des cercles de qualité entrent plus facilement dans la démarche que celles qui ne l'ont pas fait.

En même temps, les collaborateurs d'entreprises qui pratiquent depuis longtemps les méthodes participatives de la qualité ont du mal à accepter une démarche supplémentaire qui ne représente pas forcément de valeur ajoutée à leurs yeux.

Lors de récentes conférences au Maroc sur l'industrie du phosphate[108], au zénith de sa prospérité, les questions tournaient autour de ce problème.

C'est en définissant le défi comme générateur de nouveaux modèles et/ou de résultats marquant un écart significatif avec l'existant (+ 20 à 50 %), et en insistant sur le fait que, dans le cadre des défis, les collaborateurs avaient à exprimer des idées à forte valeur ajoutée en dehors du champ de leurs tâches et missions quotidiennes, que nous sommes parvenus à déterminer en quoi cette démarche se différencie des autres. D'où l'importance de choisir un défi ambitieux pour souligner les avantages de la rupture par rapport à l'amélioration continue dans le traitement de certaines situations.

Les critères que nous proposons sont les suivants :
– *adapté en degré de facilité/difficulté* : le degré de facilité est indiqué surtout par ce que l'on peut gagner très rapidement. Par exemple, une entreprise qui n'a jamais développé de communication interne structurée peut lancer un vrai défi sur ce thème, parce qu'il est urgent d'y remédier et que les premiers signes de résultats seront très rapidement tangibles, donc encourageants. C'est une façon pour les collaborateurs de se familiariser avec l'approche et de pouvoir ensuite aborder des thèmes plus difficiles. À l'inverse, une entreprise qui a engagé un nombre important de démarches de progrès (EFQM, Kaizen, Balance Score Card, 5 S, etc.) a intérêt à sélectionner un défi très pointu : réduire d'environ 15 % le prix d'un modèle (comme le fit Renault avec la Twingo) ; transformer un délai de livraison inacceptable en atout concurrentiel ;
– *incontestable* : un défi est choisi et le choix est légitime. L'erreur serait de mettre en avant un défi concernant un thème mineur comme « sorti de derrière les fagots » pour roder la démarche à blanc. Dans ce cas, le discrédit est total parce que cela ressemble à « l'os à ronger » que l'on donne pour occuper les gens et pour, expression fréquemment entendue, « leur donner l'impression de participer » ;
– *démonstratif* : un défi est un événement. La démarche est une manifestation de quelque chose comme la volonté de se différentier par l'innovation, par la confiance en la qualité des idées du terrain, par le besoin de re-dynamiser des équipes, par la croyance que c'est possible aujourd'hui… Il est alors nécessaire que les résultats soient montrables, communiqués de manière objective, témoignant du fait que le pari est en voie de se gagner. N'oublions pas que le défi a pour particularité d'être incertain. L'incertitude n'est pas facilement

---

108. Office Chérifien des Phosphates, OCP, conférences en septembre et novembre 2006 dans les sites industriels et au siège de Casablanca.

acceptée dans l'univers du business parce qu'elle est perçue comme génératrice de mauvaises nouvelles. Quand cela ne marche pas, le « on vous l'avait bien dit » est prêt à sortir. Et quand cela marche mieux que prévu, on entend dire : « on a eu de la chance ». L'aspect démonstratif, même s'il est un peu primaire au regard d'une problématique liée à la confiance, présente l'avantage de jalonner de repères un processus dont l'issue n'est pas sûre à 100 % mais dont on peut piloter les évolutions, précisément à la manière d'un prototype.

▨ Critères historiques

Au-delà de ces critères de choix des défis, il reste un thème récurrent et passionnant à traiter : les arlésiennes. On en parle souvent mais on ne les voit jamais, comme l'*Arlésienne* de l'opéra de Bizet ou les serpents de mer, sujet rebattu et devenu cliché dérisoire tant le sujet fait partie du quotidien sans jamais être résolu, à la façon du serpent fabuleux qui peuple les imaginaires et symbolise des peurs non exprimées. Les exemples de ces sujets, que nous avons inventoriés dès le début de cet ouvrage[109], ne manquent pas.

Notre recommandation est de s'y attaquer. C'est probablement une des particularités les plus intéressantes de cette démarche que de s'attaquer aux « On a tout essayé ».

Séquence 2 : formaliser un défi

Cette étape montre bien l'enjeu global de la démarche de *Manager par les défis* et montre surtout qu'elle n'est pas dédiée à l'invention mais bien à l'innovation. Nous ne nous adressons pas à quelques « Léonard de Vinci » à travers un appel à la mobilisation générale en se disant qu'en touchant tout le monde, nous finirons bien par dénicher le génie caché ! Nous nous adressons à un ensemble de personnes qui, à elles toutes, recèlent assurément les idées recherchées parce qu'elles sommeillent déjà depuis longtemps sans avoir vu le jour, faute d'avoir été stimulées. Formaliser un défi, c'est lui donner la force et le contenu nécessaires à son appropriation par le plus grand nombre : c'est induire d'emblée le message du possible.

Nous proposons des formules complémentaires adaptées à ce besoin : la Grille Défis©, la communication du défi (brève, intégrant tous les éléments de façon très simple), la consigne défi (précise, opérationnelle, dynamique).

---

109. Chapitre 1.

▓ La Grille Défis© : le court terme en direct avec le long terme

L'objectif est double :
- formaliser le défi dans son contenu ;
- faire que cette formalisation soit communicable.

La grille a été conçue de manière à rendre les lamentations quotidienne-ment entendues comme « nous avons le nez dans le guidon » compatibles avec le long terme ». En réalité, la question du court terme qui empêche toute réflexion sur le long terme nous semble être un faux problème (encore un serpent de mer), dans la mesure où aucune action, aucune décision prise ne peut être isolée sans fait partie d'un ensemble. Il suffit de se poser la question qui prend une seconde du précieux temps de chacun : « Au nom de quoi je fais ça ? ». Que l'on ait ou non une réponse claire, celle-ci existe... à moins de se trouver dans un bateau ivre.

Si la démarche de *Manager par les défis* devait répondre à une seule préoc-cupation dans l'instant, ce serait sûrement celle-ci : agir aujourd'hui, agir fort, agir avec du sens. La Grille Défis© aide à instrumenter cet objectif.

GRILLE DÉFIS©[110]

	Enjeux	Valeurs et principes d'actions	Finalité
Long terme	Que risquons-nous si nous n'innovons pas ?	Au nom de quelles valeurs agissons-nous ?	À quoi voulons-nous être reconnus ?
	Défi	**Actions**	**Objectifs / Indicateurs**
Court terme	Que devons-nous surmonter absolument ? Ce serait génial si... Quel levier d'action actionner ?	Quel programme d'actions devons-nous mettre en œuvre ?	Sur quels indicateurs saurons-nous que nous avons réussi ?

Tableau 5.1 : la dynamique des défis.

---

110. Voir *L'innovation à tous les étages.*

Cette grille permet de formaliser un défi précisant :

* *La finalité :* sur quoi voulons-nous être reconnus dans 3 ans par exemple ? Si nous rencontrons un client interne ou externe et que nous lui posons la question « Si vous aviez à définir en une phrase la spécificité de notre entité, qu'aimeriez-vous entendre dire ? ».

* *Les enjeux :* que se passe-t-il si nous ne faisons rien ? Qu'est-ce qu'il est prioritaire de traiter dès maintenant pour atteindre la finalité visée ?

* *Les valeurs et les principes d'action :* au nom de quelle valeur et/ou de quel principe majeur visons-nous cette finalité ?

* *Le défi :* quel obstacle surmonter pour se lancer vers la finalité ? Par quoi commencer efficacement et significativement ? («Le début est plus de la moitié du tout» Héraclite).

* *Les indicateurs :* à quoi saurons-nous que le défi a été relevé, quantitativement et qualitativement ?

* *L'action :* que devons-nous faire concrètement pour relever le défi ? Quelle action précise, quel plan ?

Le tableau s'utilise dans cet ordre (ordre indicatif). Nous l'illustrons à travers quelques exemples à titre pédagogique, exemples d'entreprises et de collectivités locales, rendues anonymes pour les besoins de la publication.

1. Il convient de partir du thème du défi sélectionné en fonction des critères décrits. Par exemple :
    A. le traitement des déchets
    B. la formation intégrée à la stratégie
    C. le traitement des réclamations
    D. la qualité de service pour une municipalité

2. Définir la finalité, c'est répondre à la question : « À quoi voulons-nous (nous, c'est-à-dire l'entreprise, l'entité, la municipalité, etc.) être reconnus... par les clients, par les utilisateurs... externes et/ou internes ? ». Par exemple (en reprenant les thèmes évoqués) :
    A. Le traitement des déchets est considéré comme une activité noble au service de l'environnement et de la gestion des énergies.

B. L'entité formation fait partie des principales ressources qui contribuent à la réussite de la stratégie de l'entreprise.

C. Notre capacité à traiter les réclamations fait de notre entreprise une référence dans la relation client.

D. Devenir la municipalité de référence en matière de qualité de services aux citoyens.

D'où l'enjeu pour chacun de ces cas de valoriser l'activité aujourd'hui pour qu'elle soit reconnue demain, objet stratégique du défi et des défis qui suivront.

3. Faire comprendre les enjeux en simulant ce qui se passerait si on ne faisait rien :

A. Le traitement des déchets représente un mal nécessaire, confié aux métiers de seconde zone (ramasser les ordures et les éliminer le moins salement possible).

B. L'entité formation est un centre de coût qui prend du temps aux gens et compense des manques à gagner (reconnaissance, salaires, promotion, etc.).

C. Notre entreprise prend une génération de retard en limitant ses promesses à la qualité de ses produits.

D. Notre ville s'englue dans l'inertie administrative qui fait de chaque personne un « assujetti » plutôt qu'un citoyen.

4. Identifier la valeur ou le principe d'action spécifique à l'entreprise, c'est répondre au nom de quoi nous voulons relever ce défi :

A. Développement durable (notre engagement, notre croyance,…).

B. Prospérité (toute action investie contribue à…).

C. Qualité de la relation (notre expression du respect au-delà de l'acte commercial).

D. La citoyenneté responsable (*versus* l'administré assisté).

5. Formaliser le défi. Que devons-nous surmonter pour parvenir à la finalité visée ? Ce serait génial si…dans les six mois ou l'année à venir,… :

A. Ce serait génial si nous surmontons notre image de collecteurs en l'associant à un producteur d'énergie renouvelée : **plus de 50 % des municipalités nous demandent de collecter les ordures et d'assurer le chauffage collectif.**

B. Ce serait génial si notre entité Formation passe de sa mise à l'écart des ressources considérée importantes dans la marche de l'entreprise au rang de service indispensable à la croissance : **ce qui signifit qu'un manager sur trois nous demande de lui-même de coproduire avec nous les cahiers de formation.**

C. Ce serait génial si notre entreprise transforme sa répugnance à traiter les réclamations (les plaintes) – d'où une désorganisation conséquente (moins de 20 % des réclamations traitées dans la semaine) – en plaisir de répondre au clients : **ce qui signifie que plus de 80 % des réclamations sont traitées en moins de 48 heures.**

D. Ce serait génial si notre municipalité n'était plus considérée comme une administration à laquelle on se soumet par obligation mais devienne un service que l'on sollicite spontanément : **un citoyen sur deux propose à la municipalité une initiative citoyenne et veut y participer activement.**

6. Fixer des indicateurs : à quoi saurons-nous que nous avons réussi dans les 6 mois ou l'année à venir... ?

A. Nous figurons sur la liste des appels d'offre pour le chauffage collectif. La presse communique sur notre contribution aux économies d'énergie (plutôt que de se contenter de nous épingler à la moindre émanation de gaz).

B. Un tiers des cahiers des charges des formations est effectué avec les managers.

L'évaluation spontanée des participants porte sur le contenu et la possibilité pour eux d'appliquer l'apprentissage dans leur équipe.

C. 80 % des réclamations sont traitées en moins de 48 heures. L'indice de satisfaction client gagne X points, etc. ;

D. 50 % des actions municipales sont initiées et conduites par des « citoyens ordinaires ».

90 % des citoyens disent des services de leur municipalité qu'ils les aident à mieux vivre en ville en les responsabilisant.

Nous en reproduisons quelques-uns qui couvrent des domaines très variés : la production, la logistique, la qualité, le management, la communication, les ressources humaines.

Une entreprise de retraitement des déchets

Le défi : progresser significativement et simultanément sur trois leviers vitaux : le maintien des emplois à 100 %, le degré zéro d'accidents graves, une place reconnue dans la « cour des grands ».

Long terme	Enjeux	Valeurs/principes d'action	Finalité
	Que risquons-nous si nous n'innovons pas ?	*Au nom de quels valeurs/principes d'actions atteindrons-nous notre finalité ?*	*Sur quoi voulons-nous être reconnus ?*
	– Perdre la performance et la pérennité de R, le cœur de métier et l'emploi :	– la confiance dans R pour les emplois.	R trouve une place dans le groupe :
	– écarts de prix et de qualité de services (concurrence plus forte) ;	– le respect de la vie de chacun.	– performance durable ;
	– la sécurité dans une course à la productivité.	– la responsabilité.	– sécurité (taux de gravité des accidents du travail) ;
			– environnement.
Court terme	**Défis**	**Actions**	**Objectifs/indicateurs**
	Que devons-nous surmonter pour parvenir à la finalité visée ?	*Quelles actions mener pour réaliser notre défi et par quoi commencer ?*	*Que visons-nous et à quoi saurons-nous que nous avons réussi ?*
	Mobiliser les énergies de tous pour :	Les appels d'offre se répondent en task-force :	Gains concurrentiels :
	– une prise de responsabilités à tous les niveaux ;	– les équipes terrain sont impliquées et travaillent ensemble ;	– pour les appels d'offre nationaux, le groupe fait appel à R, les locaux sont remportés à plus de n %.
	– une coopération visible et efficace.	– les bonnes pratiques sont répliquées systématiquement dans l'ensemble du réseau ;	Gains humains :
		– les informations client sont diffusées à tous.	– indicateurs sécurité au vert ;
			– réunions effectuées ;
			– coopération satisfaisante.

Tableau 5.2 : les défis d'une entreprise de retraitement des déchets.

Une entreprise informatique

Le défi : prendre le leadership sur un marché qui évolue vers un besoin de proximité et d'efficacité immédiate.

Long terme	**Enjeux** *Que risquons-nous si nous n'innovons pas ?* Être absorbés par les opérateurs qui détiennent le monopole sur les marchés captifs.	**Valeurs/principes d'action** *Au nom de quels valeurs/principes d'actions atteindrons-nous notre finalité ?* Écoute, ouverture, disponibilité, proximité.	**Finalité** *Sur quoi voulons-nous être reconnus ?* Être les experts au service des utilisateurs non-spécialistes (volonté de rupture avec une situation d'utilisateurs captifs).
Court terme	**Défis** *Que devons-nous surmonter pour parvenir à la finalité visée ?* Être présent et efficace aux moments précis où l'utilisateur a besoin d'être équipé et accompagné.	**Actions** *Quelles actions mener pour réaliser notre défi et par quoi commencer ?* Entraîner les ingénieurs conseils à entendre le vocabulaire néophyte des utilisateurs et à les guider en fonction de leurs besoins du moment et de leur projet dans leur domaine.	**Objectifs/indicateurs** *Que visons-nous et à quoi saurons-nous que nous avons réussi ?* Faire en sorte que les utilisateurs soient en mesure de formuler eux-mêmes leur solution informatique en vue de réaliser leur propre projet dans leur domaine.

Tableau 5.3 : les défis d'une entreprise informatique.

Un laboratoire pharmaceutique

Le défi : une même information pour tous en même temps, dans les six mois.

Long terme	Enjeux	Valeurs/principes d'action	Finalité
	Que risquons-nous si nous n'innovons pas ? Laisser s'altérer la motivation et l'implication des équipes et des individus. Répercutions : perte de la vision des métiers et des projets, et détérioration de l'image de marque véhiculée à l'extérieur par les collaborateurs.	*Au nom de quels valeurs/principes d'actions atteindrons-nous notre finalité ?* – la cohésion ; – l'utilité ; – l'appartenance à l'entreprise.	*Sur quoi voulons-nous être reconnus ?* Chaque collaborateur connaît et mesure sa propre contribution à l'atteinte des objectifs de l'entreprise. Chaque collaborateur est le VRP du laboratoire.
Court terme	**Défis** *Que devons-nous surmonter pour parvenir à la finalité visée ?* Tous les collaborateurs disposent d'une même information dans les 24h, concernant l'entreprise en général, un « bon à communiquer » (À qui ? Quoi ? Quand ? Comment ?).	**Actions** *Quelles actions mener pour réaliser notre défi et par quoi commencer ?* Mise en place d'un outil réactif pour élaborer les messages, avec prise en charge du management pour les diffuser, relayée par l'informatique.	**Objectifs/indicateurs** *Que visons-nous et à quoi saurons-nous que nous avons réussi ?* – Dans 6 mois au plus tard, 100 % des employés disposent d'une information commune. – 75 % des employés ont retenu l'essentiel du « bon à communiquer ».

Tableau 5.4 : les défis d'un laboratoire pharmaceutique.

Un établissement bancaire

Le défi : réduire de moitié le délai de traitement de certains documents et augmenter de 20 % la satisfaction client.

Long terme	**Enjeux** *Que risquons-nous si nous n'innovons pas ?* La dégradation de la satisfaction du client.	**Valeurs/principes d'action** *Au nom de quels valeurs/principes d'actions atteindrons-nous notre finalité ?* – la confiance ; – la fierté du résultat d'être dans les premiers ; – l'accessibilité.	**Finalité** *Sur quoi voulons-nous être reconnus ?* Notre valeur ajoutée en matière de service de proximité dans ce secteur d'activité.
Court terme	**Défis** *Que devons-nous surmonter pour parvenir à la finalité visée ?* Réduire de moitié le délai de traitement de certaines opérations et augmenter de 20 % la satisfaction client.	**Actions** *Quelles actions mener pour réaliser notre défi et par quoi commencer ?* Réinventer le système de prise de commande, d'information des clients et de pré-tri systématique, etc.	**Objectifs/indicateurs** *Que visons-nous et à quoi saurons-nous que nous avons réussi ?* – passer de 7 jours à 4 jours ; – augmenter de 20 % le nombre de clients servis en deçà de ce délai.

Tableau 5.5 : Les défis d'un établissement bancaire.

Une usine de produits frais

Le défi : supprimer les corps étrangers.

Long terme	**Enjeux** *Que risquons-nous si nous n'innovons pas ?* La perte de commande sur le produit.	**Valeurs/principes d'action** *Au nom de quels valeurs/principes d'actions atteindrons-nous notre finalité ?* La fiabilité.	**Finalité** *Sur quoi voulons-nous être reconnus ?* Notre produit phare est démonstratif de la qualité totale.
Court terme	**Défis** *Que devons-nous surmonter pour parvenir à la finalité visée ?* La quantité de corps étrangers dans les produits à la livraison est divisée par 5.	**Actions** *Quelles actions mener pour réaliser notre défi et par quoi commencer ?* Créer un système de détection qui ne ralentit pas la production.	**Objectifs/indicateurs** *Que visons-nous et à quoi saurons-nous que nous avons réussi ?* Nombre de réclamations sur ce thème en dessous de 5 %, et plus de 95 % des produits livrés acceptés.

Tableau 5.6 : les défis d'une usine de produits frais.

Une municipalité

Le défi : devenir un référent en initiatives citoyennes.

Long terme	Enjeux *Que risquons-nous si nous n'innovons pas ?* Les habitants se désintéressent de la communauté urbaine et se confinent dans un individualisme passif et purement consommateur.	Valeurs/principes d'action *Au nom de quels valeurs/principes d'actions atteindrons-nous notre finalité ?* La citoyenneté.	Finalité *Sur quoi voulons-nous être reconnus ?* Être une cité citoyenne où chaque habitant se sent responsable de la collectivité.
Court terme	Défis *Que devons-nous surmonter pour parvenir à la finalité visée ?* La majorité des habitants s'investit dans des projets collectifs utiles à la communauté.	Actions *Quelles actions mener pour réaliser notre défi et par quoi commencer ?* Créer des pôles de citoyenneté et encourager activement chaque habitant à participer aux projets favorisant la qualité de la vie en ville.	Objectifs/indicateurs *Que visons-nous et à quoi saurons-nous que nous avons réussi ?* Plus de 75 % des activités conduites par la municipalité sont soutenues activement par des habitants.

Tableau 5.7 : les défis d'une municipalité.

Tous ces exemples montrent qu'à ce stade le travail requiert une réflexion stratégique précise. Une grille ainsi remplie est un message. Les défis d'une unité doivent composer un ensemble cohérent.

La conception de cette grille n'est pas toujours simple. Ce que Yves Menet[111] de la Banque Postale baptise un « acte fondateur » constitue une véritable co-production entre les responsables de la stratégie, soucieux de conduire une ligne juste et d'élaborer un message compréhensible et attractif pour tous les acteurs :

Témoignage de Yves Menet de La Banque Postale[112]
À plusieurs reprises, nous nous sommes rendus compte que la diffi-culté réside dans la visualisation de la stratégie dans son ensemble :

---

111. Chargé de la mission Innovation participative au centre financier de Nantes. Entretien du 6 septembre 2006.
112. *Ibid.*

long terme et court terme en cohérence dynamique. L'objet de cette grille consiste très précisément à atteindre ce but. Il est vrai qu'une part importante des managers, contraints par le court terme, préfèrent aller directement à l'objectif, quitte à s'arranger d'un artifice pour le raccrocher à un élément de la stratégie. C'est exactement ce qui se passe lorsqu'on se précipite vers la première solution venue dans un soi-disant souci d'efficacité.

Quand nous avons traité par nous-mêmes le second défi, j'ai animé personnellement les séances de travail. Le cadrage s'est effectué avec tous les directeurs concernés et ça leur a permis d'échanger, de s'expliquer, de se rassembler autour d'une question stratégique.

Le travail de conception de la Grille Défis© a été l'opportunité pour chacun de donner sa perception individuellement, dans un premier temps, puis collectivement, dans un second, lors d'une mise en commun. Cette pratique a différé des débats habituels. Cela n'a pas toujours été simple de distinguer les termes « enjeux et finalité » ou « finalité et défis » ou « défis et objectifs ». En même temps, cette grille constitue l'acte fondateur du défi, le socle en quelque sorte. Les directeurs ont bien senti cette image et ils avaient la volonté de réussir. La grille est indispensable car une fois partagée, elle est clarifiante. C'est un vrai message qui confie une mission, et chacun, du coup, agents compris, ose y aller.

J'avais demandé aux directeurs de rêver ! Ambitieux, non ? Il s'agit d'un engagement, d'un pacte qui initie la responsabilisation. On se sent responsable de l' « accouchement » du défi lui-même et de ce qui va suivre : mise en œuvre, accompagnement, mesure des résultats.

La communication du défi : brève, intégrant tous les éléments de façon très simple

Le message se construit à partir d'objectifs de communication classique. Nous proposons plusieurs formules pour le faire[113]. Dans cette partie méthodologique, nous en indiquons une à titre d'exemple.

Les objectifs de communication répondent à quatre niveaux complémentaires :

– informer ;
– expliquer ;
– faire adhérer ;
– faire s'engager.

---

113. Voir chapitre 6, *Ouvrir grand la panoplie des outils,* point ...

Si l'on prend l'exemple concernant le traitement des réclamations, exposé au chapitre 5, « Engager une Démarche Défis », on peut élaborer le message de la façon suivante :

Informer (factuel)

Nous ne traitons que 20 % des réclamations dans la semaine. C'est totalement insatisfaisant si nous considérons que la moyenne nationale est de 60 %. Les études montrent l'importance que les clients accordent à la relation. Aujourd'hui, les critères concernant la qualité de la relation client se portent sur l'attention et la considération (citer un chiffre ou deux dans son secteur d'activité).

Faire comprendre (explication)

Notre entreprise réussira à imposer son positionnement de référence dans la relation client si nous développons significativement notre capacité à traiter les réclamations. Promettre et respecter nos engagements en matière de qualité de produits est nécessaire mais pas suffisant.

Faire adhérer (valeur)

Le respect fait partie de nos valeurs fondamentales. Entendre un client, y compris quand il exprime son insatisfaction et qu'il se donne la peine de le faire, est une manifestation de cette valeur.

Faire s'engager (action)

Nous devons surmonter notre difficulté à entendre les choses désagréables. Notre premier défi sera de nous organiser pour y répondre : nous nous donnons six mois pour que 80 % des réclamations soient traitées en moins de 48 heures.

Derrière ce défi se profile un autre défi : réduire de moitié les causes de réclamations.

L'objectif de communication d'un défi est de ramasser en peu de mots ce qui réunit les trois niveaux d'objectifs d'une action participative :
– stratégiques : ce que nous voulons ;
– opérationnels : ce que nous devons faire pour… ;
– pédagogiques : ce que nous devons savoir pour le faire.

▨ La consigne d'un défi : dynamique, opérationnelle, précise

Donner une consigne conditionne le degré de puissance d'une action. De la même façon, un problème bien posé est à moitié résolu.

La consigne d'un défi est un ressort : c'est plus qu'un intitulé, plus qu'un énoncé, plus qu'une thématique, plus qu'une question, plus qu'une intention...

Les trois caractéristiques d'un défi peuvent se résumer dans ce tableau avec leurs antithèses.

Ce que la consigne d'un défi...

Doit être	Ne doit pas être
Dynamique Une consigne commence par une formule directe et active de type « tous les collaborateurs disposent d'un flasheur pour... ».	**Statique** Une consigne commence par un substantif de type « généralisation des flasheurs à l'ensemble des collaborateurs ».
Opérationnelle Une consigne commence par un verbe à l'indicatif de type « atteint la 1re place ».	**Intentionnelle** Une consigne commence par un verbe au subjonctif de type « devrait être dans les premiers ».
Précise Une consigne indique un saut significatif chiffré de type « double le volume de... ».	**Générale** Une consigne indique un domaine d'action de type « traite de la croissance ».

Tableau 5.8 : comment aborder les consignes d'un défi ?

La mise en forme de la consigne d'un défi est guidée par la visualisation concrète de celui-ci tel qu'on le veut une fois relevé.

Séquence 3 : traduire un défi en action

Nous développons ici la formule de base qui consiste à constituer des groupes transverses défis (G.T.D.).[114] Le déroulement de la mise en place d'un groupe défis se fait selon les étapes suivantes :

– cartographie des participants ;
– exploration détaillée de l'existant (« décrire c'est comprendre ») ;
– déroulement méthodologique.

La cartographie des acteurs

Un défi se traite à la fois comme un projet et comme un événement, comme une campagne.

---

114. Il existe d'autres options que nous détaillons dans la partie suivante. L'aspect technique de l'animation et des outils fait également partie du chapitre suivant.

Projet : étymologiquement, le terme « projet » signifie
« jeter devant ».

Le « casting » est la première chose à faire : le choix des bons acteurs intervient pour plus de la moitié de la réussite. À la liste des rôles que nous
signalons en début d'ouvrage[115], nous détaillons les missions de chacun et
les contributions que nous attendons d'eux.

Au niveau stratégique, celui de direction générale, direction d'unité ou de
service, nous identifions les rôles suivants.

Les commanditaires

Maîtres d'ouvrage et clients des résultats du défi, ils annoncent le défi
lancé, explicitent les enjeux et la finalité puis expriment clairement ce
qu'ils en attendent. C'est une façon de mettre la pression pour signifier
l'importance de l'enjeu ; c'est aussi se mettre avec ceux qui vont opéra-
tionnellement le relever et rester sur le pont.

Décideurs, ils choisissent le défi à lancer, ce qui n'exclut pas que les propositions de défis à relever proviennent du terrain ; ils décident de la sélection finale et de la mise en œuvre.

**Témoignage d'Olfa Amami, responsable déploiement
du projet de service Voyageurs France Europe à la SNCF**

La direction du management du service de VFE, que je représentais,
était le commanditaire lors du programme de recherche, et un tel projet
nécessite une grande implication… Pour que ça marche, il faut que le
chef du projet soit inspiré, qu'il donne du sens ! Il y a beaucoup d'idées
qu'il fallait choisir, et seules une bonne connaissance de la problématique et une idée précise du résultat attendu pouvaient le permettre !

▨ Le parrain

Représentant du commanditaire, il fait partie de l'équipe de direction et
garantit que les conditions de fonctionnement sont remplies (ressources,
prises de décision intermédiaires si nécessaire, etc.).

Référent, il joue un rôle de coach auprès du coordinateur.

Au niveau opérationnel, il y a les responsables du Groupe Transverse Défis
(GTD).

---

115. Chapitre 1.

▣ Le coordinateur

Maître d'œuvre, il dirige et s'assure du bon fonctionnement de la démarche et contrôle que toutes les clauses du cahier des charges sont bien respectées. Il est l'interlocuteur du commanditaire et du parrain en particulier ; il assure le recrutement des acteurs du défi, ceux qui font partie du groupe lui-même mais aussi d'autres acteurs, nécessaires à différentes étapes.

▣ L'animateur

Conducteur du groupe défi, il est entraîné à l'animation créative : il régule le groupe, impulse une dynamique constructive, mobilise l'énergie des participants, respecte les idées produites et est garant des résultats, des « délivrables » attendus.

Concepteur du guide d'animation, il choisit les techniques *ad hoc* en fonction des objectifs de la recherche, prépare tous les éléments nécessaires au bon fonctionnement de la méthode utilisée. Il est capable d'animer des méthodologies créatives afin de :

– libérer l'énergie des participants par la maîtrise des démarches, techniques et méthodes de créativité ;
– stimuler des transformations innovantes à partir d'informations sur l'existant ;
– valoriser la production créative du groupe (communication, marketing, design, etc.) sans en perdre l'authenticité ;
– utiliser en direct les productions graphiques pour relancer les idées.

De tous les acteurs cités, c'est probablement celui dont il faut vérifier le plus les capacités d'animation. En cas de nécessité, il peut se faire accompagner par un consultant spécialisé. La phase pilote peut également être effectuée par un animateur professionnel externe.

L'animation est un point de vigileance prioritaire !

Témoignage de Muriel Garcia[116]

La formation à l'animation est l'un des leviers de réussite de la démarche, le deuxième étant le management de projet. C'était plus qu'indispensable de rappeler les fondamentaux de l'animation. Les innov'acteurs avaient besoin d'être accompagnés et guidés dans l'apprentissage de l'animation de groupes créatifs. Au fur et à mesure de leur training, ils ont pris de l'assurance, de l'aisance et même de l'agrément. La richesse de production de groupe est étroitement liée à la qualité de l'animation réalisée et du climat d'ambiance ainsi créé. Une

---

116. Muriel Garcia. *op. cit.* Entretien du 20 Août 2006.

animatrice ou un animateur efficace se fond dans le groupe, régule les anomalies de participation, favorise l'expression de tous et sait utiliser les bons outils pédagogiques au bon moment. Il n'improvise jamais. Par contre, son aisance relationnelle doit lui permettre de s'adapter aux personnalités du groupe et aux situations imprévisibles. L'animation est donc un élément essentiel de réussite dans la Démarche Défis et dans la réalisation des groupes créatifs.

▨ Le facilitateur

Organisateur, il travaille en étroite collaboration avec l'animateur pour assurer toute la partie logistique nécessaire à une bonne animation : suivi des invitations faites aux membres du groupe, choix et organisation de la salle, matériel d'animation, confort des participants...

Assistant, il assure le compte rendu des prises de note en direct et peut également jouer, à la demande de l'animateur, le rôle de « gardien du temps ».

Au niveau opérationnel, il y a les participants du GTD.

Chaque membre du groupe est choisi selon deux critères indissociables : c'est un allié, il est motivé par la recherche ; c'est quelqu'un qui aime la créativité, les idées, les remises en cause... Ça peut être ce qu'il est convenu d'appeler un « rebelle », mais pas un contestataire systématique.

Un groupe défi n'est pas un panel

Un nombre important de difficultés survenues lors de l'animation de groupes défis, en particulier lorsqu'ils sont conduits par des animateurs internes, tient dans le choix des participants. Un des critères qu'il faut exclure a priori est celui de la représentativité pour elle-même : il ne s'agit en rien d'un panel ni d'un groupe exploratoire utilisé dans le cadre d'une étude qualitative. Si des considérations politiques induisent que telle ou telle personne doit faire partie de la recherche, il y a toujours de multiples possibilités de leur donner un rôle en amont ou en aval des séances de créativité. Par exemple, la présence du parrain lors des séances de créativité est fortement déconseillée, tandis qu'elle peut prendre une valeur très positive en début et/ou en fin de séance.

Gare aussi aux dirigeants très bien intentionnés qui « veulent voir comment se passe la créativité » : pour satisfaire leur curiosité, il vaut mieux proposer une animation créative dans le cadre d'un comité de direction.

Un groupe transverse défi doit être constitué de 8 à 12 personnes et doit être transversal : les services, les entités, les niveaux de responsabilité opérationnelle et d'expertises sont représentés, au moins les plus importants, dans le traitement du défi.

Un défi qui concerne le délai de délivrance d'un document contractuel doit réunir au moins un acteur :
– conseiller commercial ;
– de la transmission du document au service de traitement ;
– du traitement avec les différents processus de décisions ;
– de la conception technique du document ;
– du contrôle qualité ;
– des réclamations
Et...
– quelques clients ;
– des membres d'une association de consommateurs si le problème est très récurrent et polémique.

Témoignage d'Olfa Amami

Quand on a une problématique très pointue et très concrète d'un point de vue « vécu client », l'information experte du terrain est primordiale. Et dans notre cas, le terrain ne se traite pas comme un panel à partir duquel on recueille des perceptions, mais des idées, des propositions pertinentes, directes, adaptées ! Et puis il y a les clients... Quand ils sont intervenus, ils ont donné des idées... entre eux et les agents, il y a eu quelques « passes d'armes » ! C'était constructif et instructif pour les deux parties.

Alors pourquoi le terme « créativité » a fait tilt ?

Les clients professionnels et les familles, qui constituent pour nous une cible prioritaire, ont fait l'objet d'études croisées : observations par des ethnologues couplées avec des études marketing « classiques ». Au bout du compte, j'étais frustrée du fait que cette population, une fois en situation d'effectuer un voyage avec nous, ne se distinguait pas suffisamment des autres populations. Nos clients nous comparaient avec d'autres transporteurs qui offrent des avantages simples à une certaine catégorie de voyageurs, tels le passage sur les listes prioritaires ou la récupération des bagages en premier.

Par rapport aux résultats des séances, la grande innovation pour nous, c'est déjà le sujet lui-même, la « co-production » : faire avec les clients et pas seulement chercher à faire pour...

On avait déjà interrogé des agents lors de groupes de travail classique. Mais, par rapport aux séances de créativité que nous avons menées ensemble, il n'y avait pas eu ce degré d'appropriation, et les idées étaient moins adaptées à la réalité. [117]

Attention ! Une recherche comporte plusieurs séances, la totalité des acteurs n'est ni indispensable ni souhaitable à toutes les séances. Nous donnerons quelques exemples dans le chapitre 6.

---

117. SNCF, 9 mai 2006.

Les principaux rôles que nous avons recensé pour faire partie d'un groupe transverse défis sont les suivants.

▓ Les experts

Spécialistes et/ou ingénieurs, ils contribuent surtout à apporter des éléments sur l'existant et sur les solutions déjà tentées, qui ont échoué ou partiellement réussi. Ils sont également précieux, *in fine*, pour valider les idées ou les enrichir. Le rôle des spécialistes est difficile dans la mesure où l'on cherche ce qu'ils n'ont pas trouvé eux-mêmes, pour des raisons diverses, et que l'on a besoin d'eux pour enrichir, outiller, dimensionner une idée. L'idéal est de travailler avec ceux qui peuvent un moment oublier qu'ils sont spécialistes et faire appel à leur expertise dans les étapes d'enrichissement. Leur défi est de ne jamais bloquer une piste, la plus absurde soit-elle, et d'être à l'écoute, le temps de la phase divergente de la recherche, pour avancer envers et contre toute logique déjà éprouvée.

Chercheurs, ingénieurs, « marketeurs », ceux qui font partie des services recherche et développement, de l'ingénierie, du marketing, etc., apportent leur expérience en matière d'innovation. C'est un des objectifs les plus ambitieux et les plus formidables de l'innovation participative que de mettre dans une même situation de créativité des « gens de métier » de l'innovation et des néophytes. Les difficultés rencontrées avec les experts sont un peu similaires, mais l'enjeu en vaut la chandelle à partir du moment où chacun joue le jeu de chercher l'inattendu qui change tout.

Universitaires et consultants spécialisés font également partie des experts. Ils interviennent quand il y a nécessité de théoriser ou de conceptualiser des formules.

▓ Les opérateurs, agents…

Acteurs de terrain, ce sont eux qui font les « tâches directes », celles qui sont en relation physique avec la production et le service, avec l'objet fabriqué et le client. Un ouvrier qui travaille dans l'industrie laitière fait le fromage. Il voit, touche et sent la pâte 1 000 fois plus souvent dans une même journée que son chef. Même chose pour un contrôleur de train ou un guichetier avec des clients en chair et en os…

Dans un groupe transverse défis, les opérateurs ont pour mission de transmettre ce « direct » que les autres n'ont pas. Un direct constitué de sensations, d'émotions, de non-dits, de complicité ou de rancœur… Ils sont la preuve vivante que pour faire évoluer un système, il est souvent nécessaire de considérer qu'une individualité à tel poste donne à ce poste une coloration spécifique.

Une différence de points de vue... Anecdote

Prenez n'importe quel produit fabriqué avec soin et qualité : une voiture, une machine à vaporiser les murs, un meuble à monter... Vous réunissez dix utilisateurs lambda, automobiliste, citoyen bricoleur, etc., une journée entière. Avec les meilleures techniques de créativité et d'expérimentation, vous leur faites inventorier tous les défauts dont la machine fait état... ils vont vous en citer entre 70 et 80 environ.

Faites faire le même exercice avec les dix concepteurs de la machine : ces derniers vont trouver plus de 120 défauts. Modestes et réalistes, diriez-vous.

L'enseignement de cette expérience tient dans un chiffre-clé : en comparant les défauts trouvés par les utilisateurs et par les ingénieurs, à peine 20 sont communs.[118]

▨ Les candides

Peu familiers avec le domaine de la recherche, le participant candide pose des questions naïves et donne des idées impossibles. Le candide n'est pas forcément l'être miracle de qui tout va arriver, mais entendons-le bien : ses divagations apparentes donnent une chance de trouver un fructueux inattendu.

▨ Les utilisateurs

Clients finaux, ils connaissent leurs besoins. Et derrière chaque besoin exprimé non satisfait se cachent plusieurs idées, plusieurs innovations. Certaines entreprises de service déclarent que 75 % de leurs innovations viennent directement des clients... Hormis l'expression de leurs besoins, ils jouent un rôle de trouble-fête très créatif.

Le point de vue des utilisateurs, clients internes et externes, intervient comme facteur de décadrage et de contrepoint à la créativité des concepteurs et des fournisseurs.

Simplement ce qu'il faut faire... Anecdote

Un des participants d'un groupe de recherche sur de nouvelles relations de co-production à instaurer avec les clients, propose à un client de l'entreprise :

« Il faudrait faire un guide de nos termes... comme ça vous comprendriez mieux nos contraintes et vous seriez plus à même de faire ce qu'il faut pour nous faciliter le service. »

---

118. D'après une recherche marketing menée pour une marque automobile dans les années 80.

Un des clients présents à cette séance répond :

« Connaître votre jargon ne nous aidera pas beaucoup, que vous indiquiez simplement ce qu'il faut faire pour nous faciliter l'accès à tel service, sera bénéficiaire pour tout le monde. »

L'agent le regarde, mi-déçu mi-piqué sur le vif. C'est une opportunité pour expliquer ce que chacun attend réellement de l'autre et de réorienter une coproduction créative mieux ciblée[119].

Managers des activités, ils sont souvent des clients finaux, internes, quand il s'agit, par exemple, d'une recherche sur un domaine managérial ou organisationnel. Leur rôle est intermédiaire entre le commanditaire et le client.

▨ Praticiens (internes et externes)

Dans un domaine transposable, ils sont de précieux agents d'innovation en greffant simplement des exemples existants ailleurs et innovants ici. Ces praticiens ont un rôle essentiellement de spécialistes dans leur domaine, de témoins, quel que soit leur statut (directeurs, opérateurs, agents de maîtrise, consultants internes ou externes, etc.).

Les rôles dont nous venons de faire la liste partagent en commun une contribution directe sur le contenu de la recherche. Par contenu, nous entendons les aspects techniques, les aspects processus et les aspects relationnels.

Il existe une seconde catégorie d'acteurs qui jouent un rôle de passeurs : ils aident le groupe à se « décaler », à passer d'un registre à un autre et d'un paradigme à un autre... Par exemple, lors d'une recherche sur une fonctionnalité nouvelle d'un système existant, les participants sont naturellement rivés sur les fonctionnalités actuelles dont ils cherchent des dérivatifs. C'est la fameuse irréversibilité des grandes idées dont parle Luc de Brabandère[120] : une forme une fois perçue et incrustée ne peut pas s'effacer ; elle peut au mieux être remplacée par une autre forme qu'il faut inventer.

En plus de ce rôle d'instigateur, il joue celui de promoteur des idées devant le commanditaire : un scénario de processus illustré de façon vivante a mille fois plus de chance de convaincre que les seuls mots écrits en corps 24 sur un PowerPoint, assortis de quelques illustrations tirées d'albums standardisés.

---

119. Séance de créativité animée le 9 mai 2006 dans le cadre de l'université de service de la SNCF.
120. Luc de Brabandère, spécialiste de la créativité.

Voici une première liste d'acteurs qui ont le mieux montré leur contribution de « remueurs de méninges », de provocation, de force de proposition, et leur capacité à stimuler l'imaginaire avec des formes inattendues et souvent créatrices de créativité.

▨ Le graphiste

Créateur de visuels suscités par la recherche, il invente des formes à partir des idées émises et donne une dimension émotionnelle incomparable à travers des créations de symboles, de caricatures, d'illustrations...

Stimulateur d'idées, il provoque de nouveaux univers que le groupe s'approprie et à partir desquels il développe de nouvelles idées.

▨ Le comédien

Interprète des situations bloquantes et porte-parole vivant des intolérables, le comédien peut tout dire. A l'instar du bouffon ou du personnage masqué de la Comedia della Arte, il incarne le diable qui divise et rend toute action inefficace, il incarne l'ange qui positive, il incarne l'éminence grise qui intrigue... Tous ces rôles sont présents et bien actifs dans les organisations. Toute innovation qui met en relation des acteurs et des objectifs, des acteurs et des enjeux, des acteurs et des outils... ne peut faire l'impasse sur ces jeux d'acteurs.

Stimulateur de remise en cause et de changement de regard, il indique le temps de la recherche ce que chacun rêve d'être et ouvre des fenêtres interdites. Dans une recherche, le travail peut se faire avec des comédiens professionnels mais aussi avec les membres du groupe qui jouent des rôles qu'on leur attribue.

▨ Le metteur en scène

Créateur de simulations sur demande, passeur de changement et de rupture, il fait son métier de metteur en scène. Dans une recherche, il est capable comme dans un théâtre de mettre en scène l'univers rêvé et de tracer les prospectives scénarisées que le groupe va ensuite construire et élaborer pour faire ses propositions.

Stimulateur de transferts, il crée des reports par association, il provoque des catharsis et des reconstructions : dans les recherches créatives élaborées en entreprise, l'humour et l'émotion priment sur un travail plus en profondeur ou une création artistique, bien que les représentations antiques de Sophocle, d'Eschyle ou de Plaute se donnaient ce rôle de permettre aux spectateurs de se purger et de réinventer une manière de percevoir l'existence.

Cette liste n'est pas exhaustive, bien sûr : musiciens, chefs d'orchestre architectes, publicitaires, écrivains, designers, fleuristes, artificiers, biologistes, généticiens, etc.[121] peuvent jouer ce rôle de passeurs. Nous ne cherchons pas à charger la barque ni à faire des usines à gaz pour mener des recherches ; nous mettons l'accent sur l'importance de l'intervention de certains acteurs pour créer des situations qui favorisent « l'autrement » de manière à sortir du « toujours plus » ou « toujours mieux ».

Témoignage d'Olfa Amami

Le graphiste permet de mettre en scène les échanges du groupe. C'est très important, y compris dans cette forme d'autodérision humoristique. Wilfried[122] était sans doute le seul au cours de toutes les séances à avoir du recul, et il a contribué très largement à l'apport « sexy » de la recherche. Car derrière un personnage incarné comme le « Kid »[123], créé par le groupe, dessiné par lui… c'était mieux que mille mots ! En même temps, c'est à double tranchant : l'illustration ou l'idée représentée peut provoquer des blocages quand le style ne traduit pas celui que la SNCF veut instaurer avec les voyageurs.[124]

C'est tout l'enjeu du graphiste qui peut percevoir intuitivement les modes relationnels souhaitables que les acteurs de l'entreprise en train de changer refusent culturellement, au nom de croyances et de valeurs traditionnelles. Ce sont ces résonances-là qui prendront leur place dans une société transformée et que l'on trouvera évidentes et remarquables. Comme l'écrit Tom Peters[125], « Il ne s'agit pas de faire bien mais de faire quelque chose de remarquable », plus tard, une fois l'objet de l'innovation apprivoisé.

Constituer les GTD

Les sociologues ont bien tenté de codifier les typologies de personnalité et de compétence pour constituer des équipes où chacun est complémentaire des autres. Le problème, c'est qu'une équipe est souvent provisoire. Les gens bougent et un seul changement peut compromettre le bel équilibre. Il nous semble plus bénéfique de considérer le changement comme naturel plutôt que l'équilibre, surtout dans le domaine des relations. À ce titre, la voix des gens de terrain est aussi indispensable que celle des leaders

---

121. Une recherche est menée actuellement par les auteurs sur le pilotage des organisations en évolution à travers l'analogie de la cellule souche.
122. Wilfried Histi, graphiste qui a participé aux séances de créativité.
123. Le « Kid », mascotte totem créée lors des séances pour l'univers des familles avec jeunes enfants.
124. Entretien du 5 octobre 2006.
125. Tom Peters, auteur de nombreux ouvrages sur l'innovation.

d'opinion interne (la hiérarchie, les experts reconnus, etc.) pour nourrir en permanence une innovation qui se joue beaucoup plus sur l' « organique » que sur le « mécanique ».

Ces données échappent généralement aux recherches purement techniques ou purement de service : techniques, les ingénieurs vont inventer des machines ; services, les markéteurs vont inventer des produits. L'acteur terrain va restituer sa relation avec le client, l'outil, l'espace. Et cette restitution est innovante dans la mesure où elle a été jusqu'alors très peu sollicitée pour créer du nouveau utile.

Exploration détaillée de l'existant

Le proverbe indien « Décrire, c'est comprendre » traduit une philosophie de la créativité et de l'innovation qui passe par l'observation, l'attention et la capacité de lire l'existant. Le terme même d'innovation signifie « revenir à »[126], ce qui n'implique pas de remonter le temps mais, plus simplement, de considérer ce qui se passe aujourd'hui avec la croyance en une solution innovante qui se trouverait à l'intérieur même de ce qu'il y a à inventer ou à réinventer.

À partir de ce principe, la première action à mener pour relever un défi est d'examiner le maximum d'éléments faisant partie du fonctionnement actuel et d'entendre les principaux acteurs qui sont en relation avec l'objet de la recherche : « fonction-carrefours » dans le cas d'un processus (personnes qui se trouvent à la croisée de plusieurs processus), utilisateurs du service ou du produit, concepteurs et personnes qui ont participé à la création initiale, etc.

Le travail qui suit est une vraie enquête (et non un diagnostic). Les questions les plus fréquentes à poser sont « Comment ça se passe ? » et « Pourquoi ? », autant de « Pourquoi ? »[127] qu'il faudra pour obtenir une réponse qui tienne la route sans être un alibi. En aucun cas, l'enquêteur ne cherchera à porter un regard normatif sur ce qu'il voit, entend et sent.

Le travail d'observation de l'existant avec des regards différents représente un potentiel créatif énorme en lui-même. Philippe Cœuret[128] (Renault) parle de « mission impossible » pour trouver une solution innovante à l'aile de la Mégane en ces termes :

126. *Innovare*, en latin classique signifie « revenir à ». Rey Alain, *Dictionnaire Historique de la langue française*, Le Robert.
127. Selon la fameuse méthode d'interrogation chinoise des « 5 pourquoi » de suite.
128. Promotion de l'initiative et de la créativité. Entretien du 25 juillet 2006.

> Certaines ailes en plastique de la Mégane présentaient un défaut de façon récurrente, toujours au même endroit. Toute étude, observation, diagnostic du matériel lui-même ne fournissait aucune piste. C'était « mission impossible ! ». Lorsqu'on remontait le processus de fabrication de l'aile qui avait subi ce dommage, on arrivait à la même conclusion : « ce n'est pas là »... « ce n'est pas là... ».
>
> Puis - préoccupation devenant obsession ! -, on se rend compte qu'après le stade de la peinture, durant le week-end, l'aile restait dans du mastic pendant plus de 10 heures... du mastic pendant 10 heures : les 10 heures d'arrêt du week-end... réaction chimique/plastique... voilà ce qui fragilise l'aile.

Ce serait toujours trop simple si toutes les énigmes trouvaient une issue dans ce genre de dénouement.

Mais, dans le même ordre d'idée, Yves Menet[129] de la Banque Postale de Nantes a coordonné l'initiation d'une Démarche Défis dans un centre de plus 1 330 agents. Il a donné, notamment à cette étape d'observation de l'existant, une attention toute particulière pour relever un défi majeur dans ce centre. Il s'agissait du délai de traitement d'une remise de document. Il ne nous est pas possible de fournir les détails du défi en question, pour des raisons de confidentialité évidentes, mais l'essentiel du message de ce témoignage tient dans le processus tel qu'il est appliqué :

> Je fais exactement comme si je filmais le parcours : j'interviewe tous les intervenants-clés dans le parcours processus, du bureau de poste au service courrier, en passant par tous les services du centre... J'observe, j'enquête auprès du chef d'équipe, je lui demande comment ça se passe et je glane des informations très concrètes sur les pratiques en cours.
>
> C'est une mission d'observation pédagogique. Si j'arrive et que je vois des sacoches bleues parmi un tas de sacoches jaunes ou inversement, dans une salle de traitement de courrier, ça m'étonne ! Parmi les choses qui m'ont surpris : pourquoi tous les documents arrivés le matin n'étaient-ils pas prêts à 9 heures ? Question-clé quand on sait que ceux qui arrivent après ce délai font perdre 24 heures !
>
> Mais surtout – et là je touche le volet psychologique de la démarche –, je m'intéresse à ce que chacun fait en situation. Quand on me dit qu'un dossier arrive à 4 h30 du matin, je viens voir sur place. Je discute avec les uns et les autres, je vois comment ils font, je demande leur avis, ce qu'ils savent des différents éléments, leur perception, leurs souhaits, leurs idées. La créativité commence dès l'observation... Ce qui est peut-être encore

129. Entretien du 6 septembre 2006.

plus symbolique et plus moteur dans la démarche est le fait de venir sur place à toute heure du jour ou de la nuit. Y être et en être !

Cela facilite l'appropriation par ces personnes une fois le défi en route, ainsi que le recrutement des participants aux groupes défis pour la créativité.

Il faut s'apprivoiser mutuellement… les gens viennent d'eux-mêmes discuter avec moi et me demander où j'en suis dans la démarche et ce qui va suivre… C'est une sorte d'engagement tacite qu'il se passe quelque chose, et l'assurance qu' il y aura une suite !

Expliquer le défi à quelqu'un revient à lui montrer comment il pourrait clairement le réaliser du début à la fin : d'où ma multiple mission ! Caméra : j'observe et restitue fidèlement ; symbole : je suis là donc je m'intéresse (et la direction que je représente) ; rapport d'étonnement : je lève des lièvres ; pédagogique : j'explique par les faits et les liens entre eux ; facteur d'influence : je rassemble des alliés.

Un exemple d'outil méthodologique d'enquête est présenté en chapitre 6.

Quand les mots-clés ferment au lieu d'ouvrir[130]

On ne peut pas dire « enquête » pour la partie investigation préalable au défi. Ça fait flicage. On ne peut pas dire « diagnostic » non plus, ça fait annonce d'un changement inquiétant. Dire « audit », encore moins, ça fait contrôle qualité. Que peut-on dire alors pour annoncer cette action qui consiste à rencontrer des acteurs du terrain afin de mieux comprendre ce qu'ils font ?

Le mieux est d'exprimer l'objectif avant d'annoncer le moyen. Dire : « je fais une enquête ou un audit » ne sert à rien en soi. Le mot-même induit des représentations fantasmatiques et contamine le reste de votre phrase.

Dire : « je viens vous rencontrer pour comprendre comment ça marche dans le cadre d'une démarche participative, la Démarche Défis… ».

De même se pose le terme « défi » ou celui de rupture et même d'innovation. Dans ce cadre, le mot « progrès » est le plus juste (plus large et moins restrictif qu' « amélioration »).

De toute manière, un mot qui couve un changement à venir, s'il est un motif d'enthousiasme pour certains, représente une cause d'inquiétude de type « Que va-t-il nous arriver ? », ou une cause d'exaspération de type « Encore un truc qui change, mais pourquoi faire ? » pour beaucoup.

La question n'est pas de savoir s'il faut ménager ou non ces risques (le « pas de vague » a montré ses limites), mais bien d'affirmer haut et fort des objectifs que seules des phrases courtes et complètes peuvent traduire. Dire ensuite avec quel moyen nous atteindrons ces objectifs… Annoncer les objectifs avant les moyens !

---

130. D'après des observations faites par des innov'acteurs de la Banque Postale lors d'une séance d'entraînement à la créativité, le 7 septembre 2006.

▓ Déroulement méthodologique

L'innovation est le fruit d'une combinaison de créativité, de benchmark, de fertilisation croisée, d'échange d'expérience… Les séances de créativité sont généralement au nombre de trois. La méthodologie s'adapte à n'importe quel thème. La spécificité de chacun des défis se fera au niveau des acteurs sélectionnés et des techniques de créativité. Pour traiter un défi, nous prévoyons les étapes suivantes :

1ʳᵉ étape : briefing des commanditaires

Le(s) commanditaire(s) du défi briefent le coordinateur et l'animateur (en présence du parrain, si possible s'il ne fait pas partie de ceux qui passent le briefe) sur :

- l'objectif du défi : enjeux, échéances, interlocuteurs de l'ensemble du dispositif de recherche ;
- l'organisation : calendrier, logistique, modalité de travail ;
- la documentation : information disponible, documents, interlocuteurs ressources.

2ᵉ étape : synthèse des informations et validation du briefing

Le coordinateur, l'animateur s'approprient et synthétisent les informations.

Ils valident leur compréhension du défi auprès du parrain.

Ils sélectionnent les informations à remettre ultérieurement aux participants du groupe transverse défis.

3ᵉ étape : séance de créativité avec les commanditaires

Pendant cette première séance d'une demi-journée avec le(s) commanditaire(s) du défi, le coordinateur et l'animateur ont pour objectif de reformuler et d'enrichir le cahier des charges :
- informations sélectionnées : contexte du défi, éléments de l'environnement interne et externe, synthèses d'études ;
- consignes dynamiques : attentes exprimées sous forme de défis, exemples pour illustrer la nature et l'envergure des innovations recherchées, etc. ;
- intégration d'éléments de benchmark : partage d'expérience sur des thématiques analogues avec des interlocuteurs extérieurs, en direct ou par consultations préalables.

4ᵉ étape : établissement de la cartographie des acteurs

Le coordinateur établit la cartographie des participants des séances de travail :
- typologie selon les rôles (experts, candides, utilisateurs, etc.) et les capacités créatives (expériences, facilités, imaginaire, esprit critique…) ;
- répartition de leur contribution selon les séquences ;
- communication destinée au recrutement des participants : présentation de ce que les commanditaires attendent d'eux, des principes de base de la recherche, du calendrier et des modalités de travail.

5ᵉ étape : séance de créativité n° 1 avec le GTD

« Décrire, c'est comprendre, comprendre c'est inventer ».[131] Cette séance d'une journée est la première séance de créativité avec le groupe transverse défis. Elle est animée par l'animateur aidé du facilitateur et se compose (à ce stade uniquement) de participants internes à l'entreprise (s'il y a lieu de faire intervenir des acteurs externes, ce sera à partir des séances suivantes). Au programme de cette journée :
- le commanditaire transmet le cahier des charges élaboré avec le coordinateur à l'ensemble des participants : il y a une présentation vivante (diaporama, exemples éclairants, images), et une interactivité maximum (questions des participants, reformulation, identification des ressources nécessaires à la recherche, capitalisation des idées émises, y compris les idées « latérales ») ;
- le groupe identifie dans le thème les domaines à fort potentiel en matière d'innovation. Les forts potentiels correspondent aux réponses à des besoins marquants, aux ouvertures vers une ère nouvelle, aux éléments de rupture différentiateurs. Les domaines possibles sont la fonctionnalité, l'ergonomie, le design, les services, l'extension dans les fonctionnalités actuelles ou la création de nouvelles fonctionnalités.

Pendant cette séquence, le commanditaire observe sans intervenir puis valide les domaines à l'issue de la séance.

6ᵉ étape : rapport du défi

Le rapport du défi est communiqué aux participants du groupe :
- synthèse du cahier des charges reformulé : éléments-clés, questions à explorer davantage, pièces jointes d'études demandées, etc. ;
- compte rendu de production : domaines à fort potentiel d'innovation identifiés, idées émises, premiers roughs produits lors de cette séance (si le graphiste est présent).

---

131. Jean William Fritz Piaget (1896-1980) psychologue, biologiste, logicien.

7ᵉ étape : séance de créativité n° 2 avec le GTD

Il s'agit de la troisième séance de recherche créative et de la seconde avec le groupe transverse défis. La séance d'une journée, animée par l'animateur aidé du facilitateur, est celle où l'on intègre les « éléments extérieurs » : clients, utilisateurs, partenaires, etc. Il s'agit d'animer une recherche créative qui réponde aux caractéristiques suivantes :

– recherche par domaine retenu : concepts, mises en situation, scénarisation, etc. ;
– phase délibérément ouverte, conclue par une synthèse en fin de séance ;
– participation active du graphiste (il crée et stimule par effet miroir) ;
– les clients utilisateurs sélectionnent les cinq concepts les plus innovants, associant surprise et utilité.

Il est possible de traiter trois « sous-défis »[132] dans une journée, soit un total d'une trentaine de concepts créatifs concrets non développés.

8ᵉ étape : rapport du défi

Le rapport d'innovation est élaboré pour le commanditaire puis, après validation, présenté aux participants. Il comporte une sélection de trois à cinq concepts à développer : la règle est de conserver au moins une ou deux idées sélectionnées par les clients utilisateurs externes, en l'état ou enrichies, et des consignes complémentaires (orientations à accentuer, points particuliers à développer, etc.).

9ᵉ étape : séance de créativité n° 3 avec le GTD

C'est la quatrième séance de créativité et la troisième avec le groupe transverse défis. Cette phase est dédiée à l'élaboration des idées sélectionnées, à leur scénarisation. Au programme de cette journée :

– reformulation des concepts sélectionnés ;
– mise en scénario des concepts sélectionnés : situation initiale, facteur de rupture, projection du concept réalisé, scénario du programme concrétisant le défi (narration, descriptions, illustrations, etc.) ;
– argumentation de l'innovation : bénéfices par rapport à la situation initiale, apports différentiateurs, valorisation des contributions de chacun ;
– feed-back en fin de journée par le commanditaire : points forts, questions éventuelles d'enrichissement pour une bonne préparation au « jury » final.

---

132. Voir chapitre 6.

10ᵉ étape : finalisation des scénarios des défis

Les scénarios proposés et validés sont finalisés avec le coordinateur, l'animateur et le facilitateur, auxquels se joignent un ou deux représentants du groupe :
- finalisation des scénarios et *story-board* : mise en forme sur des supports adaptés, finalisation des visuels ;
- préparation à l'oral : répétition, peaufinage de l'argumentaire, etc.

11ᵉ étape : présentation des défis au « jury »

Le jury est composé *a minima* des commanditaires et du coordinateur. D'autres acteurs comme des experts ou des clients peuvent s'y joindre, selon le domaine d'application du jury.

Au programme de cette séance :
- présentation des projets ;
- rôle d'appui du coordinateur et du parrain ;
- questions et commentaires du « jury » ;
- délibérations pour décisions.

Ceux qui ont les idées les présentent eux-mêmes

Nous recommandons que tous les participants du groupe défi présentent eux-mêmes les résultats des défis. Pour avoir participé nous-mêmes à des jurys de ce type, nous pouvons témoigner que lorsque des opérateurs de terrain présentent eux-mêmes leurs idées à des décideurs – parfois des N + … au-dessus d'eux ! des chefs dont ils ignoraient même l'existence physique ! –, il se passe un grand moment d'émotion : les « grands chefs » reconnaissent qu'ils n'ont pas envisagé une telle situation ; les opérateurs se retrouvent soudain face à ceux dont ils ont coutume de dire « de toute façon, là-haut, ils n'ont aucune idée de ce qu'il faut faire ! ».

La SNCF a organisé une recherche sur les moyens de valoriser les voyageurs de catégories différentes, hommes et femmes d'affaires, adultes accompagnant des enfants… depuis leur décision de voyager jusqu'à leur arrivée dans la gare de destination. Des agents participaient à ce travail et il fallait gérer le choix de qui allait présenter quoi au jury :

« Le jury ? J'ai d'abord pensé aux agents, dit Olfa Amami[133] ; ils devaient être en relation directe avec la directrice de VFE et les membres du comité de direction. La difficulté est qu'il fallait organiser cet échange avant même d'avoir les résultats des séances de créativité. Mais les membres du jury étaient très respectueux et prêts à essayer, quoiqu'il arrive. Il y a eu un résultat en l'occurrence… mais dans l'hypothèse inverse, je sais qu'ils auraient reconnu l'importance de la démarche elle-même. Car il y a une volonté réelle d'associer

---

133. Entretien du 5 octobre 2006.

le plus en amont des projets les agents du terrain qui, en l'occurrence, côtoient tous les jours nos clients. »

12ᵉ étape : Suivi en interne

Une fois les décisions prises en interne, une communication de ces défis est développée :
- présentation des projets dans la limite de leur confidentialité ;
- reconnaissance de la direction : présentation des participants, internes et externes, commentaires valorisants ;
- incitation à une démultiplication à tous les étages de l'entreprise pour partager les idées de ces défis et en lancer de nouveaux.

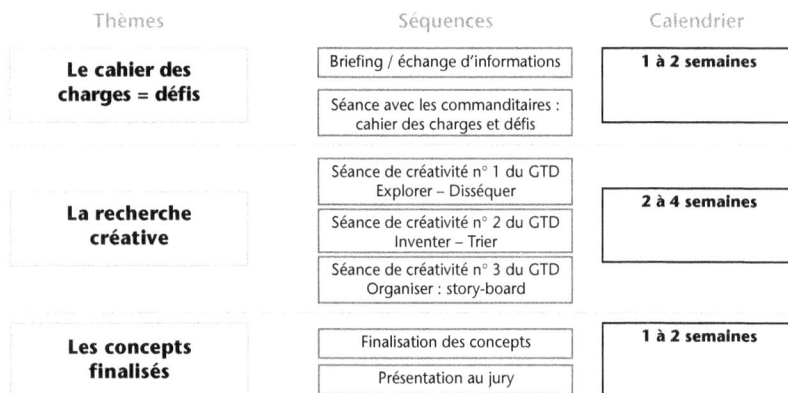

Thèmes	Séquences	Calendrier
Le cahier des charges = défis	Briefing / échange d'informations	**1 à 2 semaines**
	Séance avec les commanditaires : cahier des charges et défis	
La recherche créative	Séance de créativité n° 1 du GTD Explorer – Disséquer	**2 à 4 semaines**
	Séance de créativité n° 2 du GTD Inventer – Trier	
	Séance de créativité n° 3 du GTD Organiser : story-board	
Les concepts finalisés	Finalisation des concepts	**1 à 2 semaines**
	Présentation au jury	

Figure 5.3 : déroulement d'une recherche avec un groupe transverse défis.

Séquence 4 : organiser la mise en œuvre d'un défi

Pour se représenter le passage à la mise en œuvre, il faut imaginer les idées une fois scénarisées. Elles sont décrites comme un mode d'emploi avec des étapes, des acteurs, des séquences de déroulement, des indicateurs[134]. Il est souvent nécessaire de préciser ce premier document de mise en œuvre (celui qui a été validé par le jury), de l'enrichir et éventuellement, de modifier certains points.

À partir de cette post-validation, il existe trois cas de figures simples de mise en œuvre d'un défi :
- un défi est directement applicable : « il fallait y penser ! ». Ce cas de figure arrive le plus fréquemment pour des solutions innovantes

---

134. Voir fiche défi au chapitre 6.

techniques ou liées aux bonnes pratiques[135]. Par exemple, dans *Une des Idées qui changent tout*, les auteurs[136] racontent comment un petit morceau d'acier à visser entre des pinces peut faire gagner 3,5 millions d'euros en deux heures. Le défi était de supprimer les arrêts machine répétitifs ;

– le défi nécessite un pilote ou un prototype : ce cas est similaire au premier avec une étape supplémentaire de mise à l'essai, que l'on confie le plus souvent aux spécialistes en recherche et développement, ingénierie ou marketing, selon la nature de l'innovation résultant du défi ;

---

135. Ce qui fut le cas pour les téléviseurs à éteindre plutôt que de les laisser en veille dans le groupe Accor.
136. Getz Isaac, Robinson Alan C., *Vos idées changent tout*, Éditions d'Organisation, 2003.

Budget indicatif temps/acteurs

Étapes	Ctaire	Coord.	An./Fac	Part.	Autres
En aval : enquête (exploration de l'existant)		1 à 3*			0,25/ent.**
1re étape : briefing des commanditaires	0,25	0,25	0,25		
2e étape : synthèse des informations et validation du briefing		1	0,5		0,25/expert
3e étape : première séance de créativité avec les commanditaires (dont préparation et compte rendu)	0,5	0,5	1 / 1		
4e étape : cartographie des acteurs et recrutement d'un groupe de 12 personnes		0,5	0,25/3		
5e étape : première séance de créativité avec le GTD (dont préparation et compte rendu)	0,5 à 1	0,5	1,5/1,5	1 x 12	
6e étape : rapport du défi		0,5	0,5		
7e étape : deuxième séance de créativité avec le GTD		0,5	1,5/1,5	1 x 12	1/client 1/créatif
8e étape : rapport du défi		0,5	0,5		1/créatif
9e étape : troisième séance de créativité avec le GTD		0,5	1,5/1,5	1 x 12	1/créatif
10e étape : finalisation des scénarios des défis		1	1 – 1	1 x 3	1 à 3 créatif
11e étape : présentation des défis au « jury »	0,5	0,5	0,5	0,5 x 12	0,5 créatif
12e étape : suivi en interne		1 à 3			
Totaux par acteur	1,75 à 2,25	8,25 à 12,25	8,5/9	3,5 à 4,5 par part.	

Ctaire : commanditaires. Coord. : coordinateurs. An./Fac : animateur/facilitateur.
Part. : participants. Autres : experts, clients, créatifs (graphiste, comédiens, etc.).
Dans ce budget, les temps forfaitaires ou masqués n'apparaissent pas comme les entretiens entre le parrain et le commanditaire ou la présence du commanditaire au jury, par exemple.
* Budget temps : 1 = 1 journée / 0,5 = ½ journée / 0,25 = ¼ journée, et ainsi de suite.
** Acteurs rencontrés par entretien.

Tableau 5.8 : Budget indicatif d'un GDI.

– le défi à réaliser implique la mise en place d'une organisation différente, d'un procédé de fabrication adapté ou d'une étude approfondie du domaine : dans ce cas, la prise de relais par la création d'un groupe projet représente la modalité de suivi la plus efficace. Grâce à la constitution d'un ou de plusieurs groupes projet, on retrouve la logique des acteurs, des croisements d'expertise, de cultures, de sensibilités.

De manière à indiquer en toute transparence la contribution de chacun, nous traduisons en budget temps* les différentes étapes dans le tableau précédent.

Quelques commentaires sur cette méthodologie par le groupe transverse défis

Cette méthodologie est l'une des plus fiables pour parvenir à des résultats significatifs de rupture dans le cas de défis et d'innovation provoquée impliquant des acteurs de l'entreprise. On peut toujours trouver des idées plus innovantes, de façon aléatoire ou parce que des personnes dont l'esprit très aiguisé et très rodé à l'invention trouveront des idées très performantes. L'observation la plus fréquente concerne l'apparente lourdeur du processus. Des aménagements sont possibles, notamment au niveau du temps réquisitionné des groupes et en fonction du degré de difficulté du défi.

Ce qui nous paraît incontournable pour la réussite d'un défi, dans le contexte de l'innovation participative, est de respecter les cinq étapes de l'EDITO©[137], de mener une enquête préalable sur l'existant, mais aussi de diriger un travail pendant au moins deux jours sur ces cinq étapes avec un groupe défi.

Un déroulement simplifié type

Explorer
Avec les commanditaires, une demi-journée minimum :
– définir les défis avec les commanditaires ;
– faire une enquête de l'existant.
Avec le groupe, une demi-journée minimum :
– faire réagir le groupe à partir de l'enquête ;
– faire s'approprier le défi par le groupe.

Disséquer et inventer
Avec le groupe, une demi-journée minimum :
– « ouvrir » et démonter le fonctionnement du défi ;
– extraire des pistes de recherche très pointues ;

---

137. Voir chapitre 1, p. 44.

- trouver des idées par piste ;
- formaliser ces idées en une phrase.

Trier et organiser

Avec le groupe, une demi-journée minimum :
- sélectionner les idées ;
- élaborer chaque idée de façon concrète pour qu'elle soit (presque) prête à la mise en application, en prototype ou en groupe projet.

Relever un défi par un management des idées « en direct du terrain »

Exigence de rupture et nécessité de mobiliser

Comme dans la plupart des démarches, il existe des niveaux d'objectifs différents, les uns facilement explicitables, les autres moins, ce que l'on nomme aussi « objectifs cachés » et « objectifs exprimés ».

Des dirigeants qui se lancent dans une démarche d'innovation participative, une Démarche Défis qui plus est, peuvent attendre une innovation de type rupture, bien sûr ! Tout comme ils peuvent considérer cette mobilisation comme une formidable opportunité de motivation des équipes.

Rupture et motivation ne s'opposent pas. Elles peuvent représenter chacune un degré de maturité ; il s'agit de commencer par la motivation pour développer l'ambition de rupture.

Elles peuvent aussi représenter des pièges : une Démarche Défis qui n'aurait aucune perspective d'innovation serait probablement et très vite considérée comme un « os à ronger », une manœuvre pour les distraire !

Notre propos est d'en faire un outil d'innovation et de motivation. Ces deux objectifs doivent cependant s'associer et ne pas se neutraliser l'un l'autre.

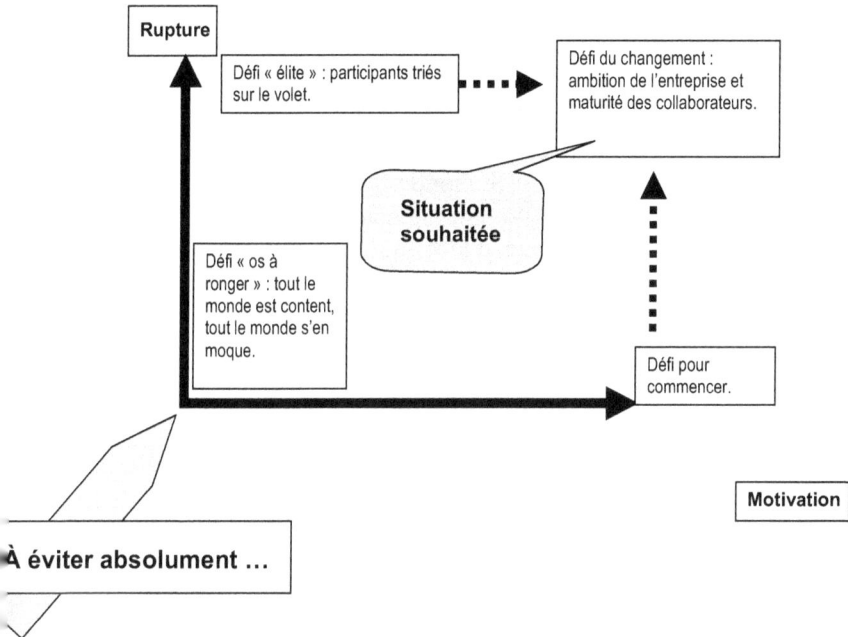

Rupture

Défi « élite » : participants triés sur le volet.

Défi du changement : ambition de l'entreprise et maturité des collaborateurs.

Situation souhaitée

Défi « os à ronger » : tout le monde est content, tout le monde s'en moque.

Défi pour commencer.

Motivation

À éviter absolument ...

Figure 5.4 : défi et rupture.

Dans cette perspective, nous considérerons deux facteurs :
- le degré de rupture attendue des défis ; les idées apportées sont concrètes et efficaces ; les acteurs impliqués ont l'influence nécessaire pour faire avancer le défi ;
- le degré de motivation attendue des collaborateurs ; les acteurs sont de plus en plus nombreux à vouloir s'impliquer ; ceux qui participent sont valorisés dans leur métier avant d'être reconnus par les honneurs.

Attention ! Un défi génial, mal approprié par un minimum de collaborateurs, ne vaut guère plus qu'un défi médiocre qui fait l'unanimité.

Le management des idées « en direct du terrain »

L'organisation et l'animation des groupes de créativité est une des approches possibles. Il existe d'autres manières de capter les idées du terrain par un management des idées en direct.

Que faire dans les entreprises dont le rythme ou la disponibilité des équipes n'est pas compatible avec un mode de fonctionnement qui monopolise une douzaine de participants pendant plusieurs journées ?

Des formules de management des idées consistent à mettre en œuvre un dispositif et des pratiques permettant de capter et recueillir des idées du terrain au quotidien. Il fonctionne aussi bien pour l'innovation spontanée que pour l'innovation provoquée.

L'avantage des autres approches par rapport aux GTD consiste à mobiliser plus du monde, voire tout le monde. La limite se situe principalement dans le degré de rupture produit : le management des idées généralisé à tous produit beaucoup plus d'idées qu'un groupe défi, mais assez rarement des idées de rupture, laquelle consiste en un changement de modèle (de paradigme) et un écart significatif (+ 20 %).

Les formules que nous développons ensuite sont également mises en œuvre dans plusieurs entreprises. Il s'agit par exemple des « idées/défis » captées du terrain, des ateliers de recueil d'« idées/défis » ou de l'Intranet des « idées/défis ».

Le management des idées en direct du terrain

Figure 5.5 : le management des idées sur le terrain.

Mettons-nous à la place de n'importe quelle personne de l'entreprise. Le défi est lancé… Chacun doit être en mesure d'avoir une idée et de la transmettre, puis d'avoir une réponse concrète à chacune de ces questions :
   – J'ai une idée. Qu'est-ce que j'en fais ? À qui je la donne ? Où je l'envoie ? Quand est-ce que j'aurai des nouvelles ?
   – Mon idée est retenue. Comment sera-t-elle mise en œuvre ? Qu'est-ce que je gagne ? Est-ce que j'aurai un trophée ?
   – Mon idée n'est pas retenue. Pourquoi ? Qui va me l'annoncer et m'expliquer ? Est-ce que je peux encore envoyer des idées ? Qu'est-ce que je dois faire pour que cela marche ?

L'organisation du management des idées comporte nécessairement une instance de sélection. Dans le management des défis à travers les groupes transverses défis, le processus de sélection passe directement par le commanditaire, tandis que dans le management, les idées recueillies du terrain doivent nécessairement passer par un filtre : le comité de sélection.

Un comité de sélection est composé généralement des commanditaires ou de leurs représentants. Par exemple, dans une usine, le comité de sélection est le comité de direction d'usine lui-même, dirigé par le directeur du site. Il peut être également composé d'une partie de ce CDU pour rendre compte ensuite des idées présélectionnées à l'instance de décision, le CDU lui-même.

La question clé concerne les critères de sélection qui doivent être communiqués à tous et scrupuleusement observés. Les critères peuvent être « c'est une action qui... » :
– répond au défi (contenu, enjeux, etc.) ;
– est innovante, originale dans le contexte du défi ;
– est facile à mettre en œuvre (délai, financement) ;
– envisage un retour sur investissement mesurable ;
– est duplicable.

Que faire quand une idée remarquable arrive ? Est-elle hors normes et hors critères ? On dit... « perle ! ».

Chaque entreprise, chaque organisation met ensuite un dispositif en place pour que ce circuit fonctionne et soit animé.

Les idées défis captées du terrain

Le plus difficile ne consiste pas à avoir des idées mais à les formaliser, à les mettre en forme. C'est la raison pour laquelle les boîtes à idées classiques ont si peu de succès : on y trouve quelques trucs bien pensés enfouis dans un tas de revendications, de « y a qu'à » au « faut qu'on », et autres ersatz de propositions dont on n'a que faire et qui discréditent bien souvent le système lui-même par des formulations du type : « à quoi bon solliciter les idées des gens, regardez ce qu'ils nous balancent ! », ou encore, « c'est bien de demander des idées à tout le monde, mais on ne sait plus quoi en faire, et en plus il faut répondre », etc.

Nous sommes bien loin des défis. Les idées captées du terrain procèdent d'une organisation très simple et assez exigeante.

Recruter une dizaine de capteurs d'idées

Un pour 30 à 50 personnes environ.

Un par zone de travail : atelier, ensemble d'un service, etc.

Quelqu'un qui va facilement vers les gens.

Quelqu'un qui écoute, qui se prête aisément à l'exercice de la reformulation et qui a l'esprit pratique et concret.

▧ Former les capteurs d'idées à…[138]

L'écoute active.

La reformulation.

Le questionnement créatif (maïeutique).

La rédaction d'une idée concrète.

La relation d'influence (pour les aider à faire passer les idées de leurs auteurs, un peu comme le font les éditeurs, les promoteurs ou les producteurs).

▧ Dans l'entreprise

Communiquer à l'ensemble de l'entreprise qu'un groupe de « capteurs d'idées » est à la disposition de chacun pour recueillir et accompagner l'élaboration des idées.

▧ Une fois le défi lancé…

Dès que le défi est lancé, chacun sait qu'il peut soumettre son idée au capteur de sa zone, qu'il aura des nouvelles de son idée dans les trois à quatre semaines suivantes, de la part de son capteur ou de son manager direct, selon les règles établies et qu'il peut aussi faire passer directement son idée à un comité de sélection qui les transmettra aux commanditaires.

▧ Les « capteurs d'idées » en chasse

Pendant le temps du défi, c'est-à-dire trois à quatre semaines, une partie du temps et de l'énergie des capteurs d'idées est dédiée au captage des idées. Les capteurs remettent les idées au comité de sélection. Nous recommandons que chaque capteur puisse présenter oralement les idées, en tout ou en partie, selon leur degré de clarté et de simplicité, à un parrain, membre du comité de sélection (le parrain joue le même rôle que présenté précédemment).

Cette présentation orale a un double intérêt. Elle permet au capteur d'exposer plus clairement certaines idées et d'en défendre certaines, souvent les plus audacieuses. Elle donne également la possibilité de revenir vers l'auteur (ou les auteurs) de l'idée pour la rendre plus « vendeuse », la compléter ou l'enrichir.

---

138. Toutes ces compétences font l'objet d'outils décrits en détail dans le chapitre 6.

Témoignage de capteurs d'idées[139]

Ça marche bien, mais il faut y aller... Si on attend dans son coin, on a beau mettre une pancarte « innov'acteurs » au-dessus de sa tête, personne ne vient. Moi, la première fois, je me suis fait avoir. Depuis que je suis capteurs d'idées, je vais voir les gens plus facilement. Il faut se méfier parce que vous êtes accusé de récupérer les idées que les gens vous ont données à votre profit. On préférerait remettre les idées oralement auprès du comité de direction pour les expliquer, et il y en a certaines que l'on pourrait mieux défendre.

À la fin du défi...

Le délai du défi terminé, le comité de sélection se réunit et classe les idées en trois premières catégories :
– les idées OK : elles correspondent aux critères ;
– les idées KO : elles ne correspondent pas aux critères ;
– les idées « ? » : elles méritent une étude plus approfondie. Pour cette troisième catégorie, le comité se donne la possibilité de conditionner son accord à une étude complémentaire.

Le choix du comité de sélection

Le comité de sélection ayant fait son choix, chaque auteur ou groupe d'auteurs est contacté par le capteur ou son manager de proximité pour un feed-back assez détaillé.

Pour les idées OK, on note les caractéristiques qui ont particulièrement attiré l'attention, les modalités et les délais prévisionnels de mise en œuvre, ainsi que le circuit des trophées.

Pour les idées KO, on se demande pourquoi elles ne correspondent pas aux critères puis on fournit quelques conseils pour mieux réussir la prochaine fois.

Les idées « Pourquoi pas ? » méritent une étude plus approfondie. On souligne alors les questions qui se posent, la nature de l'étude à mener et la prochaine date pour une information.

La mise en œuvre des idées

La mise en œuvre des idées comprend la mise en œuvre directe, la mise en place d'un groupe projet et la mise en essai d'un pilote ou d'un prototype.

Le processus d'innovation est décrit dans le point qui suit.

---

139. Site de Vire, Compagnie des Fromages. Propos recueillis lors d'une séance de formation des capteurs d'idées de ce site. Voir aussi le développement au chapitre 5.

> **Idée** : du latin *idea*, « type de chose », emprunté au grec *idea*, « forme visible » (*idein horan*, « voir », de l'indoeuropéen *weid*, « voir »).

Les expérimentations en la matière commencent à abonder aujourd'hui. Nous en voulons pour preuve celles dont témoignent les responsables des entreprises qui nous ont permis de rédiger cet ouvrage. Aucune d'entre elles n'est modélisante en soi : toutes comportent des éléments dynamiques qui constituent des ressources pour étayer d'autres démarches dans d'autres endroits.

Nous développons plus particulièrement en annexe 2 la démarche de l'usine de Vire parce qu'elle nous semble rassembler les ingrédients de base, et surtout parce que ce site, ses acteurs, ses infrastructures, sa culture, son métier et le lieu de son implantation incarnent à la fois la tradition et une volonté toute particulière de transformer son potentiel humain et matériel en une formidable machine à innover, sans rien perdre d'un pragmatisme à toute épreuve, d'une humilité parfois excessive (en comparaison de certains qui se mettent en avant avec trois fois rien !) et d'une rigueur exemplaire qui montre aussi que l'innovation n'est pas forcément synonyme de chaos !

Les ateliers de recueil d'idées défis

Les ateliers de recueil d'idées représentent un juste milieu entre les groupes transverses défis et les « capteurs ». Ils présentent une autre particularité : ils sont spécifiquement conçus pour être animés par le manager de proximité et pour que les défis soient relevés collectivement.

Ils ont été au cœur du dispositif de la démarche que Carrefour France a lancée en mai 2006 auprès de l'ensemble des hypermarchés. Hélène Guerreiro, directeur de la communication interne des hypermarchés de Carrefour pour la France, a inauguré ce genre d'atelier pour l'ensemble des rayons des 218 hypermarchés de France. Elle témoigne :

> Deux ateliers d'une heure ont été programmés dans la campagne du défi ; les collaborateurs se réunissaient avec le manager métier pour collecter, sur des Post-it, toutes les idées notées au fil de l'eau au cours des semaines précédentes. Les résultats entre les régions n'ont pas été égaux, mais le fait d'avoir effectué une communication intermédiaire a stimulé tout le monde. Ceux qui étaient en retard et ceux qui voulaient garder leur avance !
>
> Une première sélection des idées pour mise en œuvre s'est faite au niveau de chaque magasin, puis au niveau des exploitations (niveau

régional). Un responsable me disait que dans les idées remontées chez lui, il y en avait déjà qui pouvaient se démultiplier au niveau de sa propre exploitation.

Un trophée au niveau régional et national vient récompenser les idées retenues par différents jurys. Pour le jury national, le président du jury est le directeur général.[140]

▣ Comment fonctionnent les ateliers de recueil d'idées ?

Le défi est lancé au niveau de l'entité. La campagne prévue est de quatre semaines. Un matériel d'animation est envoyé dans chaque unité (agences, sites, magasins, etc.). Chaque manager de proximité (agent de maîtrise, chef d'équipe, chef de rayon…) est le pivot de l'opération. Il dispose d'une ressource : un facilitateur (correspondant innovation, communication, qualité du site) qui peut l'aider sur tous les aspects liés à l'animation, à la logistique, à la communication, etc.

Chaque manager de proximité prend le relais au niveau de son équipe pour annoncer que le défi de l'entité est lancé. Chacun est alors sollicité pour trouver des idées. Il donne ensuite deux rendez-vous, d'environ deux heures chacun, aux membres de son équipe pour recueillir les idées notées au jour le jour sur un petit carnet qu'on leur a distribué, le premier dans le courant de la 2e semaine et le second à la dernière semaine.

Au programme de l'atelier, chaque participant reçoit un jeu de Post-it de grande taille. Il y inscrit ses idées. Chacun va coller ses Post-it sur un tableau, où est inscrit le nom du défi. Puis le manager extrait les idées présentées (en regroupant les récurrentes et en gardant les émergentes) et en fait une liste en accord avec le groupe. Tout le monde doit s'y retrouver, personne ne doit se sentir lésé.

Attention ! Compilation, n'est pas synthèse. L'exercice qui consiste à rassembler des idées n'est pas une synthèse mais une compilation. Une seule idée inclassable peut valoir plus que cent idées classées et amalgamées du fait de leur similitude. Il ne s'agit pas de garder les idées qui provoquent l'assentiment du groupe mais de faire émerger toutes les idées, y compris et surtout les idées uniques : elles sont originales et doivent donc être examinées de plus près qu'une même idée exprimée par un grand nombre.

Chaque manager fait ensuite remonter cette liste à la direction du site ou au comité de sélection.

L'amont et l'aval de ces ateliers s'inscrivent dans le même style de management des idées que nous avons décrit.

---

140. Hélène Guerreiro, Entretien du 29 août 2006.

L'Intranet des idées défis

L'Intranet est un outil, que nous développons au chapitre 6, et un principe de fonctionnement. Ce qu'apporte l'Intranet de totalement nouveau parmi les moyens de communications classiques, c'est l'immédiateté : j'entre une donnée et elle est immédiatement transmise au(x) destinataire(s) ciblé(s), ce qui ne signifie pas, loin s'en faut, qu'elle est captée par celui (ceux)-ci. En tout cas, elle est potentiellement sujette à une réactivité tout aussi immédiate.

L'immédiateté est double. Elle peut apporter le meilleur, à savoir la stimulation, l'émulation, l'adrénaline nécessaire à la créativité, mais aussi le pire : la cécité due au manque de recul, la griserie de l'outil pour l'outil et, très vite, le disque rayé, comme n'importe qui se lasse de pianoter sur le plus beau Pleyel s'il n'a vraiment aucune culture de la musique.

Ajoutons que l'ergonomie de l'outil Intranet est éminemment ludique et que, consciemment ou non, il déclenche l'envie de faire quelque chose. L'instrument est assez structuré en lui-même pour que ce quelque chose ne devienne pas n'importe quoi, et peut par-là même offrir une aide précieuse à l'expression et à l'élaboration d'idées.

Témoignage de Véronique Chance-Fournier, de la mission Innovation du groupe Société Générale[141]
Les conditions de succès que j'identifie d'emblée sont :
– l'implication des managers ;
– le réseau des animateurs ;
– les outils pour animer (l'immédiateté est le critère-clé) ;
– les outils pour communiquer.
Pour un « challenge », il existe trois natures de contenus :
– les idées (pour collecter les idées nouvelles des collaborateurs) ;
– les innovations réalisées (pour récompenser les meilleures innovations réalisées par les collaborateurs) ;
– la duplication des bonnes pratiques (pour inciter à dupliquer les innovations et récompenser les collaborateurs qui le font).
Ces trois types de challenges peuvent exister dans une même direction. En ce qui concerne les challenges « idées », les idées produites sont bien sûr très variées. Il peut donc y avoir un thème ou non. La durée est plus ou moins courte en fonction des objectifs du manager. Chaque manager est également maître du choix de la récompense. Dans tous les cas, il y a une reconnaissance forte.

---

141. Entretien du 24 juillet 2006.

En 2005, nous avons eu 430 challenges locaux. Ce nombre a beaucoup augmenté en 2006. Je vise à ce que ce soit un mode de fonctionnement normal. Il y a des challenges qui concernent 20 000 personnes, d'autres 150, d'autres 3 000… Ces challenges sont communiqués sur le site « Intranet de l'innovation de la Société Générale », où l'on peut également lire ce message : « Vos idées de synergie entre les métiers nous intéressent » : c'est un défi lancé à 10 000 personnes !

Transformer un défi en innovation de rupture

Les étapes du processus d'innovation globale

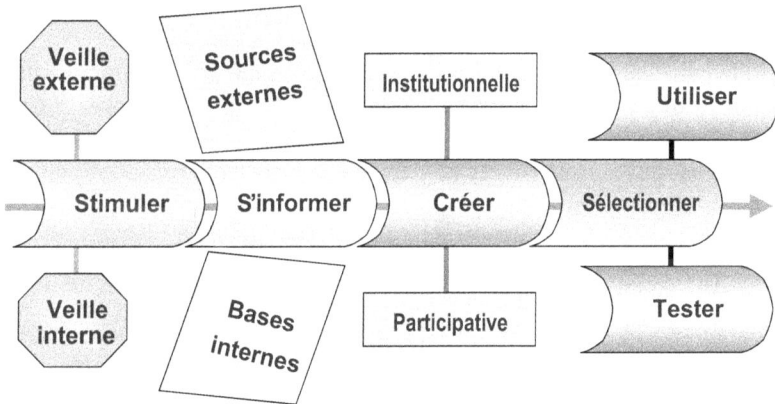

Figure 5.6 : les étapes de l'innovation globale.[142]

Stimuler

C'est l'étape la plus managériale du défi. Elle s'opère avec des consignes incisives, une mise en perspective avec la finalité, les valeurs et les enjeux. Elle s'inspire et s'oriente en fonction d'une veille permanente, à l'externe et en interne.

S'informer

Il s'agit de se nourrir abondamment de l'existant interne et externe : examen des brevets existants, études, témoignages, films, etc. L'exploration de tout le *background* est une condition de rupture pour s'inspirer des informations et ne pas refaire la même chose comme une innovation inédite. Par ailleurs,

---

142. D'après un schéma publié par Kermadec Yann de, *L'innovation est l'affaire de tous*, Insep Consulting, 2001.

l'étape « s'informer » représente un enjeu pédagogique réel. Souvent, ce que tout le monde imagine savoir par cœur ne représente qu'une multitude de détails sans lien les uns avec les autres… ce qui, en l'état, permettrait quelques résolutions de problèmes mais empêche toute innovation !

Innover par les brevets[143] est le titre d'un ouvrage qui met, entre autres, l'accent sur le rôle éminent des brevets en qualité de source d'information et de stimulation. Dans la préface, Jean Foyer[144] écrit : « *Chaque brevet a une double fonction : la première pourrait être intitulée «effet de titre» (…). La seconde fonction du brevet, celle d'une source d'informations pour les innovateurs, n'est pas limitée dans le temps.* »

Créer

C'est le moment événement de l'innovation, comme une mayonnaise qui prend ou qui ne prend pas ! En général, elle prend si les étapes précédentes sont bien préparées et que l'on aborde la créativité avec sérénité et inspiration (si la créativité est fournie par des informations bien présentées, attrayantes, inattendues).

Sélectionner, utiliser, tester…

Les dernières étapes sont décisives dans la mesure où elles débouchent sur l'innovation validée. Dans un grand nombre de cas, ces étapes font l'objet d'un groupe projet : « *Chaque idée retenue doit être transformée en projet et s'inscrire dans un fonctionnement en mode projet* », affirme Olivier Monfort[145].

Cette démarche fondamentale à toute innovation permet une rupture réelle et crée une sorte de référentiel de rupture.

Comment trouver des candidats à un défi ?

Urgo n'hésite pas à annoncer dans une Réflex'Pépite, dont la devise « Il y a de l'or chez Urgo » fait, non sans humour, référence à leur inoubliable signature ! (Hors-série, avec en couverture le slogan « Défis Pépites… Recrutons 40 personnes pour réussir 8 projets ! », et dans la rubrique « Groupes de projet : mode d'emploi ») :

« *Wanted* 40 personnes ! Envie de sortir de votre quotidien, de travailler avec d'autres personnes ? Prêt(e) à investir une à deux journées par mois sur un nouveau projet ? Retournez le coupon-réponse

---

143. Kermadec Yann de, *op. cit.*
144. Membre de l'Institut, président du conseil supérieur de la propriété industrielle.
145. Entretien du 23 juillet 2006. Olivier Monfort est directeur général de Solvay France.

ci-joint… Tout le monde ne pourra pas faire partie d'un projet mais chaque candidature sera attentivement étudiée et aura une réponse. Vos candidatures sont aussi notre baromètre de l'intérêt que vous portez à l'aboutissement de ces défis!».[149]

Conditions de succès

Associer les salariés

Faciliter la remontée d'idées grâce à des réseaux d'innov'acteurs (correspondants innovation), des « capteurs d'idées » et des dispositifs simples de recueil.

Ouvrir la porte aux idées spontanées « tous azimuts ».

Lancer des défis précis.

Donner un feed-back, que l'idée soit retenue ou non.

Innover avec le client et les utilisateurs

Écouter les besoins et les souhaits et y puiser des sources d'idées nouvelles.

Laisser s'exprimer les non-spécialistes.

Responsabiliser le management

Valoriser la démarche auprès des managers.

Attendre des résultats concrets et mesurables (nombre d'idées apportées, nombre d'idées mises en place, gains apportés, etc.).

Communiquer

Informer sur la démarche et les objectifs visés (Intranet, affichages, etc.).

Illustrer l'innovation par les premiers résultats apportés (valeur symbolique).

Reconnaître et récompenser

Primer et récompenser les idées.

Mesurer les résultats et les progrès.

Célébrer les succès (trophées).

Encourager, critiquer de manière constructive.

---

146. *Réflex*, hors-série de décembre 2005.

Chassez les *a priori* qui tuent les idées

Bannir les petites phrases qui tuent (« c'est nul », « ce n'est pas nouveau », « ça ne marchera jamais »…).

Convaincre chaque personne de son potentiel créatif.

Observer l'environnement

Regarder les autres.

S'inspirer de tout ce qui touche aux besoins du client.

Développer la créativité

Animer avec les règles basiques de la créativité de groupe.

Exiger du nouveau et du concret pour chaque idée.

Répliquer les idées émises

Développer la capacité à transférer une idée d'un département/secteur ou d'un métier à un autre.

▨ Préjugés et trouble-fête à l'initiative

« Il faut être expert pour innover » : l'utilisateur et l'opérateur savent où et comment.

« L'innovation n'est rien sans la créativité » : innover parfois c'est copier.

« L'innovation est réservée à la technique » : les services représentent plus des trois quarts de la valeur ajoutée.

« Ça ne marchera jamais chez nous » : plus de 70 % de l'offre des cinq ans à venir n'existe pas aujourd'hui.

« Anticiper c'est prévoir l'avenir » : l'avenir sera celui que nous inventons aujourd'hui.

Les pièges à éviter absolument

Attention, intentions : gare aux « y à qu'à » et aux « faut qu'on ».

Tapis volant, tapis piégeant : l'inspiration créative est nécessaire, la mise en œuvre est indispensable.

Idée sans suite, idée perdue : une proposition sans *feed-back* ne sera pas renouvelée.

Démarche délaissée, inertie garantie : la mode « feuille de paille » tue l'initiative.

Idée volée, motivation zéro : la reconnaissance accordée aux auteurs est déterminante.

Trop beau, valeur zéro ! À force d'attendre la perfection, l'innovation disparaît.

Ce que doit faire le manager des défis...

Engager sa responsabilité dans la démarche et les résultats.

Favoriser l'autonomie.

Stimuler l'enthousiasme, la bonne humeur et l'esprit constructif.

Valoriser ce qui est nouveau et peut être source de profit.

Lancer des défis au quotidien.

Reconnaître et exploiter les erreurs.

Organiser et stimuler les échanges.

Favoriser la créativité.

Sur le management de l'innovation...

Le manager innovant est surtout celui qui encourage l'initiative de ses collaborateurs.

La créativité est utile mais pas indispensable.

Une idée n'est innovante que si elle est réalisée.

C'est sur le terrain que naissent les idées les plus simples et les plus efficaces.

Écouter la demande d'un client et la communiquer est la source la plus économique et la plus fiable de l'innovation.

Lancer des défis c'est alimenter la flamme.

Ne pas oser innover, c'est risquer de se faire dépasser.

SYNTHÈSE

Engager une Démarche Défis « basique » est une initiative de la direction ; une instance de pilotage ainsi qu'une campagne de communication interne sont nécessaires.

Conduire une Démarche Défis à une dimension internationale s'organise naturellement au sens « management des idées » mais exige souvent d'être animée en langue maternelle dans les groupes de créativité.

La formalisation d'un défi rend visible et pédagogique le lien entre le long et le court terme.

La condition principale du succès pour relever un défi est d'impliquer les utilisateurs : clients, acteurs de terrain… lors de l'exploration en amont et des séances de créativité.

Chapitre 6

Outils et modes d'animation de la Démarche Défis

Les outils et les modes d'animation de la Démarche Défis alimentent des moteurs de l'innovation participative. L'enjeu de l'innovation est de coupler l'ensemble de ces moteurs. Chacun de ces moteurs est constitué d'hommes et de femmes qui constituent les ressources essentielles. Jusqu'à ce jour, l'innovation est affaire de cerveaux humains. Pour créer le maximum de puissance et de performances, des méthodes sont nécessaires pour organiser les productions de chacun et des méthodes qui permettent de coupler les moteurs afin de décupler les capacités innovantes de l'organisation. C'est le premier défi.

Coupler les moteurs

L'heure n'est plus à distinguer la véritable innovation de l'innovation « pour rire », celle des professionnels de celle des amateurs, celle de ceux qui pensent de celle de ceux qui exécutent. Il s'agit encore moins de feindre l'extase, dès qu'une suggestion vient du terrain, en lui conférant soudain une légitimité totale comme de tout ce qui viendrait du terrain. Ne nions pas les déconvenues que certaines conventions du personnel d'innovation participative, dites « interactives » et rassemblant plusieurs dizaines ou centaines de collaborateurs, ont provoquées en exhibant de minuscules souris accouchées par d'énormes éléphants !

Direction générale

Innovation participative
spontanée et provoquée

Idées innovation
Institutionnelle

Comité de pilotage

Groupes tr.
défis

Capteurs d'idées

Intranet des
idées

Marketing

R & D

Innovations

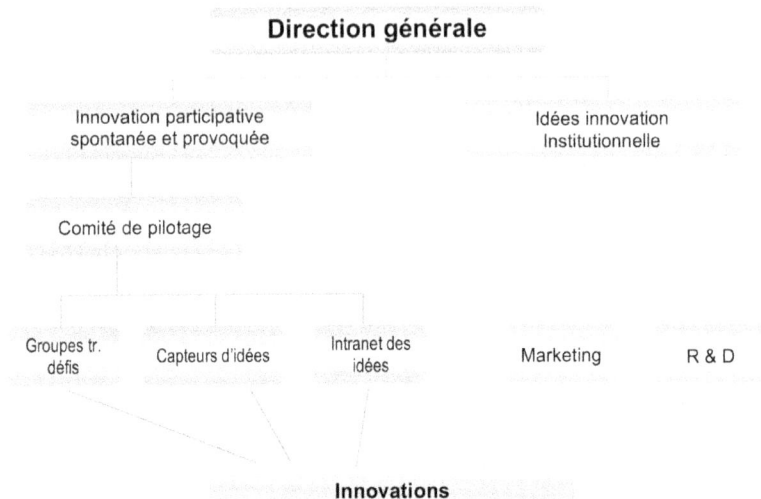

Figure 6.1 : orchestration de l'innovation.

Les instruments, les outils, les modes d'animation dont nous détaillons le fonctionnement sont les suivants :

- la créativité ;
- le *benchmarking* ;
- l'enquête sur l'existant ;
- les groupes transverses défis (GTD) ;
- les ateliers de recueil d'idées-défis ;
- les groupes marché produits ;
- les réseaux de capteurs d'idées ;
- les progiciels de démultiplication ;
- les cahiers des charges ;
- la « maïeutique » et le marketing des idées ;
- l'apprentissage permanent ;
- la mesure des bénéfices ;
- le Référentiel d'Innovation Participative.

L'heure est à la diversité. *Manager par les défis* complète une palette de moyens, de « moteurs »[147] orchestrés par la direction et regroupant l'innovation dans son ensemble : « institutionnelle » et participative.

---

147. L'expression nous a été donnée par l'ancien responsable qualité et innovation de Solvay, François Lepoivre, qui fait partie des pionniers.

La créativité : mobiliser son énergie, valoriser ses talents, utiliser des méthodes

En rappel[148], nous indiquons les principales caractéristiques de la créativité qui nous semblent les plus utiles à bien maîtriser dans cette Démarche Défis.

Créativité individuelle et collective

Les méthodes d'animation créative consistent à décadrer les participants en les amenant à explorer et à se perdre dans des univers très différents de l'objet initial de la recherche, grâce à des méthodes ludiques et vivantes, à base de métaphores et d'exercices projectifs.

La « pensée magique » est la première étape de l'innovation, une fois le rêve exprimé, parce qu'elle est à la fois très concrète et totalement irréalisable aujourd'hui (le tapis volant aujourd'hui, le téléphone hier...). La production finale est concrète, communicable, narrative et descriptible. L'histoire racontée n'est pas toujours faisable dans l'immédiat à 100 %, c'est souvent la garantie de son fort degré d'innovation.

Une attitude, une façon de voir

À tout problème, il y a au moins deux solutions. Chacun a en lui des ressources d'énergie, des talents et des capacités pour appliquer une méthode rigoureuse et être un véritable acteur du changement : le potentiel créatif existe en chacun, savoir l'utiliser d'une façon performante s'apprend.

Une méthode, pour dépasser les pièges les plus fréquents

Il s'agit d'une série de techniques simples et vivantes pour transformer une situation jugée insatisfaisante en une situation plus adaptée à nos objectifs, à nos valeurs, à nos besoins. Face à un problème ou à un projet ambitieux, nous avons tendance à :

– nous auto-limiter dans les solutions possibles, penser que nous ne serons pas capables de le résoudre ou que les solutions auxquelles nous pensons ne seront pas acceptées ;
– nous laisser écraser par l'ampleur du problème : « ça fait des mois que ça dure », « on ne sait pas par quel bout le prendre », « s'il y avait une solution, ça se saurait » ;
– confondre le problème, ses causes et ses conséquences ;

---

148. *L'Innovation à tous les étages*, chapitre 8.

- confondre l'objectif et le moyen ;
- proposer des intentions plus que des solutions concrètes ;
- censurer nos propres collaborateurs face à la pression du quotidien, ne pas exploiter toutes leurs ressources ;
- reproduire les mêmes solutions, même si elles ne sont pas satisfaisantes.

Sans méthode, il n'est pas facile de sortir de ces schémas répétitifs. Et sans une certaine innocence non plus ! « Parce qu'ils ne savaient pas que c'était impossible, ils l'ont réalisé ! »[149]. Et plus récemment, un animateur de l'innovation participative déclare : « Innover, c'est résoudre des problèmes qu'on croit sans solution » [150].

La démarche créative

À chacune des étapes de EDITO©, méthodologie créative qui catalyse le processus de créativité et d'innovation, il y a :
- le principe des deux mouvements successifs du processus créatif (divergence ou ouverture/convergence ou fermeture) s'applique ;
- des techniques d'animation permettent de stimuler la créativité, individuelle ou collective ;
- des outils d'organisation de l'information faciliteront l'analyse objective des informations ou la prise de décision.

▓ Les deux moments du processus créatif

Dans l'animation de réunion créative, il s'agit de mettre en œuvre le principe des « deux mouvements du processus créatif » :
- premier mouvement : l'ouverture, la divergence, la recherche de toutes les options ;
- second mouvement : la fermeture, la convergence, la rigueur dans la sélection.

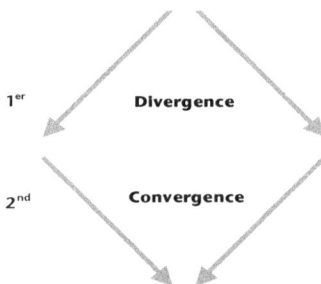

1er Divergence

2nd Convergence

Figure 6.2 : les deux moments du processus créatif.

---

149. Aphorisme attribué à un proverbe chinois.
150. *RH acteurs de progrès*, avril 2006. Journal interne de la SNCF spécial innovation participative. Extrait de la rubrique « Réseau d'animateurs ». Le mot est de Jean-Pierre Lepesant.

Ces quatre règles appelées « **⊄ Q F D** » s'appliquent dans les phases d'ouverture ou de divergence. Elles sont nommées, écrites et affichées au début de chaque réunion créative et rappelées avant chacune des séquences de divergence.

- **⊄** = Pas de censure : tout dire, lever le jugement, pas de critique (positif/négatif) ;
- **Q** = Quantité indispensable : en dire le plus possible ;
- **F** = Farfelu bienvenu : accueillir les germes d'originalité (le farfelu, le fantaisiste) ;
- **D** = Démultiplication : rebondir sur les idées des autres.

L'application de ces règles permet à chacun d'exprimer au mieux ses aptitudes créatives (fluidité, flexibilité, originalité, élaboration) et encourage à mettre en œuvre une attitude créative (le « possibilisme » et la projection dans le futur).

L'animateur aura avantage à utiliser un objet symbolique, visuel ou sonore, médiateur de ces règles, comme par exemple une clochette anti-critique, une baguette magique, un carton jaune... Ces objets, présent physiquement, favorisent l'autorégulation des participants.

Le mythe de la quantité en question

Le Dr Roni Horowitz critique le « mythe de la quantité qui mène à la qualité » : « Malheureusement, la créativité est un sujet tellement évasif qu'elle égare nombre d'auteurs qui, au lieu de creuser pour trouver les règles sous-jacentes de la créativité, préfèrent suivre les mythes du processus créatif ».[151]

Il rejoint un principe classique que la PNL nous enseigne : faire plus de la même chose a peu de chance d'aboutir à un changement quelconque.

Le mot qui nous intéresse dans l'affirmation de Dr Roni Horowitz est « creuser », même si nous ne l'appliquons pas à la créativité elle-même mais à l'objet de la recherche. Et quand on ne creuse pas, dans la dynamique créative, on ouvre, on élargit, on s'égare précisément.

▪ Activer les logiques de la créativité

La logique associative : elle s'appuie sur le fait qu'aucune association n'est *a priori* le fruit du hasard. Il s'agit de laisser les idées « sortir des chemins battus », les laisser « rebondir les unes sur les autres ».

---

151. In ASIT, *Méthode pour des solutions innovantes*, traduit par Pascal Jarry, édité en France par www.SolidCreativity.com. 2003. Dr Roni Horowitz a inventé la méthode ASIT à partir de TRIZ, créé par le Russe Genrich Saulovich Altshuller.

La logique analogique : elle s'appuie sur des ressemblances ou des comparaisons pour enrichir un principe d'action. Cela va de l'utilisation du « c'est comme... » à celle du symbole et de la métaphore.

La logique combinatoire : elle consiste à créer des couples aléatoires de termes différents pour en faire jaillir un concept nouveau.

La logique onirique : elle consiste à faire sortir des idées et des visions « conscientisables ». La prospective, l'anticipation, la conquête de ce qui est impossible aujourd'hui passe par le rêve. Il s'agit d'imaginer l'impossible, l'infaisable, le « magique ». Le rêve se concrétise souvent par une pensée magique.

Pratiquer un *benchmarking*

Le benchmark est probablement le moyen le plus simple d'innover chez soi à partir de ce qui existe ailleurs, à condition bien sûr de bien observer le phénomène « benchmarké », de comprendre le principe de fonctionnement et de le transposer.

Si comparaison n'est pas raison, un transfert d'idées d'un univers à un autre peut devenir innovation. Il s'agit avant tout d'une analyse détaillée des fonctionnalités d'un référent extérieur (autre entreprise, autre démarche) :
- situation initiale ;
- objectifs visés ;
- facteur déclenchant ;
- obstacles surmontés ;
- pièges évités ;
- première étape ;
- atouts et ressources utilisés ;
- programme de mise en œuvre ;
- résultats obtenus.

Il s'agit également d'une injection d'idées dans son propre projet : étape par étape, la créativité s'exerce sur l'adaptation, la transformation, l'interprétation plus que sur l'application.

Faire un reportage sur le terrain

Il s'agit d'enquêter sur l'existant et de décrire les éléments du défi en l'état (schéma, scénario, etc.). La formulation du défi représente les objectifs opérationnels et stratégiques de celui-ci. Une fois le défi décidé, le recueil des informations liées à ce défi s'effectue en réponse aux questions suivantes. En réalité il s'agit d'un reportage par opposition à enquête audit, diagnostic ! Tous ces mots qui font peur parce qu'ils sont synonymes de détection ou d'évaluation !

Il y a d'abord les questions de base pour identifier auprès de qui faire l'enquête sur l'existant :

- Qui ?
- Quoi ?
- Quand ?
- Comment ?
- Où ?
- Pourquoi ?

Puis des questions plus précises qui permettent de détecter des éléments déclencheurs :

- Quel rêve réaliser ? Quel intolérable transformer en « autrement mieux » ?
- Depuis combien de temps ce rêve est-il exprimé ?
- Depuis combien de temps cet intolérable existe-t-il ?
- Comment se déroule le processus d'un acteur à l'autre, d'un service à l'autre, du point de départ au point d'arrivée ?
- Quels sont les inconnus ?
- Qui fait quoi dans le circuit ou dans le processus ?
- Comment fonctionne l'information entre les acteurs concernés ?
- Quels messages leur sont-ils communiqués ?
- Qui manage qui et comment les managers communiquent-ils entre eux ?
- Quels sont les processus ? : quel circuit ? Quel délai ? Quelles règles de fonctionnement ? Quels moyens de contrôle ? Quels impératifs (juridiques, techniques, etc.) ?
- Quelle place est accordée au client ?

Animer un Groupe Transverse Défis (GTD)

Un groupe transverse défis est composé spécialement autour d'un défi spécifique. Son mode de fonctionnement répond à un processus complet, du commanditaire qui lance le cahier des charges au commanditaire qui « prend livraison » des idées. Le GTD ne répond qu'à la partie conception de l'innovation. La partie « prototypage et mise en œuvre est réintégrée aux missions compétentes : R & D, marketing, fonctions opérationnelles.

Il est composé d'acteurs internes (et externes si besoin) ayant un rôle-clé dans le processus lié au défi, auxquels peuvent se joindre des candides, des clients du défi, des commanditaires… Il vise à inventer un mode d'action original et efficace capable de relever un défi donné.

Le GTD est conduit par un animateur formé aux techniques de créativité, aux techniques d'animation de groupe et à la valorisation des idées émises. L'animateur d'un GTD n'est pas nécessairement un expert dans le défi traité.

Les capacités pour animer un défi

Chaque acteur de l'innovation doit acquérir et/ou révéler des capacités d'interdépendance, d'utilisation d'informations efficientes, d'émission de propositions innovantes, de croyance en l'impossible et d'harmonisation du plaisir et du devoir.

La confiance en soi et dans les autres

La capacité d'interdépendance, c'est donner et recevoir des autres, agir en toute liberté, respecter les règles du jeu communes.

La connaissance de son entreprise et de son environnement

La capacité d'utiliser des informations efficientes, c'est trouver l'information utile, trier les informations, intégrer les informations à sa réflexion pour l'enrichir, la transformer, la modifier, la remettre en cause de A à Z.

De la méthode

La capacité de produire des propositions innovantes, seul(e) et en équipe, c'est :
- explorer une situation, les données d'un projet ou d'un problème ;
- disséquer les données, les décrire, les comprendre, les analyser et dépister les bons angles d'attaque ;
- imaginer des solutions innovantes, efficaces et pertinentes ;
- trier les plus intéressantes : ambitieuses, rentables, faisables à court terme ;
- organiser la mise en œuvre et concrétiser une excellente idée en réalisation efficace.

Du talent

La capacité de croire ce qui est possible dans l'impossible, c'est :
- transformer un handicap en ressource ;
- s'aventurer avec confiance dans l'inconnu, voire l'absurde ;
- défendre une vision sans savoir encore comment procéder.

De l'énergie

La capacité d'harmoniser plaisir, devoir et contrat, c'est :
- identifier dans l'action ce qui apporte le plus de plaisir ;
- reconnaître la satisfaction, la sienne et celle des autres ;

– être tenace, parfois envers et contre tous ;

– miser sur la réussite estimée en termes de résultats mesurables.

L'aptitude à créer

Tout le monde la possède et l'exploite plus ou moins. Cette aptitude peut être stimulée et développée quel que soit l'âge. L'aptitude à créer se mesure par quatre facteurs (selon le test de J.P. Guilford) :

– la fluidité : notre capacité à produire rapidement un grand nombre d'idées ;

– la flexibilité : notre capacité à produire des idées dans un grand nombre de catégories différentes ;

– l'originalité : notre capacité à trouver des idées rares. la mesure de ce facteur est relative au contexte (une même idée peut être très originale dans un certain contexte et très banale dans un autre) ;

– l'élaboration : notre capacité à développer et à préciser une idée (détails et prolongements de l'idée).

L'animation d'un groupe défi en 5 étapes

Étape 1 : explorer

La préparation consiste à :

– définir le défi avec l'équipe de direction ;

– enquêter sur l'existant et écrire les éléments du défi en l'état (schéma, scénario, etc.) ;

– constituer et recruter le groupe transversal.

Pendant la première séance d'animation (une journée), il faut poser toutes les questions, c'est-à-dire s'étonner, comprendre et enrichir.

Étape 2 : disséquer

Lister toutes les idées déjà envisagées et/ou réalisées.

Imaginer le pire (tout ce qu'il faut faire pour augmenter dramatiquement la situation).

Décrire les conditions de succès (le défi serait totalement relevé si…).

Identifier les pistes à mettre en œuvre pour réussir le défi (de quelles manières pourrions-nous… ?).

Étape 3 : inventer

Imaginer toutes les idées d'action à partir de chacune des pistes.

▦ Étape 4 : trier

Lors de la deuxième séance de créativité (une journée), il convient de :
– sélectionner les idées les plus innovantes et les plus efficaces ;
– identifier les innovations les plus significatives dans le contexte.

▦ Étape 5 : organiser

Développer les idées sélectionnées en actions-phares, à partir desquelles toutes les autres vont suivre, à l'image d'un levier.

La finalisation se fait de la façon suivante :
– reprendre l'ensemble des éléments et élaborer une présentation « communicante » ;
– réunir les membres du GTD pour s'entraîner à la présentation des actions du défi devant le comité de direction.

⇨ *Exemple d'un plan d'animation simple et efficace*

1ʳᵉ séance (1 journée : base 5 heures à 5 h 30 effectives)

Accueil, présentation des participants et de la journée

⇨ Durée de cette séquence : 30 minutes maximum

– objectifs
– règles du jeu
– questions...

Étape explorer

1. Poser toutes les questions : s'étonner, comprendre, enrichir

⇨ Durée de cette séquence : 120 minutes maximum

C'est la première séance... L'animateur Défi reçoit les participants.
– Chacun se présente (l'expérience montre que les personnes d'un même établissement, d'un même centre ne se connaissent pas toujours, ou au moins ne savent pas ce que font les autres).
– L'animateur introduit les modes de fonctionnement du Groupe Transversal Défi :
  • Les règles d'animation créative (EDITO©, CQFD, divergence et convergence...)
  • La programmation des séances
– L'animateur expose sa démarche de préparation :
  • Il présente la liste des acteurs rencontrés (en terme de fonction, pas nécessairement de nom).
  • Il développe ce que chacun lui a décrit et appris.
Puis il montre le schéma qu'il réalisé à partir de ces entretiens.

Il remet une fiche écoute à chacun des participants :

FICHE D'ÉCOUTE ACTIVE©

Les confirmations que j'ai et qui sont importantes	Les surprises, les étonnements

Les questions que ça me pose

Les idées que ça me donne

L'animateur demande à chaque participant de noter, à mesure de son exposé, ses différentes réactions en direct, sans interrompre sa présentation.

À la fin, il laisse à chacun 5 minutes pour classer et synthétiser ses remarques.

Il ouvre l'échange, répond aux questions, faire répondre les uns et les autres.

Il note les points-clés des échanges au tableau de papier.

Il reformule et synthétise les points évoqués

Puis il fait reformuler à chaque participant, « pour moi, l'objectif est de... », qu'il écrit au tableau.

Il laisse 5 minutes aux participants pour écrire individuellement une à deux reformulations, puis fait la mise en commun en synthèse progressive :

– il prend la reformulation du 1er puis celles qui sont proches ;

– il passe à un autre participant pour une autre reformulation, et ainsi de suite.

– Enfin, l'animateur fait une reformulation globale des points-clés et la fait valider par le groupe.

Étape disséquer

2. Lister toutes les idées déjà envisagées et/ou réalisées (purge des idées et des solutions).

⇨ Durée de cette séquence : 20 minutes maximum

L'animateur écrit au tableau « TOUT CE QUI A DÉJÀ ÉTÉ MIS EN PLACE » :

– lister toutes les idées qu'ils ont déjà eues » (même si elles n'ont pas été mises en place) ou « les solutions déjà mises en place pour... »

– « Et qu'est-ce qui a encore été mis en place ? ici, ailleurs ? »

Après l'exercice « pour moi, l'objectif est de... », l'animateur liste tout ce qui est dit en numérotant les phrases dans leur ordre d'arrivée. Il change de couleur pour distinguer les deux exercices.

3. Imaginer le pire (tout ce qu'il faut faire pour augmenter dramatiquement la situation).

⇨ Durée de cette séquence : 20 minutes maximum

L'animateur écrit au tableau de papier : « TOUT CE QU'IL FAUT FAIRE POUR SABOTER »,
- « Dites-moi tout ce qu'il faut faire (plus que ce qu'il ne faut pas faire) pour que ce soit bien pire qu'avant (au lieu de mettre 15 jours on mettra 25 jours). »

L'animateur rappelle les règles de la phase ouverte : pas de censure, quantité, farfelu, démultiplication, CQFD, en insistant à chaque fois sur ce qu'il faut faire pour saboter l'atteinte de l'objectif. Il liste tout ce qui est dit en numérotant les phrases dans leur ordre d'arrivée et dans la suite des exercices précédents. Il change de couleur pour distinguer les exercices.

4. Décrire les conditions de succès (le défi serait totalement relevé si...).

⇨ Durée de cette séquence : 20 minutes maximum

L'animateur écrit au tableau de papier « LE DÉFI SERAIT TOTALEMENT OU MÊME DÉJÀ PARTIELLEMENT RELEVÉ SI...»,
- « Pour vous, notre défi serait à 100 % gagné si nous... dans l'idéal, nous aurons pleinement ou partiellement atteint notre objectif si nous... »

L'animateur liste tout ce qui est dit en numérotant les phrases dans leur ordre d'arrivée et dans la suite des exercices précédents. Il change de couleur pour distinguer les exercices.

5. Identifier les pistes à mettre en œuvre pour réussir le défi (de quelles manières pourrions-nous...?).

⇨ Durée de cette séquence : 30 minutes maximum

L'animateur écrit au tableau « DE QUELLES MANIÈRES POURRIONS-NOUS... » :
- je vais relire chaque item noté au tableau de papier depuis « pour moi l'objectif est de... » ; chacun note au fur et à mesure ce qu'il lui paraît important dans notre défi... ;
- il relit l'ensemble de la production, assez lentement pour que chacun puisse noter ;
- maintenant, chacun complète précisément la phrase « de quelles manières pourrions-nous... », qui met l'accent sur un ou deux leviers qui permettront de relever le défi.

Il laisse un temps de concentration pour chacun et invite ceux qui le souhaitent à lire les feuilles de papier accrochées au mur. L'animateur fait la mise en commun des reformulations en poursuivant la numérotation initiale.

Étape inventer

6. Imaginer toutes les idées d'action à partir de chacune des pistes.

⇨ Durée de cette séquence : 45 minutes maximum

L'animateur reprend axe par axe « De quelles manières pourrions-nous… ». Il distribue une feuille à chaque participant ainsi qu'une fiche *brainwritting*.

De quelle manière pourrions-nous..
..............?

	Idée de départ	

Idée-clé (sélection d'une idée forte ou croisement d'idées)
Titre : ....
Idée : ....

N'oublions pas ! Il est plus facile de rendre une idée originale faisable qu'une idée faisable originale…

L'animateur donne les consignes :
– vous disposez chacun de 2 minutes pour trouver une idée très efficace et nouvelle : faites comme si elle était réalisable *a priori* ;
– vous écrivez votre idée lisiblement dans la case « Idée de départ » ;
– vous attendez que je donne le signal…

L'animateur s'assure que tous les participants ont écrit une idée ; pour accélérer le processus, il peut faire un compte à rebours sur le ton de l'humour :
– « 5…4…3…2…1…Top ! Vous passez votre fiche à votre voisin de droite ». Chacun se retrouve avec un nouvel axe « De quelles manières… » et une idée écrite au centre : il la lit et en trouve une autre le plus spontanément possible…
et ainsi de suite jusqu'à ce que les fiches soient pleines (s'il n'y a pas assez de participant, faire en sorte que chacun ait répondu au moins une fois).

À la fin, chaque participant dispose de neuf idées au maximum... il prend le temps de les lire toutes :

- soit il reformule l'idée qu'il trouve la plus efficace et la plus innovante en réponse à l'axe et il la développe à sa façon, d'où que vienne cette idée (des autres ou de lui) ;
- soit il réinvente une idée nouvelle à partir d'éléments qu'il trouve dans les autres cases et développe cette nouvelle idée.

Si un participant reprend une idée à lui, il lui est vivement recommandé de l'enrichir des idées des autres, de manière à ouvrir le champ des possibles. Chaque participant donne un titre à l'idée finale. Pour en finir, l'animateur prend chaque idée au tableau, en la numérotant.

Étape trier

7. Sélectionner les idées les plus innovantes et les plus efficaces.

⇨ Durée de cette séquence : 35 minutes maximum

En conclusion de cette première séance, l'animateur demande au groupe d'accorder de 1 à 3 points à chaque idée (avec un crédit de 5, symbolisé par des pastilles par exemple) sur le seul critère de la nouveauté :

- vous accordez le plus de points (3 maximum par idée) aux idées que vous estimez les plus innovantes dans votre centre, celles qui n'ont jamais été mises en œuvre.

L'animateur relit cette sélection en insistant sur les idées les mieux notées. Il recueille le bilan de cette journée avec les participants, par une évaluation dynamique :

- chacun exprime 2 ou 3 éléments qu'il a appréciés et explique les raisons de ses préférences ;
- chacun exprime 2 ou 3 éléments qu'il a moins appréciés et explique pourquoi.

L'animateur note ces éléments dans deux colonnes au tableau puis les commente avec les participants. Ensuite, il annonce la date de la prochaine séance d'une journée fondée sur la deuxième partie de l'étape « trier » puis sur l'étape « organiser ».

S'il reste du temps, l'animateur ouvre un échange libre sur le thème et sur la méthode.

2ᵉ séance (1 journée : base 5 heures effectives)

---

8. Ouverture

⇨ Durée de cette première séquence d'ouverture : 30 minutes maximum

L'animateur accueille le groupe.

Il a remis au tableau les idées présélectionnées avec les pastilles. Il les relit puis entame un échange à propos de chaque idée :
- « Nous allons en développer 3 ou 4 » (pas plus de 5) ;
- « Les trois plus innovantes sont... » il les lit... « comment celles-là peuvent-elles être croisées (ou non) avec d'autres idées... ? ».

Avec le groupe, il reformule les 3 à 5 idées qui seront développées, en gardant l'« idée-racine » et son titre, idée choisie pour son caractère innovant. Il écrit ces 3 à 5 idées au paperboard.

Étape organiser
9. Développer les idées sélectionnées en leviers.

Cette étape est composée du développement de l'idée en leviers et de la vente et de la commercialisation de l'idée.

a) Le développement de l'idée en leviers

Un levier est une action qui, une fois mise en place, va permettre d'atteindre l'objectif avec les moyens les plus simples : « Donnez-moi un levier, disait Archimède, et je soulèverai le monde ».

⇨ Durée de cette séquence : 2 heures maximum

L'animateur répartit une idée pour deux ou trois participants en fonction des goûts (à la criée) et en s'assurant toutefois que les personnes qui constituent les groupes ne travaillent pas déjà ensemble quotidiennement. En l'occurrence, la richesse vient des nouveautés provoquées par le fait que les personnes ont peu l'habitude de communiquer ensemble.

L'animateur remet une fiche action/défi au format A3 : une fois que chaque sous-groupe a son idée et ses fiches, il se met au travail avec l'aide de l'animateur qui insiste sur les cinq principes suivants :
- une idée se raconte comme un scénario ;
- inscrire des éléments concrets, « filmables » (tout concept général est à exclure) ;
- le sous-groupe, s'il n'arrive pas à résoudre un problème précis pour parvenir à développer une partie de son idée, rédige les questions auxquelles il doit avoir des réponses ;
- tout ce qui est écrit doit pouvoir être lu et compris par d'autres personnes ;
- l'enjeu de cet exercice est de conserver l'originalité et de « faire voir » l'idée en train de se réaliser, même s'il reste des zones d'incertitude au niveau de la faisabilité.

Témoignage de Yves Menet[152], de La Banque Postale, animateur d'un second défi dans son établissement

Ne pas hésiter à cadrer le début de chaque séance de créativité, dire pourquoi on est là, être sans états d'âme par rapport aux objectifs, dire qu'on va probablement brusquer certaines habitudes, sortir de ce cadre de référence habituel justement et se trouver l'esprit libre : s'autoriser à rêver. La première force est l'utilisation du schéma de la scénarisation du parcours. Cela provoque des étonnements de type « Ah ! C'est comme ça que cela se passe ? ». Car chacun connaît bien sa tâche au niveau de son activité. Mais il découvre l'amont et l'aval, « je ne m'imaginais pas que l'accueil téléphonique ça se passait comme ça ! », comme il découvre l'enchaînement entre les étapes.

Les techniques de créativité, les phases de divergence et le mode d'échange sous forme d'idées surprennent beaucoup : « Ah ! Ça n'a rien à voir avec ce qu'on fait d'habitude… », « on n'imaginait pas produire autant d'idées en une seule séance » !, etc.

Afficher les tableaux de papier au mur, au fur et à mesure de la production, est fondamental pour la dynamique de la séance… Très vite, c'est un plaisir pour eux d'échanger de cette façon-là.

⇨ *Quelques techniques qui aident à faire d'une idée un défi de rupture*

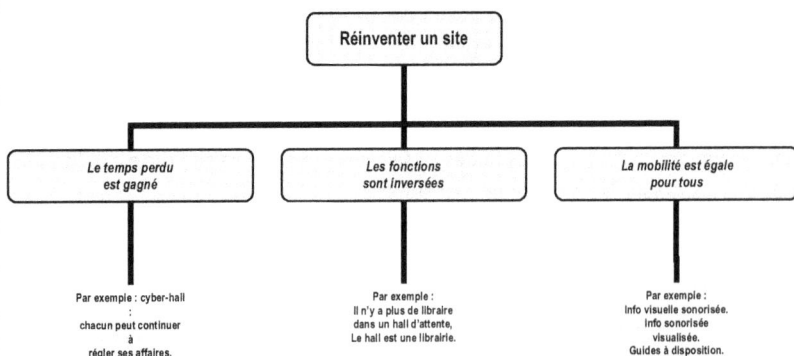

Réinventer un site		
Le temps perdu est gagné	**Les fonctions sont inversées**	**La mobilité est égale pour tous**
Par exemple : cyber-hall : chacun peut continuer à régler ses affaires.	Par exemple : Il n'y a plus de libraire dans un hall d'attente, Le hall est une librairie.	Par exemple : Info visuelle sonorisée. info sonorisée visualisée. Guides à disposition.

---

152. Chargé de la mission Innovation Participative au Centre Financier de Nantes. Entretien du 7 septembre 2006.

Comment passer d'un défi en plusieurs sous-défis ?

L'étape Disséquer permet de dégager des leviers qui, une fois identifiés et soulevés, vont permettre de relever le défi. Ce diagramme est un exemple d'une arborescence qui visualise en trois sous-défis le défi de « réinventer un site », une gare, une salle d'accueil d'un musée, etc.

Chaque sous-défi est décliné en concepts : on peut en produire plus de 10 en créativité ouverte et les sélectionner ensuite en fonction de leur degré d'innovation et d'efficacité.

Comment accentuer l'effet de rupture ?

Une rupture est un autrement à forte valeur ajoutée. Quand une idée est formalisée, avant de l'élaborer complètement sous forme de scénario, il faut vérifier son degré d'innovation. Pour cela, il s'agit d'identifier une situation où A est l'existant et B l'innovation qui exprime le rêve à réaliser.

Par exemple, pour régler mes opérations bancaires :
– A : je vais à la banque ;
– B : la banque vient chez moi.
Le moyen invoqué est alors une banque à distance par Internet.

Pour effectuer une opération de surveillance qui coûte très cher :
– A : il faut quatre métiers différents avec des spécialités très cloisonnés ;
– B : un expert surveillant effectue l'ensemble.
Les moyens invoqués sont alors la création d'un nouveau métier, une formation ad hoc, des outils polyvalents.

Attention ! De même qu'Archimède change radicalement de modèle de démarche pour évaluer le volume de la couronne du roi de Syracuse :
– A : il mesure chaque mini-volume et les additionne ;
– B : c'est la pression de l'eau qui donne le volume.
Il n'invente pas forcément de nouveaux outils pour réaliser sa mesure : il évalue par exemple le volume d'eau avec un récipient traditionnel.

Pour l'innovation, il en va de même. La rupture intervient surtout sur le « faire autrement ». Cela peut se traduire par les actes suivants :
– inverser : je vais à la banque/la banque vient vers moi ;
– changer radicalement de modèle : il y a quatre spécialistes/il y a un seul expert.

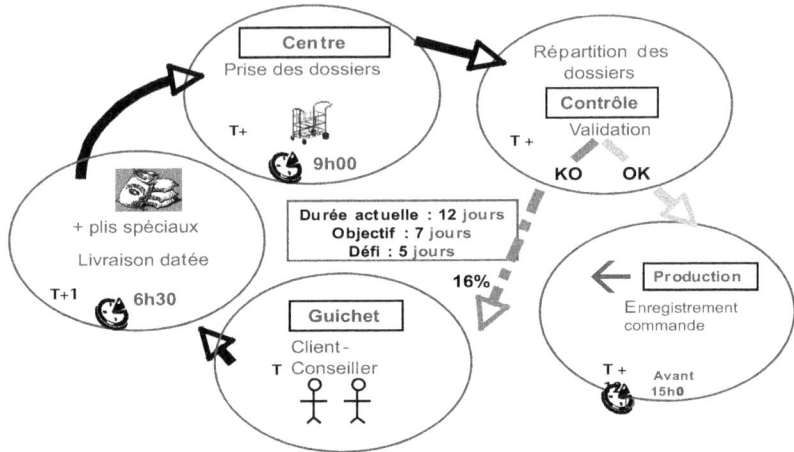

La scénarisation d'un parcours.

Le schéma de scénarisation du parcours

Ce schéma est le résultat d'une enquête de plusieurs jours réalisée auprès de l'ensemble des services de l'entreprise. Il met en avant les points-clés observés et leviers qui déterminent le plus le processus du défi à relever.

L'indication horaire est importante dans la mesure où tout document délivré après 9 heures dans la case « prise des dossiers » peut prendre 24 heures de retard, mais aussi parce que les délais sont calculés sur une moyenne qui tient compte des 16 % de dossiers renvoyés après contrôle. Quand on sait qu'un dossier renvoyé peut pénaliser la moyenne de 4 jours, on a déjà une piste sérieuse pour atteindre un bon tiers des objectifs visés par le défi.

Ce qui importe dans cette visualisation c'est :
- la mise en commun de l'ensemble d'un processus face à des acteurs qui le vivent de façon très segmentée ;
- la force des chiffres : 16 %, après 9 heures = 24 heures de retard, etc. ;
- le fait qu'il y ait quelque chose d'important à faire à chaque étape : il s'agit bien de relever le défi dans un esprit de coopération et non de « renvoi de balle » ;
- le schéma est un outil, comme une carte, sur lequel il est possible d'imaginer des simulations, contrairement à une liste de données qui favorise l'analyse déductive et qui ne permet pas aux personnes peu expérimentées d'établir des croisements nécessaires à la créativité.

Fiche action/défi

Titre de l'idée :

Principe de base/levier :

L'action, étape par étape :

Séquence	Qui...	Fait quoi, où, comment...	Pour qui... Vers où...	Quand...

b) La vente et la communication de l'idée

⇨ Durée de cette séquence : 2 heures maximum
– 45 minutes l'avocat de l'ange ou feed-back
– 75 minutes l'argumentaire et le plan de communication d'accompagnement

Une fois les idées développées, l'animateur organise un exercice de feed-back : chaque sous-groupe concepteur doit recevoir le feed-back d'un autre sous-groupe. Par exemple : le groupe A à B, B à C, C à D, D à A, etc., s'il y a quatre sous-groupes.

Le feed-back, baptisé « avocat de l'ange », consiste en l'exercice suivant pour le groupe A à B :
 – A décrit son idée ;
 – l'un des membres de B reformule l'idée : « si j'ai bien compris... » ;
 – A acquiesce ou recadre si nécessaire ;
 – B : « ce que j'aime dans votre idée, c'est... » (description des points précis) ;
 – B pose des questions destinées à aider A à concrétiser certains aspects ;
 – le groupe entier propose des enrichissements de type « nous pouvons aussi... » (et non, « à la place de » ou « au contraire de »).
Et ainsi de suite. Ceux qui reçoivent ce *feed-back* notent tout ce qu'ils entendent à propos de leurs idées. L'animateur remet une seconde fiche en A3 pour argumenter l'idée et bâtir un mini plan de communication d'accompagnement. Chaque sous-groupe s'y exerce en complétant la fiche suivante :

Caractéristiques de l'action défi	
Objectifs/gains attendus	Obstacles à franchir
Conditions de succès	Questions à poser pour la mise en œuvre

Plan de communication d'accompagnement		
Message-clé : ce que nous voulons dire de cette idée...		

Cibles	Action : qui fait quoi, comment ?	Supports

En conclusion

⇨ Durée de cette séquence : 30 minutes maximum

L'animateur organise la mise en commun de ces fiches. Il remercie le groupe puis annonce la suite, il va reprendre :
- chaque fiche et la retranscrire ;
- l'intégralité de la démarche pour en faire une présentation globale destinée au comité de direction.

Dans l'idéal, il fait valider cette présentation par le groupe lors d'une séance de 2 heures. Il invite les participants à présenter eux-mêmes leurs idées au comité de direction.

Selon Muriel Garcia, la méthode EDITO[153] est une méthodologie très structurée pour aider à démarrer et très créative pour « décoller ». Il faut que chacun puisse préparer son propre schéma d'animation. C'est une façon de se l'approprier[154].

---

153. Édito© : démarche créative conçue par les auteurs, voir chapitre 6 : La créativité : mobiliser son énergie, valoriser ses talents, utiliser des méthodes et chapitre 8 de « L'Innovation à Tous les étages », Favoriser la créativité, pages 210 et suivantes.
154. Muriel Garcia est responsable de l'Innovation participative au sein de la direction Qualité et de la Sécurité du groupe La Poste. Elle exerçait précédemment cette fonction dans le cadre de La Banque Postale. Entretien du 20 août 2006.

Manager un atelier collecte d'idées

Un atelier collecte d'idées est collectif *a priori*. Les idées qui en ressortent sont celles d'une équipe, d'un rayon, d'un atelier... Il est programmé sur une ou deux heures. Au programme :

- l'animateur (le manager de proximité en général) fait un tour de table à l'oral de toutes les idées que chacun a notées dans la semaine ;
- il anime un échange sur les idées dans l'esprit de les associer et de les enrichir ;
- il invite chacun à reformuler sa propre idée en fonction de ce qui a été dit, voire d'en inventer d'autres qui lui seraient venues ;
- chacun écrit ses idées sur un Post-it grand format ;
- chacun colle ses Post-it sur un tableau ;
- l'animateur aide à réorganiser les idées en direct avec le groupe ;
- il sort une dizaine d'idées, celles qui vont être présentées au comité de sélection.

Animer un Groupe Marché Produits (GMP)

Le groupe marché produits est une création originale. À notre connaissance, le groupe Solvay a été parmi les premiers à le mettre en œuvre.

La base du fonctionnement d'un GMP est simple : un secteur d'activité cherche un produit innovant ; il fait l'hypothèse que ce produit existe dans une autre activité très différente et que l'adapter à son besoin coûterait moins cher que de lancer une nouvelle recherche.

> Il peut s'agir du secteur automobile qui recherche un produit, un isolant par exemple, et qui interroge chaque secteur pour identifier ce qu'il fait pour répondre aux besoins de ses clients. Cela peut être le cas d'une matière isolante prévue pour la chirurgie, parfaitement adaptable à isoler une carrosserie d'automobile. Ce système, vieux comme le monde, est souvent livré au hasard des « génies » de passage. C'est le cas de Safran, ex-Snecma, qui a adopté un appareil d'investigation chirurgical pour inspecter les moteurs d'avion sans les démonter. Les GMP le systématise et utilise les logiques analogiques ou combinatoires propres à la créativité.

Cette technique est bien adaptée aux groupes qui font des produits communs à destination de différents marchés (le plastique pour le bâtiment, la chirurgie, l'automobile, etc.). Selon Olivier Monfort, directeur général de Solvay France[155] :

---

155. Entretien de 23 juillet 2006.

« Maintenant, les groupes marchés sont morts ! Ils ne fonctionnent plus sous leur forme originale. C'est dû à un changement de périmètre par rapport aux différents groupes. Le facteur de diversité est primordial : si par exemple une activité qui joue un rôle important dans un GMP se retire, la masse critique n'existe plus… Un groupe qui a bien produit, celui du bâtiment, doit son succès en partie à la diversité de ses acteurs… jusqu'au moment où, pour une raison de changement de structure, une activité s'est retirée et la diversité est devenue insuffisante. Il reste d'autres obstacles à surmonter, l'envie de travailler ensemble, par exemple : l'esprit d'équipe doit se jouer au niveau des *business units*… ce n'est pas gagné d'avance quand chaque patron a des impératifs de résultats court terme !

En règle générale, les groupes n'ont pas assez produit, les résultats réels sont assez peu nombreux et sont lents à venir…

Fondamentalement, l'idée est intéressante. Les GMP ne sont pas morts dans leur principe, ils ont retrouvé une forme d'existence au niveau inter- national avec la diversité qui a manqué ici. Deux ont débouché sur la création de « solutions units », équipes chargées de vendre des produits venant de BU différentes et destinées à un marché spécifique, et de proposer une stratégie de croissance pour ce marché.

Les conditions de succès d'un groupe marché produits, c'est de bien distinguer les rôles des acteurs clés :

– Le sponsor, la personne qui parraine : il faut un cadre supérieur qui ait de l'autorité morale et qui puisse être capable de coacher, de renvoyer une image et de promouvoir les projets naissants.

– L'animateur qui porte le groupe, qui donne l'âme.

– Le facilitateur est celui qui aide, qui fait les comptes rendus, qui organise la logistique, qui va voir les uns et les autres pour faire avancer.

Dans le précédent groupe, la personne qui jouait ce rôle avait son bureau proche du mien et il lui était plus facile d'être l'interprète. C'est un rôle très important.

Ensuite, il faut un mode de décision inter-BU, normal pour un groupe qui fonctionne sur la base de la diversité. C'est difficile. En plus, il n'y a pas de temps pour ça, c'est la grande contradiction de ces démarches !

Être capteur d'idées, détecteur de défis terrain

La plupart des échecs des boîtes à idées et autres systèmes de suggestions sont dus à la médiocrité des idées déposées. Face à la déception de la direction (la montagne qui accouche d'une souris), il y a également une déception de la part de ceux qui disent : « je ne suis pas capable d'avoir des idées ».

Concernant les animateurs de terrain, on retient le plus souvent leur rôle d'organisation, de communication et de relais auprès du management. Nous mettons aussi l'accent sur leur mission de capteurs d'idées qui consiste à aider des opérateurs qui ont du mal à formaliser leurs idées. Leur mission est de faire que chaque idée émise soit claire, développée, valorisée, afin de la rendre présentable et vendable ! Être capteur d'idées nécessite un minimum de sensibilisation et d'accompagnement. La lettre de mission est une bonne illustration du contenu pédagogique qui peut leur être adapté.

Lettre de mission

Madame, Monsieur,

Vous êtes missionné(e) pour occuper le rôle de « capteur d'idées ». Vous êtes en charge tout particulièrement de :

– Récolter les suggestions au sein de votre secteur, celles que l'on vous propose spontanément, mais également celles que vous allez stimuler en sollicitant vos collègues directement.

– Identifier les idées que vous avez captées : les idées transverses qui concernent plusieurs services et qui doivent donc être soumises à plusieurs décideurs ; les idées locales qui ne concernent qu'un seul service et qui peuvent être mises en œuvre suite à la décision d'un seul responsable ; parmi les idées locales, celles qui sont transférables à d'autres services.

– Faire remonter les idées que vous avez captées, celles qui concernent le défi.

– Collecter pour information toutes les autres idées spontanées « hors-défis ».

– Garantir le suivi des idées qui doivent faire l'objet d'un retour sous un délai maximum de 4 semaines (à confirmer) de la part du comité de pilotage.

Vous disposez de… %[156] de votre temps total pour accomplir ces missions que vous reportez au comité de pilotage. Vous reportez à votre supérieur hiérarchique pour les % de votre temps. Cette mission vous est confiée pour une période de… renouvelable.

Signé, le DG, le DRH ou le directeur de l'unité.

---

156. 10 à 20 % pendant la campagne défis.

Utiliser des progiciels de démultiplication

Les défis locaux peuvent trouver des réponses dans tout le réseau interne que constitue l'entreprise et même dans le monde entier lorsqu'il s'agit de groupes internationaux ; des progiciels permettent cet échange en mettant en avant leur capacité de « réplication », sorte de benchmark interne dont on sait qu'il représente plus de 50 % du potentiel innovant des entreprises. Aujourd'hui, des groupes comme Accor, la Société Générale ou Thales utilisent avec succès ce type de progiciels. Selon Laurent Joulin, président de Motivation Factory :

> Idea Value est un système qui peut promouvoir et projeter des idées à tous les niveaux. L'aspect stimulation est présent en permanence, ne serait-ce que par le mode de communication proposée par ce progiciel. Un tableau très visuel et très accessible affiche un « top ten » des idées les plus émises, des plus appliquées, des plus répliquées... en temps réel ! Le management des idées, sous son volet gestion, se fait en direct. Par ailleurs, pour inciter la créativité et la curiosité sous-jacente, on peut animer des *teasings* et des rubriques « Saviez-vous que ? », qui livrent des informations sur de multiples sujets : le nombre d'idées soumises dans tel domaine, le nombre d'auteurs par rapport au nombre d'idées, etc. [157]

L'utilisation d'Intranet apporte une réelle valeur ajoutée sous au moins deux aspects : une communication motivante et très accessible aux demandes de chacun et l'immédiateté, le direct.

Formuler les cahiers des charges en termes de défis à relever

Un cahier des charges est traditionnellement conçu en trois parties : contexte, demande et conditions de mise en œuvre. La demande est souvent formulée en intentions conceptuelles comme réinventer le service de proximité, créer de nouveaux sites d'accueil ou imaginer le retraitement sans incinération. Concevoir une demande sous forme de défis, c'est déjà faire rêver les chercheurs sans craindre d'orienter la demande, en proposant par exemple de faire du service de proximité une carte aux 1001 vœux, de créer des sites d'accueil au cœur d'un palais impérial ou d'imaginer le retraitement dans une vallée verte protégée.

---

157. Entretien du 21 septembre 2006. Motivation Factory est l'éditeur du progiciel Idea Value, solution Internet/Intranet dédiée à l'innovation et au partage des bonnes pratiques.

Olfa Amami[158], responsable du déploiement du projet de service dans la direction management du service de VFE, raconte comment son « dilemme » se transforme en un défi stimulateur :

> La question pour nous, SNCF, est comment pouvons-nous offrir des petits plus, des petits gestes en plus avec nos atouts qui sont différents de nos concurrents ! On ne peut pas transposer tel quel. On doit partir de nos spécificités. Et pour moi, c'est le terme « petit plus » qui pouvait faire la différence, dans une entreprise où l'on sait traiter d'énormes programmes, réaliser des performances techniques formidables, etc. Les petits plus qui font la différence à l'égard des clients, c'était pour mieux valoriser nos services et leur faire oublier les contraintes qu'ils subissaient à des passages obligés…
>
> J'avais un dilemme. J'estimais que les études marketing que j'avais commandées et dont je disposais étaient au maximum de ce qu'elles pouvaient m'apporter. En faire plus ou en faire d'autres ne m'aurait servi à rien ! J'étais frustrée… c'était les 100 mètres qu'ils me manquaient, c'était ce qui me manquait pour définir une feuille de route concrète et rendre le bébé sexy !

Donner leurs chances aux idées proposées, aux innovations

Le rôle des capteurs d'idées

C'est le rôle des capteurs d'idées, c'est aussi celui des techniques de recueil d'idées en général qui doivent stimuler la concrétisation et la valorisation des propositions par une série de questions « maïeutiques » comme :

– Quel est l'objectif de cette proposition ?
– En quoi répond-elle concrètement à cet objectif ?
– Que représente-t-elle de différent par rapport à l'existant ?
– Qu'est-ce que sa mise en œuvre changerait ?
– D'où cette idée est-elle venue ?
– Quels autres moyens permettraient d'attendre l'objectif ?

Un marketing adapté : argumentation, lobbying…

Une idée n'existe que si elle est racontable, à la manière d'un récit. Toute présentation illustrée, argumentée, documentée a d'autant plus de chance de séduire si elle a été étayée avec des acteurs qui en seront les facilitateurs

---

158. Entretien du 9 octobre 2006.

voire les décideurs. Dans toute démarche d'innovation, en particulier pour les défis, le lobbying interne est déterminant. Il répond à quelques principes fondamentaux :
- faire de ses alliés des conseils, leur laisser une part de la paternité sinon de l'idée, au moins de la possibilité de son émergence ;
- informer les « adversaires » pour désamorcer l'effet de la crainte de la nouveauté ou du pouvoir retiré.

Voir à ce sujet l'ouvrage *How to make bigger ideas ?*[159]

Témoignage de Nathalie Joulin[160], experte en innovation

La plus grande difficulté n'est pas tant d'avoir des idées, mais d'avoir de grandes idées et, bien sûr, de les réaliser. En anglais, on dit *How to make bigger ideas*. En réalité, quel que soit le domaine de l'idée, organisationnel, stratégique, produit ou service, l'approche pour les « grandir » est la même : savoir « marketer ses idées ». Il n'y a rien de négatif ou de superficiel ici : il s'agit simplement de se poser toutes les bonnes questions pour transformer une idée en un véritable concept, c'est-à-dire avec un bénéfice client/consommateur clairement identifié, sur une cible déterminée, avec une différenciation (par rapport à l'existant, à un concurrent, à une pratique, etc.). Qu'est-ce qui va faire que mon idée va devenir vraiment unique et forte ? Comment puis-je l'expliquer clairement et simplement en une seule phrase ?

Un bon exemple en matière d'innovation produit est le gel coiffant pour les cheveux de L'Oréal, avec un concept qui a transformé les usages : « le premier gel coiffant qui décoiffe ».

Au-delà des mots, cette réflexion pose la question de la réalisation de l'idée, incitant à plus d'exigence : comment puis-je rendre l'idée visible ou visiblement différente ? Dans le cas d'un nouveau produit ou service, ceci englobe bien sûr tout le marketing mix : le meilleur design, la meilleure formulation, la meilleure communication, le meilleur prix, etc. Mais le bénéfice apparaît même en interne, au sein de l'entreprise : visualiser l'idée est en effet une étape très importante pour la vendre en interne ; visualiser l'idée, c'est d'abord mieux communiquer, donner envie (sans mentir) : ainsi, bien soigner sa présentation, montrer des maquettes, des photos, placer ses interlocuteurs en situation (facilitant ainsi leur compréhension), innover dans la façon de communiquer, etc., autant d'actes qui peuvent faire toute la différence et permettre aux meilleures idées de passer.

---

159. *How to make bigger ideas ?* indique une notion d'envergure, de dimensionnement qui fait qu'une idée donne envie, impressionne, séduit un entrepreneur ... cité dans l'ouvrage de Nathalie Joulin, *Les coulisses des nouveaux produits*. Édition d'organisation. 2002 Entretien du 19 octobre 2006.
160. Nathalie Joulin, Édition d'organisation 2002. Entretien du 19 octobre 2006.

Provoquer l'apprentissage permanent

Faire circuler les informations utiles

Les informations utiles à enrichir un défi sont d'ordres multiples :
- stratégique : les enjeux, les évolutions, les concurrents ;
- technique : les expériences et échecs en la matière, les nouveautés, les recherches ;
- environnemental : les règlements, les exigences, les standards, les études.

Lancer une Démarche Défis induit de faire circuler sous les formes les plus diverses les informations qui peuvent alimenter la créativité de tous.

Transmettre les savoirs par une pédagogie directe

Les savoirs, savoir-faire et savoir-être peuvent se transmettre autrement que par l'écrit (dont il ne reste que 10 % de retenu, contre 90 % quand l'apprenant a pu expérimenter par lui-même).

Les programmes dits d' « apprenance », d'entreprise ou d' « organisation apprenante » prévoient une action conséquente dans l'échange d'expérience, la validation des savoirs par l'expérience, la création de nouvelles compétences. Cette face *knowledge* de la Démarche Défis ne peut être écartée, même si sa mise en œuvre se traduit déjà par des actes de formation/action, de tutorats, d'échanges d'expérience et de gestion des erreurs par le management.

Mesurer les bénéfices des défis : résultats chiffrables et apports psychologiques

La mesure des résultats d'un défi est directement liée aux indicateurs précisés en amont lors de sa formulation. La séquence 2 de la Grille Défis© long terme/court terme, exposée au chapitre 5, comporte une rubrique « indicateurs à court terme ». Ces indicateurs sont tous évaluables et il est possible de savoir si le défi est relevé à 100 %, à moins ou à plus.

Par rapport à ce développement sur la mesure, il ne faut pas perdre de vue que nous sommes dans une démarche offensive fondée sur l'énergie plus que sur l'application de processus. Nous ne sommes pas dans l'optique « zéro défaut » mais dans le « à l'impossible nous sommes tous tenus ! ». Un défi est un événement. Son caractère hors-normes et ludique en fait un élément idéal pour les actes de reconnaissance managériaux.

Témoignage d'Emeline Maubrou, de la direction de la qualité chez Urgo

Les plus de « Pépites », c'est ainsi que nous avons nommé la démarche, c'est son caractère sexy et original ! C'est l'occasion de faire ce qui est créatif, de créer encore plus de transversalité, de se diversifier, etc. On prend des risques. Au début, certains pensaient que la direction ne voudrait jamais et donc ils se taisaient. Maintenant, on a osé… On a la caution de pouvoir prendre des risques. Ça met en lumière des situations et des problématiques de façon nouvelle. On a l'impression que l'entreprise vit. Il y a quelque chose qui se passe. Ça motive encore plus. Ça donne de l'énergie. Ça bouge !

Certains se découvrent eux-mêmes… ils ne savaient pas qu'ils auraient pu aller si loin… C'est le cas du portail Intranet d'Urgo, proposé initialement par des assistantes. La première réaction a été de dire qu'il était impossible que ce soit des assistantes qui puissent changer quelque chose ! Avec Pépites, ça s'est fait. Ça rend les choses possibles. Si nous n'avions pas rêvé un moment, les bases imaginées par les assistantes seraient restées uniquement pour les assistantes. Maintenant, c'est une base commune à tous !

Notre force de départ chez Urgo a été d'associer le marketing à la qualité, et de s'être entourés très vite de toutes les fonctions. Quant à moi, personnellement, ça m'a appris à découvrir que j'étais aussi rêveuse ![161]

Ce témoignage montre en quoi les bénéfices d'une démarche participative sur les défis sont variés et qualitatifs : « On a l'impression que l'entreprise vit », dit Emeline Maubrou. Cela ne signifie pas qu'elle ne vivait pas avant, mais cette « aventure des défis » est nouvelle parce qu'elle implique tout le monde : la direction qui lance les défis, les collaborateurs incités à les relever et l'ensemble, au nom d'objectifs stratégiques partagés, est porté par une même dynamique.

Ce qui donne ce sentiment de vie est également lié à la créativité. Comme le souligne Muriel Garcia du groupe La Poste.

Les défis sont producteurs de résultats à court terme, et ces résultats sont visibles et mesurables. Dans notre démarche qualité, la méthode de résolution de problèmes et la créativité sont indéniablement complémentaires. L'une est structurée et structurante, très rationnelle. L'autre semble plus légère, plus libre et plus ludique, presque irrationnelle. Les deux conduisent au résultat escompté en empruntant des voies différentes. Indéniablement, plus vite et plus agréablement pour la méthode créative. [162]

---

161. Entretien de juillet 2006.
162. Entretien du 20 août 2006. Voir *supra*.

Un Référentiel de l'Innovation Participative©

Le Référentiel de l'Innovation Participative© est un outil créé par un groupe de travail de l'association Innov'Acteurs. La présentation abrégée qui suit fait état du Référentiel tel qu'il a été créé. Un travail d'aménagement et de réactualisation est proposé par plusieurs membres de l'association.

La notion de défi est à l'origine nommée « innovation provoquée ».

Ce Référentiel de l'Innovation Participative a été élaboré par un groupe d'experts partenaires d'Innov'Acteurs. Il vise à qualifier les éléments constitutifs et les modes de fonctionnement caractéristiques d'une démarche d'innovation participative.

Ce Référentiel permet à une entreprise ou une organisation d'évaluer ses points forts et ses axes de progrès en matière de bonnes pratiques et de mise en place de dispositifs.

Il constitue un outil de pilotage à l'usage des équipes de direction d'un groupe ou d'une entité : *business unit*, site industriel, agence, etc. Une idée est un concept non réalisé, une innovation est une idée mise en œuvre.

Un Référentiel en 8 dimensions

Nous en citons quelques extraits.

▨ Dimension 1 : valeurs - vision - ambition

L'innovation participative constitue une des valeurs de l'entreprise. Elle est fondée sur une vision et une ambition. Elle est déclinée par le management à tous les niveaux de l'organisation.

- L'innovation est une valeur de l'entreprise.
- L'innovation participative en est une composante essentielle ; elle est promue et mesurée dans l'entreprise.
- Le lien entre les enjeux majeurs de l'entreprise et l'innovation participative est clairement établi.
- Un responsable de l'innovation participative est désigné et dispose des moyens d'agir.
- Le président encourage explicitement l'innovation participative.
- Les idées de tous sont traitées avec équité.

▨ Dimension 2 : organisation de l'Innovation Participative®

L'animation de l'innovation participative se manifeste concrètement au travers d'un processus clair et visible qui intègre les incontournables suivants :

- Accueil et recueil des idées et écoute des innovateurs.
- Sélection des idées et *feed-back* vers les innovateurs.
- Validation des innovations sélectionnées et suivi de leur mise en œuvre.
- Réplication rapide des innovations remarquables.
- Le personnel est sollicité pour exprimer ses idées de progrès.
- Un processus est défini pour traiter, mettre en œuvre et valoriser les idées retenues.
- L'encadrement, et plus particulièrement l'encadrement de proximité, prend en charge sa fonction de manager des idées de son équipe.
- Les idées et les innovations qui ne peuvent être traitées localement trouvent ailleurs, dans les services centraux de l'organisation, des conditions de traitements rapides et efficaces.
- Des indicateurs de processus et de résultats, relatifs à l'innovation participative, ont été définis.
- L'organisation met en œuvre le principe de « subsidiarité », c'est-à-dire qu'il responsabilise au maximum chacun au niveau qu'il occupe.
- La réplication des idées est formellement encouragée.
- Il existe un réseau d'animateurs d'innovation participative, en charge d'aider l'encadrement et de soutenir le développement des idées innovantes.
- Le processus de réplication est évalué.

▨ Dimension 3 : innovation participative spontanée

La promotion des idées et le traitement des actions spontanées reposent sur des dispositifs accessibles, simples et valorisants.

- L'ensemble du dispositif de l'entreprise est connu de tous.
- Chaque salarié se sent encouragé à soumettre des idées, individuellement ou en groupe.
- Les retours vers les innovateurs sont clairs et respectent les délais annoncés.
- Les métiers prennent en compte et intègrent les innovations et les bonnes pratiques issues de l'innovation participative spontanée.
- L'entreprise tire globalement profit de la démarche et le démontre.

▨ Dimension 4 : innovation participative provoquée

Cette dimension correspond très précisément au sujet de l'ouvrage Manager par les défis. Des défis sélectionnés par le management sont lancés aux équipes de terrain. Un défi est une action perçue comme irréalisable aujourd'hui mais accessible à court terme ; cette action est ambitieuse et provocatrice, intéressante pour le client, attrayante pour les acteurs qui relèvent le défi. Les défis sont choisis et lancés par le management.

– Les défis répondent à des enjeux prioritaires locaux.

– La démarche est formalisée et structurée.

– L'encadrement provoque et organise des modes d'animation exceptionnels pour mieux solliciter les idées de son équipe et les faire aboutir.

Dimension 5 : synergie avec l'innovation « institutionnelle »

Les différentes sources de l'innovation fonctionnent en synergie : R & D, ingénierie, marketing et Innovation Participative®.

– Les services R & D, ingénierie, marketing, informatique... participent à l'évaluation des principales innovations de terrain.

– Les services-supports au niveau de la direction promeuvent certaines innovations du terrain et les intègrent aux bonnes pratiques et aux standards de l'entreprise.

– Ils soutiennent des projets innovants issus de l'Innovation Participative®.

– La direction et les équipes d'innovation institutionnelle s'appuient régulièrement sur l'innovation participative pour atteindre leurs objectifs.

– Il y a, dans l'entreprise, des exemples positifs de circulation d'informations entre services-supports et entités opérationnelles à propos d'évolutions dans l'environnement de l'entreprise (concurrence, marché, technologies nouvelles, maîtrise des risques, etc.).

Dimension 6 : écoute clients, fournisseurs et partenaires

L'entreprise va explorer les besoins exprimés ou latents – sources essentielles de l'innovation – dans son environnement (clients, fournisseurs, partenaires).

– La proximité du personnel avec les clients, les fournisseurs et les partenaires est activement mise à profit pour développer des opportunités d'innovation.

– Les dispositifs d'écoute client (réclamations, résultats des enquêtes marketing, étude de satisfaction...) sont utilisés pour identifier des opportunités et générer des innovations de terrain.

– La gestion de la propriété intellectuelle est maîtrisée avec les fournisseurs et les clients.

Dimension 7 : ressources humaines et reconnaissance

La politique RH de l'entreprise est en cohérence avec la volonté de promouvoir l'innovation participative (reconnaissance des innovateurs, évaluation des managers, gestion des carrières, information des partenaires sociaux...).

Ressources Humaines :
- L'évaluation des collaborateurs selon leur capacité à innover et/ou à promouvoir l'innovation figure dans l'entretien avec la hiérarchie.
- Les managers sont sensibilisés et/ou formés à leur rôle en matière d'innovation participative.
- La dimension innovation participative est prise en compte dans la définition de toutes les fonctions, et en particulier celles du management de proximité.
- Le processus innovation participative est présenté en détail aux nouveaux embauchés.

Reconnaissance :
- L'innovateur est pris en considération tout au long du processus de l'innovation (cohérence des moyens, écoute, respect des délais, qualité de la réponse, etc.).
- Les principaux modes de reconnaissance peuvent être honorifiques (magazine interne, cérémonies et remise de trophées, etc.), non pécuniaires (repas, visites techniques, etc.) et pécuniaires (prime et gratification, chèques-cadeaux...).

▨ Dimension 8 : communication et ouverture sur l'extérieur

L'innovation nécessite une communication d'image, de déploiement et de fertilisation : image de marque en externe, mise en commun des innovations en interne.

Communication externe :
- Le rapport annuel prend en compte l'innovation participative.
- L'entreprise participe aux événements orientés vers l'innovation.
- L'innovation est valorisée sur le site Internet institutionnel de l'entreprise.
- Les idées citoyennes issues de l'innovation participative (sécurité, développement durable) sont communiquées à l'extérieur.

Communication interne :
- Une journée de l'innovation ou un forum est programmé au moins une fois par an.
- Des témoignages d'innovations comme les meilleures pratiques et les *success stories* ont lieu périodiquement.
- Une communication sur « les idées qui changent tout » est largement diffusée.

Benchmark :
- Le « benchmark » est une pratique courante et encouragée pour stimuler l'innovation participative.

Ces extraits montrent qu'il s'agit d'un référentiel pragmatique, composé essentiellement de bonnes pratiques et d'éléments de dispositif. Il peut être utilisé comme un outil de pilotage : diagnostic, mise en place et suivi de la démarche Innovation Participative.

Témoignage de Muriel Garcia [163]

L'innovation participative est avant tout un acte de management ; ce principe est inscrit dans les documents de référence du processus. Grâce au Référentiel d'innovateurs, nous avons pu effectuer le diagnostic de l'existant : disposer de la photographie à l'instant « T » de ses forces et de ses faiblesses permet d'identifier aisément les deux ou trois leviers d'action et aussi de « cultiver ses atouts ». Par exemple, pour le centre financier de Nantes, *back office* de La Banque Postale, cela c'est traduit par une amélioration significative du dispositif de communication.

Le Référentiel est également utilisé comme base de présélection des trophées annuels de l'innovation participative organisée par Innov'Acteurs.

Innov'Acteurs : association pour le développement de l'innovation participative

Innov'Acteurs est une association dédiée au développement de l'Innovation Participative. Elle a été créée à partir de la convergence de trois initiatives : le « Groupement pour l'Innovation Participative », le « Pôle initiative et créativité » de l'IQM, et le « Club innovation » d'Inergie[164]. Différentes entreprises et organisations ont fondé avec eux Innov'Acteurs, en septembre 2002 : Accor, EDF, Renault, Sita, Solvay, Territoria.

Quelque 80 entreprises ont rejoint Innov'Acteurs, et plus d'une vingtaine d'entre elles sont devenues membres partenaires : Air France Industrie, Air Liquide, Altran, Anact, Areva, Bericap, Carrefour, Danone, France Télécom, Idea Value, I-Nova, La Poste, Michelin, le groupe Offices Chérifiens du Phosphate, la RATP, la SNCF, Société Générale, Véolia Eau.

Une dizaine d'associations et organismes universitaires sont devenus partenaires : Advancia, Le Celsa le Centre des Jeunes Dirigeants, Créa France, Effervescence, France Qualité Publique, Innovact, Innovactors, Innovacope, le Mouvement Français pour la Qualité, Rh & M. Entreprises et Carrières.

Dotée d'une structure permanente, Innov'Acteurs a pour principales missions de :

– promouvoir l'innovation participative au sein des organisations ;

---

163. Voir *supra*.
164. Inergie est une société de conseil, dont F.-M. Pons, initiateur du Club de l'Innovation et délégué général de l'Association Innov'Acteurs, est directeur associé.

- fédérer toute activité contribuant au développement de l'innovation participative ;
- contribuer aux apports méthodologiques, aux échanges et à la professionnalisation ;
- parrainer des publications, des études et des recherches.

Ses principales activités :

- organiser et animer chaque année un « carrefour de l'innovation participative » ;
- favoriser la rencontre des échanges de bonnes pratiques (les vergers de l'innovation) ;
- organiser des « journées portes ouvertes » (entreprises, organismes, etc.) ;
- après l'avoir conçu, animer des séances de mises en main d'un référentiel de l'innovation participative ;
- lancer chaque année les « trophées de l'innovation participative » ;
- contribuer à la publication d'ouvrages spécialisés en ce domaine.

Son site : www.innovacteurs.asso.fr

Le document « Les leaders de défis chez Urgo », qui figure en annexe 3 est intéressant et très représentatif de ce que l'on peut communiquer aux animateurs de groupes défis pour les encourager sans les illusionner.

SYNTHÈSE

◉ Coupler les moteurs afin de décupler les capacités innovantes de l'organisation. C'est le premier défi.

◉ Les méthodes créatives mobilisent l'énergie, valorisent les talents et structurent la démarche.

◉ Décrire c'est comprendre... Comprendre c'est inventer : explorer l'existant par une enquête terrain conduit à des idées de rupture.

◉ La transversalité, que ce soit par les Groupes Défis ou par les ateliers de collecte, est en soi génératrice d'idées.

◉ 50 % des bonnes pratiques et des idées devraient être dupliquées au sein du groupe.

◉ Les capteurs d'idées jouent un rôle-clé pour concrétiser les idées nouvelles et convaincre la direction.

◉ Le Référentiel d'Innovation Participative® permet à une entreprise d'évaluer ses capacités à innover.

Prendre du recul, communiquer les défis au quotidien : se familiariser avec l'incertitude

Le *diktat* du court terme ne fait que s'accélérer. Reste à savoir comment trouver, dans l'existant, les ressources d'une prospective et d'un devenir voulus plutôt que subis, d'une pro-activité autant que d'une réactivité.

L'incertitude fait partie intégrante, avec la diversité et l'interdépendance, de cette complexité dont tout le monde parle aujourd'hui, à l'instar du changement ou de la mondialisation. *Manager par les défis* apporte une dimension dynamique à la nécessité de faire avec le provisoire sans plonger dans la précarité. Cela permet aussi de pratiquer une pédagogie pragmatique et accessible pour se familiariser avec l'incertitude. Un défi en soi !

Donner du sens au changement : perspective dynamique *versus* « mauvais moment à passer »

Apprivoiser le provisoire

Une des caractéristiques les plus déstabilisantes des dernières années concerne la nature provisoire de ce qui arrive : il est désormais banal de s'entendre dire que ce qui a été décidé hier n'a plus cours aujourd'hui.

Une société face au changement radical

Nous avons été témoins d'un exemple des plus marquants de cette situation dans la filiale consulting d'un groupe informatique. Le manager avait annoncé des résultats sans précédents et un avenir mirifique à la rentrée. Chacun est sorti de cette réunion plein d'énergie et d'enthousiasme. Depuis sa création, cette société a intégré des associés en interne et développé une culture managériale de proximité grâce à la multiplication de petites unités autonomes, toutes staffées. Trois mois plus tard, l'annonce tombe comme une dépêche sur une table de JT : le groupe est repris par un concurrent international à 90 %. Tout ce qui a été annoncé à la rentrée est anéanti : une réorganisation structure le nouveau groupe par métier et récrée une énorme machine de guerre commerciale internationale à la place des petites unités autonomes et réactives.

Que faire alors devant un changement aussi radical, une telle application du provisoire ? De quelle manière entendre une nouvelle quand ce que nous entendons aujourd'hui peut devenir totalement différent demain ? Est-ce un retour de la précarité ou une nouvelle manière de modeler une flexibilité à toute épreuve ?

L'ouvrage *Manager par les défis* redonne un sens au court terme, non pour réduire la stratégie à un coup par coup à l'aveuglette, mais pour s'astreindre à négocier chaque virage en fonction des finalités de l'entreprise à un temps donné.

Dans cette société dont la culture s'est trouvée contrecarrée par l'acheteur, le défi est de concentrer toutes ses ressources pour influer le mieux possible sur les prises de position du nouveau décideur. Le défi est donc de convaincre...

Manager par les défis est une façon de prendre le changement de manière offensive, anticipative et influente, en ne s'acharnant pas à retenir les freins aux changements et pour dédier son énergie à ériger ses propres convictions en facteurs de succès.

Piloter avec le feed-back

Le *feed-back* est probablement l'outil incontournable et le plus efficace du changement. Le schéma suivant montre ce que signifie une « boucle ». Selon nous, c'est la base de la communication interactive, c'est-à-dire de la communication tout court. Cycle directement inspiré de la nature qui vit, s'auto-génère et se développe avec l'infinité de ses éléments.

Piloter avec le *feed-back* est plus simple que maîtriser la complexité naturelle mais reste néanmoins très exigeant : cela demande un investissement relationnel, surtout dans l'étape de rupture elle-même. Plus ce mode relationnel est pratiqué, mieux le changement s'opère, parce qu'il devient en lui-même un processus constructif et vivant.

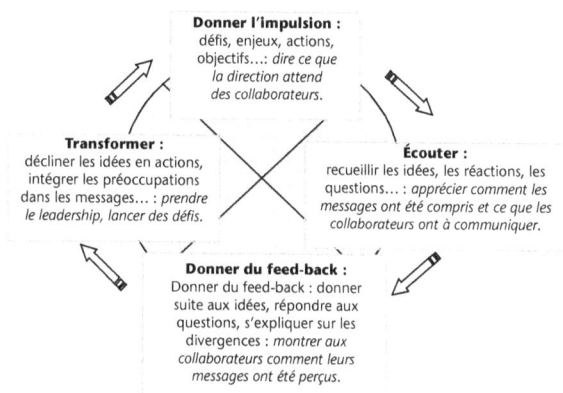

Figure 7.1 : *feed-back* et processus relationnel.

Communiquer le projet d'entreprise à travers les défis : une pédagogie des enjeux

L'un des exemples qui illustrent le mieux cette partie nous est donné par ce qui s'est passé chez AXA France. Le président-directeur général d'AXA France, François Pierson, à qui des journalistes demandaient en 2004 : « *Maintenant, que peut souhaiter le président d'une société dont la croissance exceptionnelle ne fait que se confirmer aujourd'hui ?* ». Celui-ci a alors répondu : « *Mon rêve maintenant ? Devenir l'assureur préféré des Français !* »

> ### Témoignage d'Emmanuel Frizon de Lamotte, chargé de conduire ce défi ambitieux avec l'ensemble des acteurs AXA France
>
> « **Mon rêve ? Devenir l'assureur préféré des Français.** » D'abord, la formule reste en gestation dans un petit cercle. Lors de l'université d'été des cadres dirigeants en juillet 2004, le sujet est proposé, débattu. Il reçoit un écho très favorable. Il y avait tout d'abord une volonté d'accélérer notre croissance par l'interne.
>
> En termes de relation client, on souhaite parler au cœur… C'est vraiment nouveau d'évoquer le client en ces termes affectifs.
>
> Et « gagner la préférence » fait son chemin. Des groupes de travail se mettent en place, début 2005, pour lui donner chair, autour de quatre

publics cibles-clés : les clients et les réseaux, les actionnaires, les collaborateurs, la cité... Puis l'université d'été 2005 est dédiée à cette ambition et devient l'acte fondateur du projet : 350 managers se le sont appropriés... Restent les 19 000 collaborateurs !

Notre défi est de faire appel à l'interne pour concrétiser ce que signifie « gagner la préférence ». Chaque entité a bâti son plan d'actions autour de la préférence : des actions de comportement, des engagements, des orientations pour chaque public ont été définis. Des correspondants ont été nommés, un pour chaque entité, région, direction centrale, filiale, ... Nous avons travaillé tous ensemble et, par exemple, en une journée sur le sujet, nous avons produit un premier lot de 500 idées ! C'est une première preuve que la volonté et le souhait de prendre la parole étaient forts. Et l'enthousiasme était bien là ! Nous avons donné des orientations, des axes de réflexion et mis en place un système d'échanges de bonnes pratiques. L'opération est lancée lors de la journée des vœux à l'encadrement en janvier 2006. Et six mois plus tard, nous avons 1 600 bonnes pratiques en provenance du terrain, réparties sur l'ensemble de nos publics.

Pour AXA France, c'est une vraie chance de pouvoir contribuer. C'est aussi un motif de fierté. Les réactions ont été favorables dans l'ensemble... Le défi était que les collaborateurs prennent « ça » en main. Nous pouvons affirmer aujourd'hui que plus de 5 000 collaborateurs ont pris le temps de réfléchir ensemble, en équipe, à « gagner la préférence ».

Des trophées vont être décernés par le comité de direction sur la base des meilleures pratiques préférées en local. En effet, 15 seront récompensées par le jury national comme étant les 15 meilleures pratiques d'AXA France. Ces 15 pratiques recevront un trophée en janvier 2007 et seront progressivement généralisées à l'échelle d'AXA France.

Chaque équipe gagnante sera visitée par un membre de la direction. Dès 2007, nous déploierons la démarche en accentuant ce qui est déjà initié... et place à la remontée des bonnes idées ! [165]

Cette étape d'AXA France nous renvoie à une priorité essentielle que nous appelons la « pédagogie des enjeux », qui fait partie intégrante de la Démarche Défis.

Chaque défi s'inscrit sur les lignes des moyens tactiques, destinées à réaliser la stratégie en synergie de tous les autres moyens mis en œuvre... politique performante des ressources humaines... acquisition de sociétés... externalisation des activités hors cœur de métier... optimisation des ressources... satisfaction des clients sur les points névralgiques... stratégie elle-même inscrite en perspective de la finalité, de la raison d'être... de la vocation de l'entreprise.

Chaque défi est alors situé dans l'ensemble et démontre la cohérence et la partie prenante de tous dans sa mise en œuvre, chacun à son niveau.

---

165. Entretien d'août 2006. Emmanuel Frizon de Lamotte est coordinateur France du projet « gagner la préférence » chez AXA France.

Se poser les questions de ce que l'on veut devenir et y répondre par des défis

La prospective est une attitude, une démarche. Initialement, il s'agissait d'un ensemble de recherches concernant l'évolution future de l'humanité et permettant de dégager des éléments de prévisions.

Prospective : le terme est un néologisme composé de deux mots :
– prospection : recherche de gisements (matière première, client, etc.) ;
– perspective : vision sur une ligne d'horizon.

En 1957, Gaston Berger lance « l'étude des avenirs possibles ». Sa démarche vise plusieurs objectifs : prendre conscience des enjeux d'avenir, agir au présent pour les influencer favorablement : « les conséquences de nos actes se produiront dans un monde très différent de celui où nous les avons préparés ». « Plus le véhicule roule vite, plus les phares doivent éclairer loin. » Il s'agit avant tout d'accompagner la croissance. Il est utile de rappeler que cette époque correspond aux Trente Glorieuses : c'est l'après-guerre, tout est à construire, tout est possible ! C'est la création de grosses sociétés comme EDF et SNCF, et le développement du nucléaire. Le principe majeur de la prospective tient dans le fait que la simple extrapolation ou analogie (historique ou économique) ne suffit pas aux décideurs... Il faut une vision plus ample.

Après avoir créé le Centre d'études prospectives, Berger meurt accidentellement en 1960. Le centre est alors fusionné avec Futurible de Bertrand de Jouvenel, la première personne à imaginer les retombées négatives de la croissance en matière de pollution et d'encombrements.

Du côté des États-Unis, les experts prospectivistes intègrent les administrations pour mieux prévoir l'issue du conflit mondial.

Prospectivisme et lobbying... anecdote

Il faut citer le célèbre rapport de 1937, commandé par Roosevelt, chargé d'attirer l'attention sur les inventions nouvelles, susceptibles d'être les plus marquantes dans les vingt années à venir. Le rapport va dans le sens de l'idéologie dominante, la voiture, et passe sous silence les fusées, les radars, l'énergie nucléaire, les antibiotiques, les ordinateurs. On est, semble-t-il, bien orienté vers un avenir souhaité par un lobbying !

Il est intéressant de noter que, du côté français, la prospective a connu son âge d'or à une époque de croissance et de foi dans le progrès. Distincte de la prévision, elle a accompagné la planification et l'aménagement du territoire pour décrire des futurs possibles, construire des argumentaires, donner les clés de lecture du changement et favoriser les évolutions culturelles.

La prospective semble être associée à la confiance. Plus la vision à court terme se substitue à la confiance à long terme, moins on a recours à la prospective, comme si la peur et l'incertitude - et les tendances à céder à l'urgence qui en découlent -, rendaient inconvenant d'imaginer le futur.

Les années 70/80 arrivent avec le choc pétrolier et les débuts de ce qu'il convient d'appeler la « mondialisation » : la demande en prospective générale ralentit, les administrations s'en désintéressent (sûrement par la découverte du principe de réalité qui venait briser la quasi-éternité sacrée des services publiques, positionnés alors au-dessus des contingences économiques et financières). L'histoire des dernières décennies a montré combien l'imposture était grossière.

Puis la prospective stratégique a pris le pas avec les entreprises, pragmatiques et avides de gains, qui ont conçu tout un programme en opposition directe avec les administrations. La suite a montré que le marketing, discipline on ne peut plus libérale, a subi le même sort avec le marketing dit « opérationnel ».

Les temps ont changé.

Les premiers travaux de prospective consistaient à élaborer des scénarios probables du futur à long terme, à créer des matrices d'impact croisées (MIC), à formaliser les interdépendances des éléments à projeter des visions à long terme, le tout pour mettre en évidence trois périls majeurs en ces années-là : épuisement des ressources naturelles énergétiques, surpopulation et déséquilibre de la planète, rupture des équilibres écologiques.

Dans le meilleur des mondes...

Le moins que l'on puisse dire est que si l'intuition fut percutante, les défis des nations et des entreprises sur les sujets de survie se sont quelque peu heurtés aux résultats court terme des exercices financiers et aux ambitions politiques de plus d'un quart de siècle. Ce constat un peu sombre, qui ferait apparaître la Démarche Défis comme une bouée de sauvetage de type « défie ou crève », aboutit aujourd'hui à des concepts prometteurs comme celui d' « optimisme méthodologique », développé notamment par Édith Heurgon, et qui trouve un écho dans l'ouvrage de Jean Pierre Bailly, actuel président du groupe la Poste[166], *Demain est déjà là*. L'essentiel de ces nouvelles démarches consiste à travailler sur le potentiel existant plutôt que sur des projections hypothétiques. Nous retrouvons des formules déjà formalisées par Michel Godet, quand il définit la prospective comme une attitude d'esprit (l'anticipation et la volonté) et un comportement (l'imagination et l'espoir) mobilisés pour assurer la qualité et la maîtrise de l'existence présente et future.

C'est une nouvelle dimension apportée par « l'école de l'intuition » qui prône la vision, l'ouverture sur des possibles et, surtout, la sensibilité aux signaux faibles et « latents ». Selon Michel Godet :

> La prospective réhabilite le désir comme force productive d'avenir. Sans mise en perspective avec le futur, le présent est vide de sens. Aussi le rêve ne s'oppose pas à la réalité, il la féconde et le projet animé par le désir est le moteur de l'action.[167]

On parle aussi d'« avenir qui ne se prévoit pas mais qui se prépare »[168] et de scénarios bâtis pour construire des futurs souhaitables, sans se limiter aux travaux d'experts sur des scénarios de futurs possibles. Ce qui revient aussi à mettre le doigt sur l'importance de l'éthique dans l'innovation : souhaiter, oui, mais souhaiter quoi ? Ni l'innovation ni les défis ne représentent de valeur en eux-mêmes. Toute innovation, tout défi n'ont de sens que dans la perspective d'une éthique. Le développement durable s'inscrit dans cette donne. La démocratie participative aussi. Ainsi, l'autre nouveauté révélée dans la « prospective du présent » consiste à impliquer de plus en plus les acteurs concernés : il s'agit d'une « prospective partagée ». D'où un rôle d'influence sur le tissage de la « culture collective », qui va permettre aux « souhaitables » de se réaliser. D'où une démarche participative qui fait de la prospective une réunion d'acteurs multidisciplinaires qui croisent leurs points de vue. Édith Heurgon évoque le terme de « prospective du présent ». Selon un principe bergsonien, cette « ambiguïté » prend son sens dans la distinction de deux sortes de temps :

– le temps physique (*chronos*), qui rythme notre emploi du temps, les déplacements, le temps du calendrier, et qui est associé à l'avenir et à la prévision ;

---

166. Jean-Paul Bailly, réédition du rapport au CES aux éditions de l'Aube 1999.
167. D'après Michel Godet, *L'Avenir Autrement*, Armand Colin.
168. Maurice Blondel.

– le temps du « devenir » (*aiôn*), qui se réfère à la durée, au vécu, au temps de la conscience et des mutations, et qui est associé, au présent qui change, qui évolue.

En quelque sorte, il s'agit d'un temps quantitatif et d'un temps plus qualitatif, d'une complémentarité entre un temps objectivé par des instruments et, plus largement, par le mouvement des astres, et un temps subjectif, celui de la perception et de l'expérience de chacun.

La prospective classique fait référence au temps physique et élabore des futurs possibles, tandis que la « prospective du présent » fait allusion au temps du devenir et élabore des futurs souhaitables. La « prospective du présent » postule à son tour que les transformations sont à l'œuvre : elles constituent autant de germes de futur. Les signes présents sont en devenir et porteurs de l'avenir.

Ces notions apportent un éclairage et donnent du recul par rapport à la démarche des défis. Il s'agit toujours de tisser un lien entre le court terme et le long terme, de construire une relation entre l'instant et son inscription dans la durée. C'est, semble-t-il, une voie riche à explorer pour provoquer la rupture, le changement de paradigme, tout en visant une finalité voulue.

Dans son ouvrage consacré à la crise, Christophe Roux-Dufort[169] évoque l'idée de « penser la rupture » avec une méthodologie articulée sur un mixte de scénarisation et de créativité :
- cerner les scénarios « tendanciels » et construire des scénarios inverses des escomptés ;
- faire le relevé des évidences et les renverser ;
- faire le relevé des impossibilités et les considérer subitement comme possibles ;
- cerner les acteurs clés et penser à une perte brutale de leur légitimité ou à l'arrivée d'acteurs bizarres, périphériques, inconnus, en marge.

On retrouve toujours cette forme de volontarisme et de responsabilisation : « L'humanité ne sait pas assez que son avenir dépend d'elle. », dit Henri Bergson[170]. Et des trois positions possibles classiquement adoptées par les entreprises face à leur avenir : l'autruche passive, le pompier réactif et la vigie « anticipatrice » ; la troisième nous paraît bien sûr la plus recommandable et la plus performante.

---

169. *Gérer et décider en situation de crise*, Dunod.
170. « Les deux sources ».

Les fonctions les plus utiles à s'armer pour relever des défis sont indiscutablement celles qui consistent à :

- observer en permanence ;
- vouloir son futur ;
- imaginer les possibles ;
- partir gagnant.

D'ailleurs, les champs prospectifs les plus explorés sont très proches de ceux que l'on cultive dans la Démarche Défis, à savoir :

- identifier les ruptures influentes (informatique, téléphonie, génération 80) ;
- décliner le macro (l'environnement, la mondialisation) en micro (son entreprise, localement) ;
- étudier les autres entités (benchmark) ;
- l'évolution des métiers et des pratiques socio-culturelles (mobilité) ;
- l'employabilité et les besoins futurs (arbres des compétences).

Selon Shoji Shiba[171], l'avenir « voulu », c'est une ambition partagée ; la vision de ce que l'entreprise doit devenir. Pour que cette vision soit partagée, le mieux est encore de la construire ensemble, de faire réagir les personnes à un projet. Une véritable concertation permet une appropriation en profondeur. Cette vision prend en compte les attentes futures des clients en termes de produits et de services. La vision se construit en tenant compte de la voix du client et de la voix du personnel.

Croiser l'histoire et l'imaginaire de l'entreprise

Pour compléter cette petite enclave sur la prospective et les ponts qui existent de plus en plus avec la démarche par les défis, signalons le travail que nous avons fait sous forme d'expérimentation, dans quelques sociétés, à propos de l'imaginaire des entreprises comme force créative et constructive.

En résumé, il s'agit de mettre en perspective la scénarisation de l'entreprise à partir de son « mythe fondateur » et des points-clés des étapes de son développement, pour identifier les grandes lignes de son potentiel.

Les principes méthodologiques s'appuient sur les éléments suivants :
- récit fondateur : les éléments-clés du récit ;
- principes de fonctionnement actuels, hérités de l'acte fondateur ;
- défis à relever aujourd'hui ;
- actions à renforcer ou à mettre en place ;
- imaginaire : croyances, désirs, souhaits, etc.

---

171. Shiba Shoji, *Le management par percées*, INSEP Consulting, 1996.

Les défis sont alors déterminés en fonction de cette histoire, pour actionner un levier culturel puissant et viser une rupture que l'entreprise est *a priori* capable d'assumer. C'est ainsi que l'on peut dire qu'une entreprise comme La Poste, qui a fondé son scénario sur le « passer à tout prix » (de la Malle-poste de Louis XI à l'Aéropostale), scénario qui tient de l'exploit, peut viser des ruptures modernes très prononcées sans perdre toutefois ce potentiel d'adaptabilité à vaincre les obstacles. Il sera sans doute plus difficile à cette entreprise de se tourner vers l'extérieur, trop culturellement habituée à s'en sortir toute seule, que d'inventer et de s'approprier des outils à la pointe du progrès.

La méthodologie pour travailler sur l'imaginaire et la prise de conscience de son potentiel est fondée sur un concept d'étonnement, de créativité et de mise en scène. La première étape est un rapport d'étonnement (des acteurs internes et externes à l'entreprise) par rapport aux thèmes. La deuxième étape est une mise en scène des faits significatifs et prometteurs identifiés dans l'existant : signaux faibles, succès et réussites, événements ou situations problématiques, sources d'amélioration et d'innovation. La troisième étape est une « scénarisation » des pistes nouvelles inscrites en perspective des étapes d'analyses précédentes.

L'imaginaire est une appropriation du réel à travers ses interprétations et ses intuitions. Il est constitué d'une multitude de signaux faibles qui s'associent dans l'inconscient. Cette énergie est prodigieuse dès lors que l'on sait la capter : « *L'imagination est plus importante que la connaissance* », écrit Albert Einstein… « *L'imagination est la première des énergies* », nous disait récemment un créateur publicitaire[172].

Aujourd'hui, il faudrait sans doute délaisser un peu les tableaux statistiques au profit d'une écoute de ce chacun ressent, en soi-même, en lien avec l'environnement.

Manager par les défis est aussi une invitation à laisser faire sa créativité et son intuition, à se concentrer sur la vocation, la sienne, celle de son entreprise ou de son organisme, pour se libérer d'objectifs exclusivement fixés sur des valeurs matérielles et productives à court terme. L'énergie d'un défi est contenue dans la puissance d'une vision, beaucoup plus que dans le collimateur d'indicateurs à atteindre.

---

172. Philippe Pouget, directeur associé d'Inergie Corporate.

Conclusion
Non à la soumission,
oui à l'adaptation créative !

Combien de personnes se sentent aujourd'hui écrasées d'ennui dans leur entreprise, leurs idées étant mises en sourdine… ? Combien regrettent leur faible contribution personnelle à l'avenir de l'entreprise ? Trop de routine, trop de soumission aux nécessités politiques, trop d'opinions et d'énergies intériorisées viennent casser les efforts managériaux pour dynamiser l'entreprise.

Rien n'est pire que le fatalisme, le sentiment d'impuissance des individus, jeunes ou très expérimentés, face au groupe, aux fusions, aux politiques d'actionnariat. Cette passivité acquise au fil des ans est tout sauf propice aux performances attendues dans nos environnements concurrentiels. Réveillons la belle endormie ! Sylvie Perrin donne le ton :

> Mon ressenti par rapport à cette démarche de *Manager par les défis* ? Il y a un fond d'inertie extraordinaire dans des unités comme les nôtres… J'ai parfois l'impression de conduire un paquebot avec des rames ! Le défi est provocateur. Provocateur, il remet en cause cette inertie… Si on entend « c'est comme ça qu'on faisait avant » ou « c'est comme ça qu'on a toujours fait », alors justement, relever un défi, c'est faire autrement ! Et montrer que ça peut marcher ! [173]

---

173. Entretien du 5 octobre 2006.

Un autre chef d'entreprise, Jean-François Zobrist, directeur général de FAVI[174], raconte qu'il avait rétorqué à l'un des collaborateurs qu'il venait d'embaucher et qui lui faisait remarquer que le mode d'alliage qu'il se proposait de faire était impossible, que le monde entier disait que c'était impossible : « *Si c'est impossible, c'est pour ça que je le fais ! Si on fait quelque chose que personne ne sait faire, on va se faire du fric et on restera en vie aussi longtemps qu'on rendra possible ce qui est décrété universellement comme impossible !* »

L'esprit qui anime ces points de vue, transforme l'impossible en possible, trouve des modes de mise en œuvre extrêmement divers. C'est ce qui transparaît dans les témoignages des multiples entreprises citées dans cet ouvrage, en particulier celles qui ont participé à une séquence du Carrefour de l'Innovation Participative sur le thème *Manager par les défis*[175].

---

174. Propos recueillis lors du Carrefour de l'innovation participative, des mercredi 29 et jeudi 30 novembre 2007. FAVI est une PME de Picardie, spécialisée dans la fonte du cuivre.
175. Jeudi 30 novembre 2006, plateau animé par F.-M. Pons avec AXA France, La Banque Postale, Carrefour, la Compagnie des Fromages, la Société Générale, Renault, Solvay, Urgo, Véolia Eau.

Annexes

Annexe 1 : L'enjeu de la sécurité : un défi comme un autre

L'émission « Juget-vous-mêmes[176] » du jeudi 19 octobre 2006 était dédiée à l'émigration à partir d'un débat organisé autour du film *Indigènes*. La deuxième partie donnait la parole à des élus, des responsables d'entreprise[177] et des artistes.

Au départ, le débat était centré sur le thème de la place des immigrés dans notre société. Les élus se sont très rapidement focalisés sur les enjeux sécuritaires. Chacun a décrit comme il relève le défi à sa façon, faisant appel ou non à la force des propositions des citoyens.

À la fin de l'émission, Alain Duhamel, invité par l'animatrice du plateau Arlette Chabot, a posé la question : « Avant les émigrés s'intégraient assez bien... (même si, a renchéri l'un des invités, on les nommait «ritals», «espingouins» ou autres civilités). Qu'est-ce qui fait qu'aujourd'hui l'immigration pose un problème aussi crucial ? ».

Et si lors de la première partie, la cause historique de la décolonisation a été évoquée pour expliquer les difficultés massives actuelles, la seconde partie, en revanche, n'a pas été fructueuse en réponses, sauf l'élément pragmatique abordé par Sylvain Breuzard qui a rappelé que les années 1970 avaient été marquées par un fait d'ampleur nouvelle : le chômage... le chômage qui exclut toute personne de la société, quelle que soit son origine.

Nous évoquons ce moment télévisuel pour souligner ce qui n'a pas été dit et qui existe malgré tout en matière d'innovation pour relever le défi de la sécurité urbaine. Des initiatives en la matière sont nombreuses et peu connues. On retrouve le syndrome du « pas assez médiatique », tout aussi pénalisant que le « pas assez génial » : ce fameux mal français de valoriser la polémique aux dépends de l'action.

Manager par les défis, c'est déjà relever celui de valoriser les petites rivières qui sont souvent le théâtre de ruptures plus profondes que certains grands fleuves qui font la une.

La municipalité de Mulhouse, par exemple[178], qui connaît comme ailleurs des tensions et des dégradations dans certains quartiers, a créé une fonction « graine de médiateurs » : au départ, une centaine de médiateurs sont répartis dans les quartiers et ont pour mission de faire remonter les

---

176. *Jugez-vous-même*, FR2.
177. François Coppé, maire de Meaux, François Rebsamer, Marie Dijon, Bernard Tapie et Sylvain Breuzard, P-DG de Norsys et précédent président du CJD.
178. Voir site Terriroria.

problèmes et d'apporter des solutions. Et en discutant avec des élèves à la sortie de l'école, l'idée est venue de faire jouer ce rôle de médiateur à des jeunes, notamment au sein de l'établissement pendant les récréations. Depuis 2001, l'action « graine de médiateurs », soutenue par les enseignants, a prouvé son efficacité.

Annexe 2 : La mise en œuvre de la Démarche Défis sur le site de Vire[179]

Un nom lui a été attribué : IDEEFI. Le groupe projet initialement constitué par l'équipe de direction du site s'est réuni pour constituer un premier « réseau » d'animateurs de la démarche : les « capteurs d'idées », qui ont pour rôle de susciter des idées et de les faire remonter, de donner le *feedback* aux émetteurs d'idées, que celles-ci soient acceptées ou non. Les parrains sont des membres du groupe projet.

Les « capteurs d'idées » ont été formés à l'animation et aux techniques d'écoute active. Le lancement a été l'occasion d'une communication adressée à l'ensemble du site : une séance de sensibilisation pour les managers, des réunions d'équipe, de l'affichage, des parutions dans le journal interne.

Tout au long de la démarche, le comité de pilotage a déterminé et lancé les défis. Un défi doit répondre aux enjeux majeurs du site et concerner le plus grand nombre : c'est une condition pour qu'il soit motivant et pour qu'il suscite le maximum d'idées.

Pour le site de Vire, un défi doit répondre à quatre finalités :
– respect des normes d'hygiène et de sécurité alimentaire ;
– volumes et rentabilité ;
– bien-être et motivation du personnel ;
– développement du réflexe innovation.

Il doit déboucher sur des solutions concrètes, donner des résultats et pouvoir être suivi. La rédaction du défi est une étape très importante. À l'issue de chaque défi, le comité de pilotage sélectionne les meilleures idées à partir de critères définis préalablement.

---

179. Informations recueillies auprès de Philippe Rident, *op. cit.*

Les critères retenus sont :
- la facilité de mise en œuvre ;
- le retour qualitatif ;
- le retour économique ;
- la « transposabilité ».

En cas d'idée *ex æquo*, c'est le critère de l'originalité qui départage. Certains capteurs d'idées participent à la sélection des idées. Le plus souvent, ils donnent l'occasion aux collaborateurs d'exprimer leurs idées. Ils jouent un rôle-clé dans la démarche. Ils doivent se faire connaître et reconnaître comme capteurs, expliquer le défi et les règles du jeu, faire « lever » les idées, aller voir les personnes qui s'expriment le moins bien, faire remonter les idées au comité de sélection, assurer un suivi à l'auteur de l'idée dans un délai donné. C'est un rôle souvent inhabituel pour cette population qui permet de les positionner de manière nouvelle en développant leur capacité d'écoute.

À chaque défi, deux parrains assistent les capteurs d'idées dans leur mission et interviennent lors d'éventuels blocages. Un défi se déroule en trois semaines.

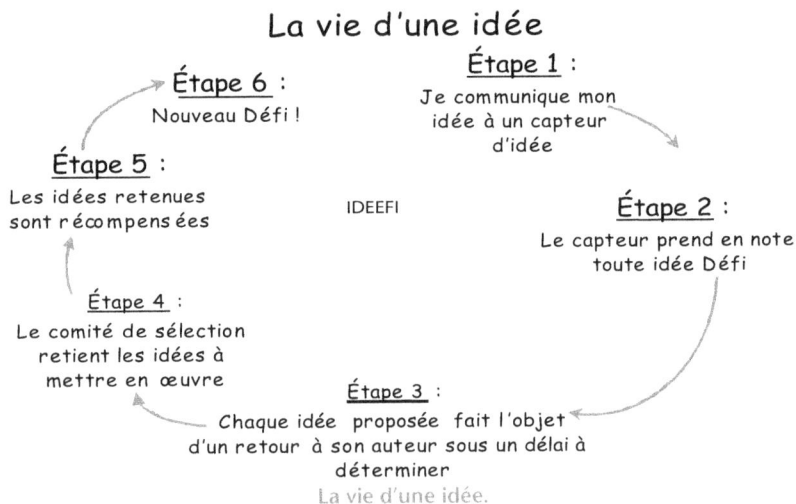

La vie d'une idée

Étape 6 :
Nouveau Défi !

Étape 1 :
Je communique mon idée à un capteur d'idée

Étape 5 :
Les idées retenues sont récompensées

IDEEFI

Étape 2 :
Le capteur prend en note toute idée Défi

Étape 4 :
Le comité de sélection retient les idées à mettre en œuvre

Étape 3 :
Chaque idée proposée fait l'objet d'un retour à son auteur sous un délai à déterminer

La vie d'une idée.

La communication est ciblée et distincte des autres supports : on utilise des panneaux d'affichages spécifiques ainsi qu'une signalétique particulière reposant sur des couleurs, une typologie reconnaissable et une mascotte.

Les messages sont axés sur la communication du défi lui-même : la liste des idées remontées, la liste des idées retenues, le suivi des actions découlant des idées retenues. Le succès de la remontée des idées repose sur la motivation et l'efficacité des capteurs d'idées.

LA COMPAGNIE DES FROMAGES # L'INNOVATION PARTICIPATIVE

La remontée des idées : le carnet d'idées

FINALITE BIEN ETRE ET MOTIVATION

DEFI Quels sont les risques majeurs dans votre environnement de travail et quelles améliorations proposez-vous ?

EMETTEUR

SERVICE

DATE / Heure

IDEE

FINALITE BIEN ETRE ET MOTIVATION

DEFI Quels sont les risques majeurs dans votre environnement de travail et quelles améliorations proposez-vous ?

CAPTEUR

DATE Du 17 mai 2006 au 06 juin 2006

Toutes les idées remontées par les capteurs d'idées sont rassemblées dans un tableau récapitulatif. Tous les capteurs d'idées ont un retour et une explication sur les choix, notamment lorsqu'une idée n'est pas retenue, afin d'assurer un *feed-back* et un suivi aux auteurs des idées.

Les idées retenues se voient récompensées lors d'une séance officielle conviviale en présence du directeur du site, du comité de pilotage et des capteurs. Les gagnants se voient remettre des bons d'achats d'une valeur de 30 euros. C'est une occasion privilégiée de rencontrer les gens et de discuter avec eux.

Quelques chiffres indiquent des résultats depuis la mise en place de cette démarche en 2003 :
– 9 défis ont été lancés ;
– 509 idées ont été remontées ;
– 73 idées ont été récompensées ;
– 16 capteurs d'idées ont été formés.

Quelques exemples de thèmes abordés :
- hygiène et sécurité alimentaires ;
- conditionnement logistique ;
- amélioration de l'efficacité logistique ;
- matière d'hygiène et de sécurité, conditions de travail ;
- bien-être dans l'entreprise.

puis il montre le schéma qu'il a réalisé à partir de ces entretiens. Il remet une fiche écoute à chacun des participants.

Annexe 3 : Les leaders de défis chez Urgo[180]

Des leaders de défis ont animé les groupes transverses défis. L'heure est à transformer ces défis en projets, pour déboucher sur des mises en œuvre dans des domaines très différents (clients, ressources humaines, organisation…). Émeline Maubrou a rencontré les leaders de défis. Nous publions quelques extraits des réponses qu'ils ont données.

E. M. : Pourquoi avoir accepté cette mission qui sortait de votre description de poste ?

C'est à l'opposé de ce que je fais d'habitude, ouverture d'esprit, voir de quoi on est capable, se surpasser, rencontrer de nouvelles personnes, connaître davantage l'entreprise, son fonctionnement…

E. M. : Comment avez-vous vécu l'année 2005-2006 avec Pépites ?

Au début, je n'y croyais pas. J'ai été surprise par la motivation du groupe dès les premières réunions et ça m'a fait décoller. Il y a eu ensuite une période de découragement, de doutes, au début de la phase inventer… et maintenant je suis très fière des résultats, des solutions concrètes que nous avons trouvées.

Enrichissante, pleine, complète. Au début, c'était l'excitation, la stimulation, la créativité, même s'il y avait une appréhension avant chaque réunion… On ne savait pas trop où on allait… le groupe était dans l'étonnement, l'expectative, puis il a été un peu déphasé par rapport aux méthodes de travail… pour certains, ils se sont demandés ce qu'il faisait là.

Un parcours insolite, mais les membres du groupe ont compris qu'il fallait passer par des embûches…

---

180. Extraits d'entretiens effectués par Émeline Maubrou, pilote de la démarche « Pépites ».

Annexes

Il y a eu des moments d'inquiétude...la peur de ne pas être à la hauteur des attentes des personnes...et les outils créatifs qui sortent de l'ordinaire.

E. M. : Quelle a été, pour vous, la plus grande difficulté ?

L'organisation de mon temps de travail... je ne pensais pas que cela me prendrait autant de temps. Faire comprendre au groupe l'intérêt des techniques créatives, de ne pas juger et de se lâcher.

E. M. : Quel a été le plus grand bonheur ?

Il sera à venir quand on va présenter au comité de sélection et quand on nous dira que c'est bon... Et puis une réunion créative un vendredi soir hyper productive... un bonheur.

E. M. : Que tirez-vous de cette expérience du point de vue professionnel et personnel ?

Professionnel : apprentissage des techniques de créativité qui pourront être appliquées à d'autres projets. Et sur le management aussi pour l'animation d'un groupe multiculturel.

Professionnelle : avoir la preuve que l'on peut faire des choses en dehors du périmètre habituel. Personnellement, c'est se plonger dans un contexte plus stimulant que mon quotidien, plus en rapport avec ma personnalité. Partant pour être animateur, me découvrir de nouvelles capacités.

Je me sens plus à l'aise dans le rôle de l'animateur. Je sais mieux m'adapter à mes interlocuteurs. Je me sens grandir !

Implication + motivation...ça peut faire tomber des montagnes !

E. M. : Quels messages à votre groupe, aux collaborateurs Urgo, à la direction générale ?

À la direction générale : validez nos solutions, surtout celles qui bousculent.

E. M. : Maintenant, j'aimerais avoir votre perception de votre défi et de son aventure avant, après... Si c'était un animal ?

L'éléphant : j'étais tranquille à mener ma vie paisible avant d'être impliqué dans Pépites.

Une chrysalide... c'est quoi ce machin au début !

Une anguille : ça glisse entre les mains, on ne sait pas trop comment la prendre, comment ça va se passer... Ou une chenille : il y a plein de choses en mutation.

231

Lexique

Lexique de base[181]

Créativité : capacité à créer, à inventer.

Défi : provocation.

Idée : représentation d'une chose dans l'esprit.

Innover : introduire quelque chose de nouveau dans un système établi.

Intuition : connaissance directe et immédiate, sans recours au raisonnement.

Modèle : ce qui sert d'exemple, qui doit être imité. Schéma théorique visant à rendre compte d'un processus, des relations existant entre divers éléments d'un système.

Paradigme : mot qui sert de modèle pour une déclinaison, une conjugaison (comme le verbe « finir » est le paradigme des verbes du deuxième groupe).

Rupture : changement brusque.

Lexique spécifique[182]

Bonne pratique : activité, façon de faire tendant à une fin concrète et efficace.

Innovation participative : démarche qui consiste à solliciter les idées de tous et à mettre en œuvre celles qui apportent de la nouveauté utile.

---

181. Dictionnaire Hachette.
182. Proposé par les auteurs.

233

– *Innovation participative spontanée* : stimulation des idées de chacun à propos de tous domaines confondus.

– *Innovation participative provoquée* : stimulation des idées de chacun à propos d'un défi choisi et lancé par la direction en fonction d'un enjeu stratégique explicite.

Un défi se définit alors selon deux critères (cumulable ou alternatif) : obtenir un écart significatif par rapport à l'existant (+ 20 % et plus) ; créer un changement de modèle par la modalité inversée (ce n'est plus le client qui vient à la banque, c'est la banque qui vient chez le client), la modalité inédite (télétravail pour tous), la modalité contre-culturelle (la créativité et l'expérience des agents de terrain interviennent explicitement dans la stratégie, la maternité peut faire partie des leviers de carrière pour une femme).

Management des idées : système qui permet de stimuler et de recueillir toutes les idées et toutes les bonnes pratiques, de les évaluer et d'en faciliter la mise en œuvre et la duplication.

Manager par les défis : animer une démarche d'innovation participative provoquée en lançant des défis aux équipes. Le recueil des idées pour le relever s'opère de diverses manières : groupes créatifs dits « Groupes Transverses Défis » (GTD), captage des idées sur le terrain *via* des « capteurs d'idées » (animateurs, managers de proximité, système informatique de gestion des idées, etc.).

Bibliographie

Management de l'innovation, management des idées

BRABANDÈRE, Luc de, *Le plaisir des idées,* Dunod, 2002 ; *Le management des idées,* Dunod, 1998 ; *Le sens des idées,* Dunod, 2004.

BRABANDÈRE, Luc de, *Créativité, innovation et changement, nouveaux enjeux à l'aube du 21ᵉ siècle,* Innov'Acteurs, 2005.

GETZ Isaac, ROBINSON A.G., *Vos idées changent tout !,* Éditions d'Organisation, 2003.

MACK Manfred, *Pleine Valeur,* Insep Consulting, 2003.

MAILLET Thierry, *Génération P,* MM2, Malo Girod de l'Ain, 2006.

PONS François-Marie, RAMECOURT Marjolaine de, *L'innovation à tous les étages de l'entreprise,* Éditions d'Organisation, 2001.

PRAX Jean-Yves, BUISSON Bernard, SILBERZAHN Philippe, Objectif : Innovation. Dunod, 2005.

SANDER Bernie, *Les systèmes de suggestions en révolution,* JVDS, 1995.

SANDER Bernie, *Best of Bernie, on Idea Management,* 2006.

STERN Sam, ROBINSON A.G., *L'entreprise créative,* Éditions d'Organisation, 2000.

Techniques de stimulation de l'innovation

ALTSCHULLER G., *40 Principes d'Innovation TRIZ,* A. Sérédinski, 2004.

AZNAR Guy, *Idées : 100 techniques pour les produire et les gérer,* Éditions d'Organisation, 2005.

B<small>RASSEUR</small> P., *Soyons créatifs ! Jeux pour enfants*, Casterman, 2002.

C<small>HALLAMEL</small> B., *Multipliez vos idées avec le jeu des 7 familles créatives*, Dunod, 2005.

B<small>ONO</small> Edward de, *La boîte à outils de la créativité*, Éditions d'Organisation, 2004.

H<small>OROWITZ</small> Roni, *La méthode ASIT*, Solid Creativity, 2005.

M<small>ANCINI</small> Anna, *Comment naissent les inventions*, Buenos Books International, 2006.

S<small>CHNETZLER</small> Nadja, *The Idea Machine, how ideas can be produced industrially*, Wiley, 2005.

S<small>HIBA</small> Soji, *Le management par percées*, Insep Consulting, 1996.

S<small>WINERS</small> J.L., B<small>RIET</small> J.M., *L'intelligence créative au-delà du brainstorming*, Maxima, 2004.

Innovation et propriété intellectuelle

K<small>ERMADEC</small> Yann de, *Innover grâce aux brevets*, Insep Consulting, 2003.

K<small>ERMADEC</small> Yann de, Breese P., *La propriété intellectuelle au service de l'innovation*, Nathan, 2004.

Nouveaux développements autour de l'innovation en général et de l'innovation participative en particulier

B<small>AILLY</small> Jean-Paul, *Demain est déjà là*, Éditions de l'Aube, 1999.

B<small>RIGNANO</small> Sophie, *Communication RH, Quelles réalités ?*, Liaisons, 2006.

D<small>ARNIL</small> S., L<small>E</small> R<small>OUX</small> M., *80 hommes pour changer le monde*, J.-C. Lattès, 2006.

K<small>ERMADEC</small> Yann de, *Innover dans l'entreprise, c'est l'affaire de tous*, Insep Consulting, 2003.

D<small>UFOUR</small> B., P<small>LOMPEN</small> M., *Les meilleures pratiques du développement des dirigeants*, Éditions d'Organisation, 2006.

M<small>AYEUR</small> Christian, *Le manager à l'écoute de l'artiste*, Éditions d'Organisation, 2006.

M<small>USSO</small> P., P<small>ONTHOU</small> L., S<small>EUILLET</small> E., *Fabriquer le futur : l'imaginaire au service de l'innovation*, Village Mondial, 2005.

Symboles

« l'autrement » 3, 152

A

Accor 107, 123, 161

actionnaires 15, 26, 33, 41, 53, 56-58, 65, 106

AGIPI 1, 112

amélioration 28-29, 38, 40, 47, 62, 82-83, 129, 155, 211, 222, 230

audace 27, 43, 44

AXA France 1, 112, 215-216, 224

B

benchmark 34, 38, 64, 156, 184, 202, 210, 221

bénéfices 5, 42, 83, 87, 108, 158, 180, 205, 206

boîtes à idées 4, 28, 29, 167, 200

C

capteur d'idées 169

capteurs 38, 64, 83, 167, 168-170, 175

Carrefour 1, 55, 61, 82, 111, 123, 124-125, 170, 211, 224

challenge 9, 14, 60, 122, 172

changement 3, 14, 33, 35, 37, 40, 44, 58, 72, 74, 83, 96, 98, 107, 113, 128, 151-152, 155, 166

CJD 29, 226

clients 5, 7, 15, 26, 33, 34, 41, 49, 50, 52-56, 65, 82, 85, 88, 90, 92-94, 98, 107, 115, 122, 125, 132, 138, 142, 144, 147-150, 158-160, 162, 185, 199, 203, 209, 216, 221, 230

collectivités locales 13, 27, 50-51, 105

Compagnie des Fromages 1, 82-83, 108, 117, 123, 169, 224

confiance 31-32, 60, 64, 67, 69, 75-76, 80, 81, 87, 91, 99, 129-130, 138, 218

coproduction 115

court terme 9, 11, 36, 57, 60, 67, 69, 86, 119, 121, 124, 131, 141, 186, 200, 205-206, 208, 213-214, 218, 220, 222

créativité 1, 3, 8-9, 14, 28, 34-35, 38, 45, 47-49, 60, 64-65, 67, 69, 70, 73, 74, 81, 85, 88, 92-94, 96-97, 109-110, 113, 117-118, 123, 127, 145-159, 162, 165, 172, 174, 176-177, 180-186, 188, 194-195, 197, 199, 202, 205-206, 211, 220, 222, 230-231, 234, 236

croissance 7, 10, 28, 57, 69, 143, 200, 215, 217-218

D

Danone 35, 107

désir 25, 92, 94, 219

E

énergies 8, 9, 14, 53, 132, 135, 222-223

enjeu 3, 33, 37, 50, 70, 88, 106, 114, 120-121, 128, 130, 133, 144, 148, 152, 174, 179, 193, 226, 234

Expanscience 1, 34-35

F

feed-back 14, 44, 58, 67, 74-75, 77, 81, 98, 101, 158, 169, 175-176

finalités 11, 23, 60, 71, 214, 227

Forrester Research 33

G

groupe transverse défis 163

GTD 144, 146, 152, 157-158, 162-163, 166

I

idées « spontanées 5

idées « spontanées » 5

Innov'Acteurs 1, 4, 25, 26, 107, 207, 211, 235

Innovascope 26

innovation à tous les étages 7-8, 10, 98, 123-124, 131, 235

innovation participative 1, 4, 7-8, 10, 27-28, 34-35, 61, 81-82, 84, 88, 95, 107, 118, 148, 163-164, 179, 182, 207-212, 224, 234, 236

innovation provoquée 10, 27-28, 163, 166, 207

intolérables 32, 38, 52, 68, 109, 151

L

la Banque Postale 1, 37, 70, 88, 107, 140, 154-155, 211

La Poste 1, 10, 88, 198, 222

levier 8-9, 42, 45, 52, 67, 80, 108, 113, 128, 131, 188, 193, 197, 222

long terme 11, 36, 57, 60, 89, 124, 127, 131, 141, 205, 218, 220

M

mal-être 45, 59

management de proximité 4, 82, 107, 120, 210

management des idées 4, 5, 28, 35, 164-167, 171, 178, 202, 235 managers 4, 15, 26, 34-35, 41, 49, 53, 57, 58-60, 63, 70, 76, 78, 81-83, 87, 108, 111, 117, 124, 134, 141, 172, 175, 185, 209-210, 216, 227, 234

marketing 3, 5, 26-27, 33-35, 49, 88-89, 92, 111, 145, 147-149, 161, 180, 185, 203-204, 206, 209, 218

Michelin 28, 30, 211

mobilisation 4, 38, 44, 52, 94, 108, 130, 164

modèle 10, 233

motivation 4, 50-51, 62, 67, 76, 80, 82, 85, 94, 108, 113, 120, 123, 137, 164, 165, 177, 227, 229-231

N

non marchande 54

O

oser 27, 36, 44, 177

P

paradigme 10, 49, 150, 166, 220, 233

pédagogie des enjeux 63, 113

Polémarque 26

possible 4, 9, 25, 27, 30-32, 46, 52, 67, 96, 108, 115, 129, 133, 154, 156, 158, 183, 186, 191, 196, 205, 214, 217, 224

provocateur 9, 39, 40, 49, 52, 223

R

recherche et développement 3, 5, 33-35, 82, 111, 148, 161

récompense 4, 50, 88, 114, 116-120, 127, 172

reconnaissance 4-5, 25, 44-45, 56-57, 63-64, 67, 70-71, 75-76, 83, 113-120, 133, 160, 172, 177, 205, 209, 210

Référentiel de l'Innovation Participative 4, 207

Renault 1, 14, 55, 60-61, 107, 116-117, 123, 129, 153, 211, 224

résolution de problèmes 28, 206

ressources humaines 5, 50, 51, 97, 99, 111-113, 128, 134, 209, 216, 230

résultats 3, 4, 9, 14, 29, 32, 38, 42, 44, 52, 57-58, 60, 62-63, 65, 67-68, 69, 74, 76-77, 81-82, 84, 86, 88, 95-96, 113-115, 120-121, 123, 129, 141, 144-145, 147, 159, 163, 170, 175, 177, 184, 187, 200, 205-206, 208-209, 214, 218, 227, 229-230

rêver 38, 68, 141, 194, 202

rêves 32, 37, 38, 52, 54, 70, 109

rupture 9, 10, 13, 27-28, 32-33, 35, 37, 38, 40, 44-45, 52, 64-65, 76, 83, 92, 103, 108, 113, 121, 127, 128-129, 136, 151, 155, 157-158, 163-166, 173-174, 194- 195, 212, 215, 218, 220, 222

S

Singer France 26

SNCF 1, 81, 91, 144, 150, 152, 159, 182, 203, 211, 217

Société Générale 1, 14, 60, 77, 107, 122, 124, 172-173, 202, 211, 224

Solvay 1, 27, 31, 60, 107, 127, 174

stratégie 3, 4, 10, 13, 59, 63-64, 69, 84, 85, 99, 106, 108, 110-111, 114, 120, 124, 128, 132, 140-141, 200, 214, 216, 234

T

trophée 5, 116, 118, 120, 166, 171, 216

U

Urgo 1, 107, 110, 118, 174, 206, 212, 224, 230, 231

usine de Vire 108, 170

utilisateurs 7, 34, 53, 55-56, 72, 107, 132, 136, 149, 153, 157-158, 175

V

valeur ajoutée 9, 41, 50, 52, 56, 58, 74, 91, 112, 119, 128-129, 138, 176, 202

valeurs 5, 23, 36, 44, 51, 56, 71, 116, 120, 127, 131-132, 135-140, 142, 152, 173, 181, 207, 222

Véolia Eau 1, 96, 97, 211, 224